桑巴荣耀

2014巴西世界杯观赛

胡敏娟　姜　山　编著

竞彩指南

看2014巴西世界杯，只要这一本就够了！

中国发展出版社
CHINA DEVELOPMENT PRESS

序

颜强

世界杯是什么

巴西世界杯到来前一年，我和同事们就开始进行各种讨论和准备：巴西世界杯将会是怎样一种情状？中国球迷想要看到的是怎样一种世界杯？我们能做出怎样的报道和产品，让世界杯报道能取得成功？

其中还包含了很多牵涉到实际操作的内容，比如我们是否要对巴西世界杯进行倒计时？从半年开始倒计时合适，还是进行倒计时一百天更合适？所有这些讨论，当然都和一个商业网站的运营有关，但和各种媒体同行的操作同样类似。我们都会有销售压力，都会有广告内容的承载，以及软性内容的再包装，但即便没有这些商业性的内容，当我们在面对世界杯和奥运会这样的顶级国际体育赛事时，不也都要做类似的筹备与策划？

倒计时一百天来了，可是围绕世界杯，中文媒体其实是制造不出太多新鲜内容的。去看看国际媒体都在做什么，除了质疑巴西能否举办好一届世界杯，其余都是赛事新闻。巴西当地的媒体，报道口径应该要比中国媒体宽松，但也都围绕球场进度、示威游行预期、巴西国家队在瑞士的一场热身赛、球星们在欧洲联赛的状态、本土联赛俱乐部表现等等做文章。世界杯，至少在我们倒计时一百天这个所谓的时间节点里，并没有热起来。连在巴西这个东道主国家，都没有那么热起来。

国际足联秘书长瓦尔克，几年来一直扮演着一个对巴西主办能力深度怀疑的焦虑不安者形象，在倒计时一百天的态度，是担心巴西2014会成为“史上最差的一届世界杯”。

中文媒体，围绕这样的倒计时一百天，能制造什么内容？中文受众，在这样的时间节点，对世界杯会有多少兴趣？没有好的内容产品、没有高度聚焦的受众流量，世界杯这个概念的销售难度，将会有多么大？

普及型的世界杯前瞻节目，都在按部就班地进行着。央视体育频道会继续用专题片或者真人秀去《巴西行动》，门户网站的同行也会有源源不断的巴西探营以及在巴西开设演播室的行为。只是这些操作行为制造出来的媒体产品，质量优劣不说，内容都只是围绕足球，特别是大而泛之的足球文化。这些节目可能会很好看，可能会帮助你增加大量的足球知识和阅历，但这未必就是真正的足球。

我们很容易走进一种形而上的悖论，就像美和美学是一回事儿吗？美学会教授你很多关于美的知识，但美本身是一种体验，各花入各眼，又岂能严格地按照现代科学主义将美数量化、格式化？一个美学课堂上，教授在大谈康德、黑格尔，学生却出神于窗外漫山春花之美，学生的行为到底是对还是错？他在体验甚至沉浸于美，但却充耳不闻课堂上讲授的美学。

我们去报道世界杯、去报道足球，也往往如此。我们会将足球的各种美好，深度故事、历史源流、理论原则，竭尽可能地一次次挖掘，制作出不少媒体内容故事。

像央视体育想要拍世界杯前瞻系列，英国主题的，找我合作。我给他们建议做“一首歌”、“一个球场”、“一个博物馆”、“一个俱乐部”和“一个足球人”这样的系列。我相信，拥有了队歌《你永远不会独行》、温布利球场、英格兰足球博物馆、谢菲尔德俱乐部以及赫斯特这样的世界杯决赛帽子戏法英雄，这组系列片会新颖别致。可这是否就是足球？

最终央视又莫名其妙地拒绝了我，但却可能使用我的创意。这一个系列想法不能由我亲手实现，是他人职业操守问题，对于媒体同行们将拍出怎样的内容故事，我也没有太大期待。如同美与美学的矛盾，我们能制造出不少上乘的足球故事、足球媒体内容，但这些东西并不等同于足球。

就像我们所想像和描绘的世界杯，很可能不是世界杯。因为中国人、中国足球。与世界杯的关系实在太淡了，仅有的一次韩日世界杯之旅，这个巨大的国家还没有因为世界杯而真正爱上足球，就因为足球之外的各种困扰，而将足球当作了排泄通道。

世界杯是什么，我们其实知道的不多。足球是什么，我们更难知晓。世界杯和足球，或许根本不是我们这些故事，或许就是一次快速带球奔跑、一次精准锋利传球。

美是故事，更是自己的体验。足球何尝不是如此。这本《桑巴荣耀——2014 巴西世界杯观赛竞彩指南》就是一次独特的体验，其中充满着足球美的故事，最重要的，这里面的体验感基本都是作者在巴西实地采访后获得的，独立、判断、过滤、提炼，构成了一本体育图书应有的价值和魅力。

国际足球权威专家，“超级颜论”主持人颜强

目录 CONTENTS

QATAR
AIRWAYS

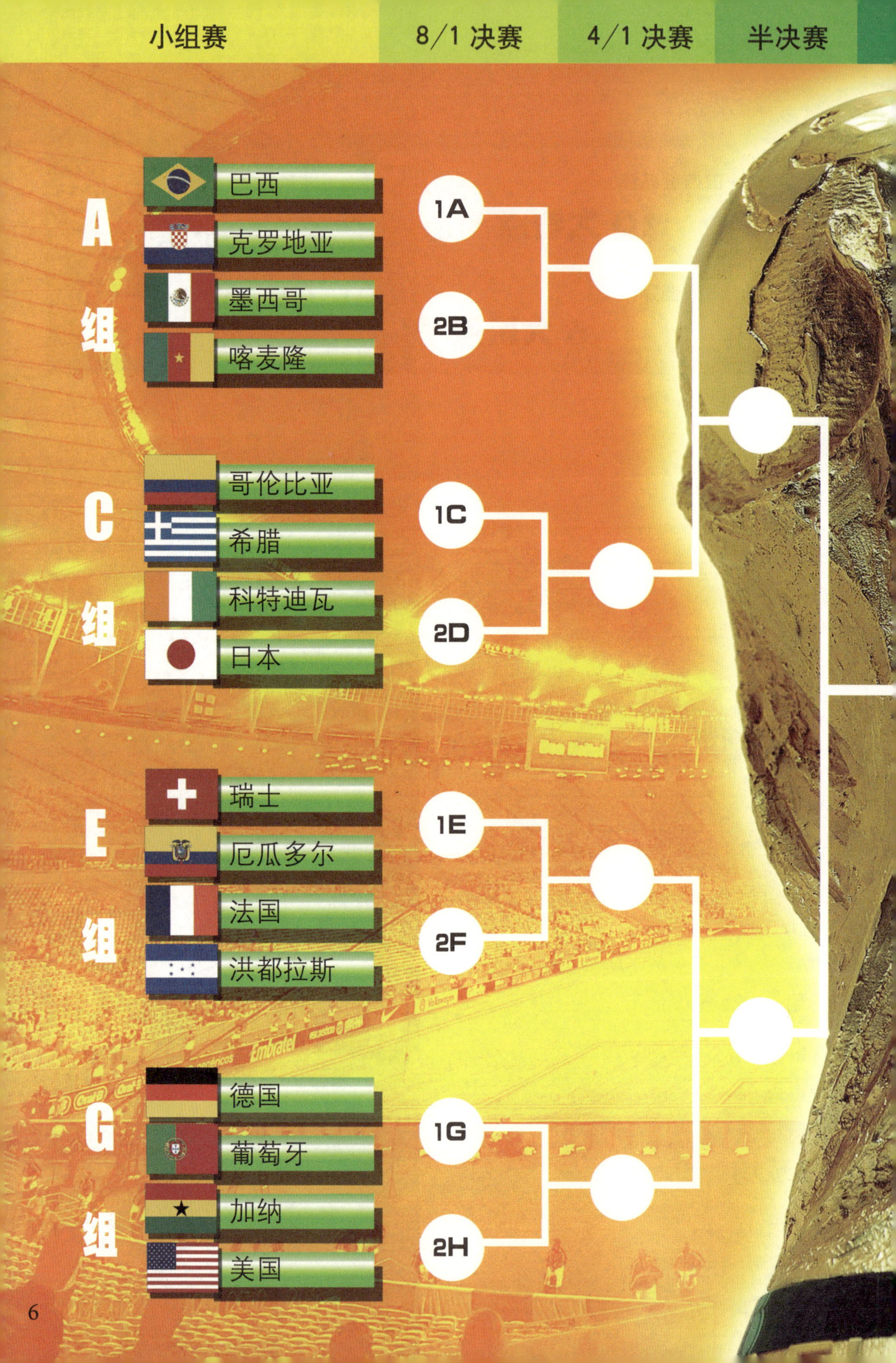

小组赛
8/1 决赛
4/1 决赛
半决赛
A组
巴西
克罗地亚
墨西哥
喀麦隆
C组
哥伦比亚
希腊
科特迪瓦
日本
E组
瑞士
厄瓜多尔
法国
洪都拉斯
G组
德国
葡萄牙
加纳
美国
1A
2B
1C
2D
1E
2F
1G
2H

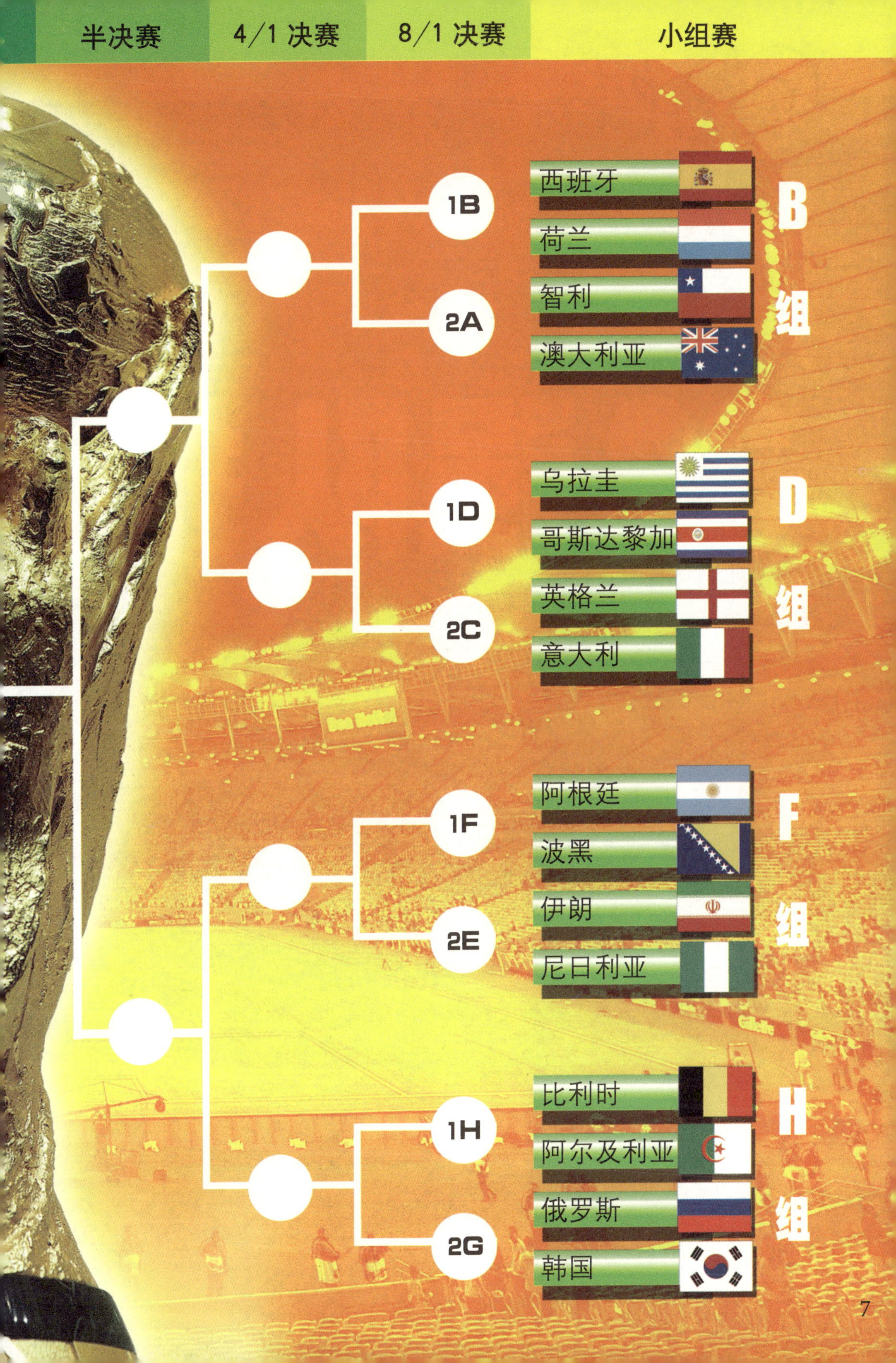
半决赛
4/1 决赛
8/1 决赛
小组赛
1B
2A
1D
2C
1F
2E
1H
2G
西班牙
荷兰
智利
澳大利亚
B组
乌拉圭
哥斯达黎加
英格兰
意大利
D组
阿根廷
波黑
伊朗
尼日利亚
F组
比利时
阿尔及利亚
俄罗斯
韩国
H组

2014 巴西世界杯

32强队报

A

巴西队

克罗地亚队

墨西哥队

喀麦隆队

巴西队 Brazil

夺冠赔率：

4.00

队报

五星巴西，作为世界杯上夺冠次数最多的球队一直以来都是夺冠热门，如今又是主场作战，被看作本届世界杯的头号夺冠热门一点不奇怪，去年联合会杯3比0痛宰西班牙队夺冠，让人们看到这支年轻巴西的巨大潜力。

主场球衣

戒掉内马尔综合征

临近世界杯开幕，全球媒体热议2014世界杯的夺冠大势，无论是主流媒体还是博彩机构，都认定东道主巴西是头号夺冠热门，超越了卫冕冠军西班牙和德意法荷。其中很大一部分原因，就是因为巴西队有着号称新贝利的内马尔。

巴西队在去年联合会杯决赛中完胜西班牙队捧杯，内马尔5场比赛贡献4球，金球奖就是对他出色表现的最佳褒奖。这也给“桑巴军团”期待捧得世界杯打了一针“强心剂”。不过正如西班牙队主帅博斯克所说的那样，主场球迷的热情支持最终有可能被证明是一种负担。毕

竟内马尔只是一个 23 岁的毛头小子，一旦被压力压垮，局面将不堪设想。在 64 年前的世界杯上，东道主巴西队在马拉卡纳球场近 20 万名观众面前以 1 比 2 不敌乌拉圭队，痛失冠军。那场失利也被认为是巴西整个国家的悲剧和一场让人难以接受的败仗。

那么如何让巴西戒掉内马尔综合征呢？

两翼齐飞

巴西最强大的一环是哪里？OPTA 机构给出答案：巴西最强大的是边路进攻。据统计，在 2013 年联合会杯巴西的威胁进攻中，42% 是从左边路发起，37% 是从右边路发起，两条边路真正实现了两翼齐飞。在左路，巴西有马塞洛、内马尔两名超级球星，在右路，巴西有阿尔维斯、浩克两名个人能力超强的勇将。巴西的边路无论攻防球员，都是世界杯列强里最为齐整、整体实力最恐怖的。即便是拥有 C 罗的葡萄牙、拥有里贝里的法国、拥有罗本的荷兰，也只有单翼实力可与巴西相比；其他如不重视边路的西班牙、意大利，在对阵巴西时边路都可能处于下风。因此，如果拥有强大的两个边路攻防实力，即便是内马尔的一边有闪失，还有一翼可以带领球队飞翔。这是这支巴西在世界杯期间最大的争冠法宝。

强硬防守

现在巴西足球向欧洲出口的球队最多集中在哪个位置上？答案不是攻击型的前锋或前腰，而是后卫。在世界杯这种大赛里，防守好的球队往往更易出成绩。在顶级中卫奇缺的年代里，巴西拥有 3 名优秀的王牌中卫。蒂亚戈·席尔瓦被认为是如今足坛第一中卫，29 岁的巴黎球星是这支巴西队无可取代的防线中坚。在席尔瓦身边，无论是在英超切尔西征战多年的大卫·路易斯，还是拜仁五冠王的主力中后卫丹特，都是值得依靠的重将。巴西的边后卫位置上也是人才济济，马塞洛、阿尔维斯、麦孔、马克斯维尔等人都是一等一的高手。

有强硬的防守作为支撑，可以或多或少地弥补锋线上的不足。比如 2006 年的意大利就

主帅兵法

斯科拉里

Luiz Felipe Scolari

生日：1948.11.09

国籍：巴西

2012 年 11 月上任至今

在联合会杯上，斯科拉里基本将阵容调试完毕。巴西不但赢得了联合会杯冠军，而且组建了一个稳固的团队。重新征召拉米雷斯让巴西的 433 阵型可以变成 4231，在两个边后卫位置上，他都在考察替补。威廉成功地被引入球队，罗比尼奥的回归，则让斯科拉里考虑让其打“伪中锋”的可能。

在右路，进攻中基本上是阿尔维斯（麦孔）、奥斯卡（拉米雷斯）、浩克（伯纳德）形成一个三角，不断向前推进；在左路，则是马塞洛、保利尼奥和内马尔，也是以不断换位的三角形向前推进。一侧球员进攻时，另一侧边路的球员就向禁区靠拢，准备接应传中。左右两边的这两个三角是巴西队进攻中最锐利的武器。除了重视边路，斯科拉里的巴西队比梅内塞斯时代更强调整体配合以及攻防速度，因此球员的跑动更多、换位和接应更频繁，一脚出球更多，速度也更快，因此更加锐利，同时更依赖整体而不是个人能力。

是依靠顽强的防守拿下世界杯，该年的世界足球先生也罕见地授予了该队的后卫卡纳瓦罗。因此，后防的稳定是决定一支球队能够走多远的关键元素。

战术大师

巴萨和拜仁能在这些年纵横欧洲足坛的一大法宝就是瓜迪奥拉的调度。瓜迪奥拉能在首发阵容几乎没有改变的情况下调动每个人的主观能动性，打出了完全不同的战术思路。其实你仔细研究这两年巴西队的打法，就会发现：其实会这招的不仅有瓜帅，斯科拉里也是此间高手。联合会杯期间，对阵意大利，巴西打出了433的气势；对阵乌拉圭，巴西人员不变，打出的是4231的感觉；而对阵西班牙，巴西的阵容又踢出了4411的神韵。

斯科拉里的很多临场调整也极具水准，甚至连若这样的球员也在斯科拉里麾下屡建奇功，连续在两场小组赛替补出场的情况下，在补时阶段都有进球。巴西主帅的功力可见一斑。经验丰富、擅长审时度势的主帅，也是巴西队增大争冠机会的重要武器。

主场优势

从1930年首届世界杯开始，虽然绝对数量上南美球队一直处于劣势，但4届在南美洲举行的世界杯，南美球队手握天时地利人和，总能在捧走金杯之余，在杯赛中与欧洲球队分庭抗礼。4次在南美举办的世界杯，南美球队都在四强中占据两席，1930年和1950年还曾包揽决赛资格。1962年智利与巴西会师半决赛，1978年则是参赛的阿根廷、巴西与秘鲁3支南美球队全部进入8强。事实上，除了这4次在南美举行的世界杯，其余15次世界杯与欧洲球队分庭抗礼的南美球队，除了1970年在拉美的墨西哥之外，在半决赛从未有2支球队入围。欧洲球队甚至曾经四次包揽了四强名额。

然而，自从1978年南美最后一次主办世界杯，南美球队在淘汰赛的集团优势就荡然无存。从1982年西班牙世界杯迄今，32个世界杯4强席位，南美人只得到了6个。而此前11届世界杯的44个半决赛席位，南美球队却拿到了14个！显然，对于过去32年已习惯了在世界杯上垄断地位的欧洲足球而言，2014年将是他们不得不面对南美球队重围的残酷现实。而对于同样已习惯了在世界杯上被欧洲球队围剿的南美，总算再次等到了围剿欧洲球队的机会。

巴西队争夺世界杯的一个重要法宝就是主场优势。身为东道主，巴西每一战都是主场作战，加上巴西世界杯场馆都容量惊人，众多球迷的鼓噪对于巴西而言是种极大的激励。为保证大赛盈利，国际足联、世界杯组委会、各大赞助商甚至是外盘的博彩公司，都不希望巴西队过早出局，这也会在赛会制大赛里给巴西队带来些优势。一些主流豪强客场作战水土不服，阿根廷将在巴西西部山区去艰苦跋涉，意大利英格兰被逼到了酷热的马瑙斯等地，削弱对手自然会加强巴西的竞争力。巴西的东道主优势将在很多方面为巴西提供额外的帮助。

主力阵容

塞萨尔
Julio Cesar

生日：1979.09.03
位置：守门员
身高：186CM
所属俱乐部：多伦多 FC
国家队履历：77 场
身价：250 万欧元

评分：7.2

在几大豪强门将位置的比拼上，巴西最为吃亏。朱利奥·塞萨尔在英冠球队女王公园巡游者都无法获得主力位置，半个赛季他的出场次数仅有可怜的 1 次。为了保持状态，他只好主动申请租借加盟大联盟球队多伦多 FC。塞萨尔曾被球迷们亲切地称为圣塞，不仅因为其出色的发挥，还有那勤勤恳恳的态度。

阿尔维斯
Dani Alves

生日：1983.05.06
位置：后卫
身高：173CM
所属俱乐部：巴塞罗那
国家队履历：72 场 5 球
身价：1800 万欧元

评分：7.6

阿尔维斯重新定义了右后卫的概念。在进攻当中他的位置并不仅仅局限于边路，有时会更靠内以支援中路，乃至杀入禁区。他的体力十分充沛，除了完成防守之外，还积极地前插助攻，一人可胜任右边后卫和右边前卫两个位置。从踢法特点上看，像阿尔维斯这样的球员已经不能单用边后卫、边前卫这样的词语来定义。

大卫·路易斯
David Luiz

生日：1987.04.22
位置：后卫
身高：189CM
所属俱乐部：切尔西
国家队履历：33 场
身价：2600 万欧元

评分：7.8

大卫·路易斯新赛季在俱乐部遭遇了信任危机。由于在比赛中连续犯下低级失误，一向治军严格的蓝军主帅穆里尼奥多次将路易斯按在了替补席上。不过没人质疑他的能力，巴萨和拜仁已就大卫·路易斯展开了争夺战。他既能打中后卫，又能拉到左边路，甚至还可以充当防守型中场，防空能力出色而且速度和敏捷性在同年龄段球员中很是出众。

丹特
Dante

生日：1983.10.18
位置：后卫
身高：188CM
所属俱乐部：拜仁
国家队履历：10 场 2 球
身价：1700 万欧元

评分：7.6

丹特属于大器晚成型的球员。从里尔到烈日到门兴最后到拜仁，巴西人一步一个脚印地成长为世界级中卫。尽管已年满 30 岁，但仍旧保持世界级竞技水准的他凭借在拜仁的优异发挥，终于得到了巴西国家队的召唤。不仅是大器晚成，专为大场面而生也是这位有着“爆炸头”之称的桑巴后卫最好的写照。

巨星介绍

正如内斯塔曾称赞的，蒂亚戈·席尔瓦是转会市场仅有的你无法找到替代品的球员，没有人能替代他。

——《米兰体育报》

蒂亚戈·席尔瓦

Thiago Silva

生日：1984.09.22

位置：后卫

身高：183CM

所属俱乐部：巴黎圣日耳曼

国家队履历：44 场 2 球

身价：4000 万欧元

评分：8.0

2004 年之前，蒂亚戈·席尔瓦能够胜任右边锋、中前卫和边后卫。在巴西球队尤文图德，当时的主教练沃特曼让他改打中后卫，让他在这个位置上一举成名。蒂亚戈·席尔瓦虽然也有强壮的身体，但在防守中，他更多依靠的是冷静的头脑、良好的站位意识和极佳的补位协防意识，就如同年轻时的马尔蒂尼一样。拥有当世顶级的强大中卫，巴西队争冠的可能性自然不小。

奥斯卡
Oscar

生日：1991.09.09
位置：中场
身高：179CM
所属俱乐部：切尔西
国家队履历：28 场 8 球
身价：3400 万欧元

评分：7.8

绰号“新卡卡”的奥斯卡出道于圣保罗，他主踢前腰，同时也可以在两条边路活动。奥斯卡有着相当出众的脚下技术，同时具备传威胁球的大局观。奥斯卡最擅长踢前腰，同时也可以出现在左右边锋的位置上。也正是因为他在国家队日益稳定的发挥，让斯科拉里大胆地做出了弃用卡卡的决定。

保利尼奥
Paulinho

生日：1988.07.25
位置：中场
身高：182CM
所属俱乐部：热刺
国家队履历：28 场 8 球
身价：1600 万欧元

评分：7.5

保利尼奥是一名全能型中场，他不仅防守稳健，而且拥有不俗的得分能力。凭借在科林蒂安的优异表现，保利尼奥 2011 年和 2012 年均入选巴甲最佳阵容。而在巴西国家队，保利尼奥也一步步奠定了自己的地位。在 2013 年巴西联合会杯后的最佳球员评选中，保利尼奥屈居内马尔和伊涅斯塔之后拿到铜球奖。

伯纳德
Bernard

生日：1992.09.01
位置：中场
身高：164CM
所属俱乐部：顿涅茨克矿工
国家队履历：10 场 1 球
身价：2000 万欧元

评分：7.6

如果说，巴西足协在就迭戈·科斯塔的招募问题上输给了西班牙足协的话，那么在新星伯纳德身上，他们找回了自信。身高 1.64 米的伯纳德个子矮小，对抗能力相对偏弱，但是爆发力出色，脚下极为灵活，速度也比较快。去年 8 月，顿涅茨克矿工以 2500 万欧元的高价从阿森纳的眼皮底下将他抢走。

若
Jo

生日：1987.03.20
位置：前锋
身高：189CM
所属俱乐部：米内罗竞技
国家队履历：14 场 5 球
身价：250 万欧元

评分：7.5

出生于 1987 年的若身高达到 1.89 米，力量足速度快，16 岁出道于巴西著名的科林蒂安俱乐部。虽然旅欧之旅不顺利，但是回到巴西米内罗竞技后不久的他就帮助球队获得南美解放者杯冠军。在球队迟迟打不开局面时，斯科拉里派若替补出场总能起到奇效。2013 联合会杯比赛中连续两场小组赛替补出场的情况下，在补时阶段都有进球。

内马尔
Neymar

生日：1992.02.05

位置：前锋

身高：175CM

所属俱乐部：巴塞罗那

国家队履历：46 场 27 球

身价：6000 万欧元

评分：8.5

自球王贝利、罗比尼奥之后，桑托斯足球俱乐部出产的又一个年少成名的天才球员。在他 13 岁那年，他就被认为是桑托斯队的下一个传奇并被誉为新贝利，被认为是下个时代将最有可能成为球王的人。为了争夺他，巴萨主席罗塞尔不惜涉嫌违法交易，最终因为被举报而被迫辞职。这次的世界杯或许就是内马尔一举超越梅西的最好机会。

2013 联合会杯上，内马尔领衔的巴西队击溃西班牙！他是巴西队最大杀器，入球后还令皮克红牌出场，巴萨买他真划算。

——西班牙《世界体育报》

巴西队

测 小组出线形势预测

东道主巴西抽到好签，成功避开被抽到第二档球队的意大利，尽管三个对手国际足联排名较高，克罗地亚（第16位）、墨西哥（第20位）、喀麦隆（第51位）的排名都在60位以内，但巴西历史上在世界杯5次对阵这3支球队保持全胜，打入15球且一球不失。墨西哥在伦敦奥运会决赛2比1击败巴西，但桑巴军团2013年联合会杯小组赛凭借内马尔的一传一射2比0击败墨西哥。

尽管小组赛出线无忧，但巴西将在1/8决赛遭遇B组第二名，B组拥有荷兰、西班牙、智利这样的强队，不论遭遇哪支球队，东道主都将面临一场恶战。A组另一出线名额的竞争将十分激烈，拜仁中场曼朱基奇、皇马中场莫德里奇领衔的克罗地亚，曼联前锋埃尔南德斯、比利亚雷亚尔边锋多斯桑托斯领衔的墨西哥以及切尔西前锋埃托奥领军的喀麦隆都有实力晋级。

权威点评

评 贝利

（巴西球王、著名“乌鸦嘴”）

我认为我们可以进决赛。我还记得1950年在世界杯上我们输给乌拉圭后我父亲流泪了，我不想我的孩子们看到我流泪，我希望巴西能夺冠。在我看来，德国是一支非常出色的球队，与德国队的交手肯定不会轻松，当然，与其他一些球队，诸如阿根廷、意大利与乌拉圭的交手也会很困难。

西班牙也是一支很好的球队，他们踢得很好看。阿根廷的话，我们尊重阿根廷，毫无疑问，对意大利也是如此。很少有人谈论智利，今年的这支智利队其实很不错的。荷兰的表现也很棒，在我看来，将有4～5支球队有望争夺决赛入场券。

巨星介绍

浩克
Hulk

生日：1986.07.25

位置：前锋

身高：180CM

所属俱乐部：泽尼特

国家队履历：32场8球

身价：4500万欧元

评分：7.9

浩克本名吉万尼尔多·维埃拉·德·索萨，由于其强壮的体格和外表酷似电影里的绿巨人于是得到了“浩克”的昵称。随着年龄的增长，浩克确实也有了绿巨人的风范：快速、强壮、超强的力量以及暴躁的脾气。身高体壮、冲击力超强的浩克是内马尔的“僚机”。

克罗地亚队 Croatia

夺冠赔率：

201.00

队报

主场球衣

克罗地亚队 1993 年才正式成为国际足联的一员，作为昔日足球强国前南斯拉夫队的分支，他们自 1998 年杀入法国世界杯赛以来，在国际赛场上一直有着不错的发挥，队内也聚焦了一批极具天赋的球星。

冲动的惩罚

错过了南非世界杯，如今克罗地亚重返世界杯大舞台，作为前南球队中发展最好的一支，克罗地亚队并不缺少球星，现在这支克罗地亚队中不仅有莫德里奇、曼朱基齐这样的豪门主力级球星，还有拉基蒂奇、科瓦西奇、奥利奇这样的成名悍将。这样一支球队，谁也不敢小觑。

预选赛中，克罗地亚队与比利时、塞尔维亚、苏格兰、威尔士和马其顿等强敌分在一组，这是小组整体实力最强的一组。最终克罗地亚取得 5 胜 2 平 3 负的成绩排在第二名，得到附加赛资格的克罗地亚队幸运地抽到了冰岛队做对手，并以2比0的总比分轻松晋级。

预选赛小组赛中克罗地亚队最后 4 场比赛无一获胜，但还是幸运地取得了第二名。

然而正是在世预赛欧洲区附加赛第二回合淘汰冰岛队挺进世界杯后的庆祝活动中，克罗地亚队长西穆尼奇手持麦克风与球迷互动，没想到他竟然现场高喊带有二战纳粹色彩的口号。这一幕被镜头清晰地记录了下来。此番西穆尼奇不知道是纯粹想宣泄情绪还是骨子里就有种族歧视的恶根，但他显然必须为自己的错误埋单。事后，西穆尼奇因此举被国际足联纪律委员会调查。最终，国际足联决定对西穆尼奇处以禁赛 10 场的处罚，处罚将从 2014 年巴西世界杯小组赛开始实施，停赛剩余的场次将在世界杯之后继续执行。这样的处罚结果意味着，35 岁的老队长西穆尼奇已经彻底无缘巴西世界杯，国脚生涯也很可能就此终结。此外，也是在世预赛欧洲区第二回合的比赛中，曼朱基奇因在场上蹬踏对方球员而吃到红牌将无缘世界杯对巴西队的揭幕战，这对克罗地亚也是不小的损失。

如今，克罗地亚队的主教练是去年 10 月份才临危受命的少帅科瓦奇。和前两任主帅比利奇、斯蒂马奇一样，科瓦奇也是克罗地亚队的前国脚。虽然主帅稍显稚嫩，但科瓦奇也有他的优势。他曾是国家队队长，在球员中有一定的号召力，具有比利奇那样的“带头大哥”气质，处理好球员关系应该不成问题。此外，科瓦奇曾在名帅希斯菲尔德和特拉帕托尼手下踢球，耳濡目染应该也学到了不少。本届世界杯，将是对少帅科瓦奇执教能力的一次大考验。

主帅兵法

科瓦奇

Niko Kovac

生日：1971.10.15

国籍：克罗地亚

2013 年 10 月上任至今

比利奇任内，克罗地亚队坚持 442 双后腰阵型。斯蒂马奇接任后，球队打过 433 和 3421 这样的攻击阵型，但效果均不理想。科瓦奇接手后，克罗地亚队踢过两场正式比赛，即对阵冰岛的两回合世界杯预选赛。这两场比赛中，科瓦奇先后使用了 442 的菱形阵型和 4231 的双后腰单前锋阵型。奥利奇可撤到中场打边前卫，在球队需要加强进攻时奥利奇又可以顶上去与曼朱基奇搭档双前锋，在中场方面，很可能将是莫德里奇、拉基蒂奇、科瓦契奇和佩里希奇的组合，莫德里奇坐镇中路是球队的总指挥，拉基蒂奇、科瓦契奇和佩里希奇则都是速度型的中场球员，可以插上进攻甚至拉到边路去突破。

主力阵容

主力球员

拉基蒂奇
Ivan Rakitic

生日：1988.3.10
位置：中场
身高：184cm
所属俱乐部：塞维利亚
国家队履历：59 场 9 球
身价：2000 万欧元

评分：7.4

拉基蒂奇是一名技术出色的前腰。他左右脚技术能力均衡，速度奇快，也能充当边锋使用，不足是组织能力有所欠缺。2011 年从沙尔克转会塞维利亚后，拉基蒂奇逐渐成长，并在这个赛季表现出色。如今，曼联、利物浦等豪门，都有意引进这名实力出色的中场。今夏世界杯，倘若他能够帮助克罗地亚取得不错成绩，那么他的身价势必还会上升。本届世界杯预选赛上，拉基蒂奇出场 10 次，进球 1 个、助攻 1 次。

曼朱基奇
Mario Mandzukic

生日：1986.5.21
位置：前锋
身高：187cm
所属俱乐部：拜仁慕尼黑
国家队履历：47 场 13 球
身价：2300 万欧元

评分：7.7

作为能够把 2011 ～ 2012 赛季德甲金靴戈麦斯挤到意甲去的射手，曼朱基奇的射术自然毋庸置疑。曼朱基奇素质全面，不仅头球一流，突破射门能力也属上乘。和去年一样，曼朱基奇在 2013 年度克罗地亚足球先生的评选中再次力压皇马球星莫德里奇排在第一位，连续两年当选克罗地亚足球先生，实力可见一斑。在本届世界杯预选赛上，曼朱基奇出场 12 次，进球 4 个、助攻 3 次。

巨星介绍

莫德里奇
Luka Modric

生日：1985.9.9
位置：中场
身高：174cm
所属俱乐部：皇家马德里
国家队履历：72 场 8 球
身价：4000 万欧元

评分：7.9

莫德里奇是球队的中场指挥家，是一个颇具创造力和大局观的中场球员，因外形神似且球风飘逸而有“克罗地亚克鲁伊夫”之称。莫德里奇的双脚技术非常平衡，在进攻组织者中他的防守也算上乘，和他瘦弱身躯所不符的是他力量巨大的射门，大力远射是他的得分利器。去年转会皇马后，莫德里奇一度坐冷板凳无法上场，好在本赛季安切洛蒂来了之后，莫德里奇得到重用，本赛季已成皇马队中的常规主力，在后腰位置上维持着球队的攻守平衡。 本届世界杯预选赛中，莫德里奇出场 11 次。

测 克罗地亚队 小组出线形势预测

本次世界杯，克罗地亚队被分在A组，同组有巴西队、墨西哥队和喀麦隆队。由于巴西队的实力有目共睹，而且是主场作战，因此不出意外巴西队将占据小组第一的位置，克罗地亚队比较现实的目标是争夺小组第二。首场揭幕战对阵巴西队，缺少曼朱基奇的克罗地亚队即使小负对手也应该可以接受，关键是拼接下来的墨西哥队和喀麦隆队。从球员实力上来说，无论是对阵墨西哥还是喀麦隆，克罗地亚只要正常发挥都有很大的取胜可能。也就是说，不出意外的话，克罗地亚队小组出线应不成问题。

评 权威点评 进球网

Goal.com

能在小组赛中遭遇夺冠热门巴西，对于克罗地亚而言是幸运的，虽然一场胜利对他们而言有点不可能，不过和其他对手的比赛，他们还有机会。

2002年世界杯克罗地亚曾遭遇墨西哥，球队0比1输球。不过在此之前克罗地亚还没有踢过喀麦隆。莫德里奇、曼朱基奇等球星将成为克罗地亚小组出线的关键人物，如果这些球员能保持良好的身体和心理状态，他们有希望成为本组的黑马。

表 欧洲区小组赛 克罗地亚队预选赛数据表

（5胜2平3负，以小组第二身份参加附加赛）

时间	主/客场	结果	进球者
2012.9.7	主	1比0马其顿	耶拉维奇69′
2012.9.11	客	1比1比利时	佩里希奇6′
2012.10.12	客	2比1马其顿	乔尔卢卡33′、拉基蒂奇60′
2012.10.16	主	2比0威尔士	曼朱基奇27′、爱德华多57′
2013.3.22	主	2比0塞尔维亚	曼朱基奇23′、奥利奇37′
2013.3.26	客	2比1威尔士	洛夫伦77′、爱德华多87′
2013.6.7	主	0比1苏格兰	
2013.9.6	客	1比1塞尔维亚	曼朱基奇53′
2013.10.11	主	1比2比利时	曼朱基奇53′
2013.10.15	客	0比2苏格兰	

欧洲区附加赛

（总比分2比0晋级决赛圈）

时间	主/客场	结果	进球者
2013.11.15	客	0比0冰岛	
2013.11.19	主	2比0冰岛	曼朱基奇27′、斯尔纳47′

墨西哥队 Mexico

夺冠赔率：**151.00**

队报

本届巴西世界杯，将是墨西哥第 15 次参加世界杯赛事，总参赛次数仅比巴西、德国、意大利、阿根廷少，历史最好战绩为世界杯 8 强。毫无疑问，绿军是不甘当配角的，但是看了墨西哥队在世预赛中的狼狈表现和如今墨西哥队的阵容，我们很难对这样一支队抱太大期望。

主场球衣

三换主帅 中北美霸主差点阴沟翻船

南非世界杯，墨西哥便杀入了十六强；2012 年奥运会男足比赛，墨西哥队力压巴西队夺得金牌。很难想象，这样一支被大家看好、有着中北美之王美誉的球队，却沦落到了参加附加赛才勉强挤进世界杯决赛圈的境地。

值得一提的是，墨西哥去年在一个月内经历了 3 次换帅。舆论多把墨西哥队成绩下滑归咎于前任主帅德拉托雷。墨西哥队在世预

赛的旅程就是一个高开低走直线下落的过程。墨西哥在第一阶段的预选赛中 6 战全胜，以第一名的身份出线。接下来的第二阶段墨西哥队就陷入噩梦，在 1 比 2 输给洪都拉斯队后，德拉托雷下课，接着他的助手带了一场比赛后又再次下课。随后接过帅印的是武切蒂奇，他带队接着又输给了巴拿马，最后墨西哥靠美国队帮忙才勉强挤进附加赛。于是墨西哥足协临时借来了 46 岁的美洲队少帅埃雷拉带队参加了与新西兰队的附加赛，最终墨西哥队以总比分 9 比 3 大胜晋级，新帅埃雷拉也被媒体戏称为“租来的主帅”。比较搞笑的是，这样一个主帅执教生涯 25 次被请上看台，被誉为墨西哥足坛的奇葩教练，他是在 2013 年 5 月带队夺得春季联赛冠军后才声名鹊起的。如今，埃雷拉已从俱乐部离职专心备战世界杯。

纵观墨西哥队世预赛的阵容不难发现，墨西哥队如今以国内联赛球员当家，这和这几年墨西哥球员留洋不顺有关。即使是墨西哥头号球星埃尔南德斯，近年来也有在曼联把板凳坐穿的趋势。而雷耶斯这样的旅欧球员，甚至还挣扎于波尔图预备队。今夏世界杯，墨西哥队很可能就是靠本土球员打天下了。但新帅埃雷拉却很信心，他甚至在小组抽签结果出炉后表示墨西哥队将继续在小组赛中扮演巴西克星的角色：“巴西是一支伟大的球队，但是墨西哥也不差，我们肯定会好好工作让自己在这个小组脱颖而出。”

主帅兵法

埃雷拉

Miguel Herrera

生日：1968.03.18

国籍：墨西哥

2013 年 10 月上任至今

埃雷拉在球员时期曾入选墨西哥国家队，退役之后先后在亚特兰大、蒙特雷、韦拉克鲁斯、特科斯大学生等俱乐部执教，并率领美洲队夺得了墨西哥联赛的春季冠军。可以说埃雷拉对墨西哥本国联赛相当熟悉。上任后，埃雷拉并未改变墨西哥队的传统战术，绿军依然坚持速度至上的打法，球队喜欢快速传球和边路突击。两个边路上，瓜尔达多和多斯桑托斯都速度技术俱佳，能够随时插上制造出杀机。锋线上，墨西哥队拥有巨人前锋希门尼斯，他的身高高达 193CM，在打不开局面时，埃雷拉可以换上希门尼斯打三前锋。此外，墨西哥的定位球进攻颇具威力。

主力阵容

主力球员

瓜尔达多
Andres Guardado

生日：1986.9.28
位置：中场
身高：169CM
所属俱乐部：勒沃库森
国家队履历：99 场 14 球
身价：600 万欧元

评分：6.9

今年 1 月，勒沃库森从瓦伦西亚租借了墨西哥球星瓜尔达多。勒沃库森支付 50 万欧元租借费用，此外有优先买断的条款。瓜尔达多成名于 2006 年的世界杯，当时只有 20 岁的他表现出相当优秀的足球天赋。作为一位边路选手，瓜尔达多拥有出色的盘球技术、身体灵活性和速度，是典型的边路球员，除此之外，他的左脚重炮远射也威震西甲赛场。本次世预赛，瓜尔达多出场 14 次，进 1 球，贡献 4 次助攻。

马克斯
Rafael Marquez

生日：1979.2.13
位置：后卫
身高：183CM
所属俱乐部：莱昂
国家队履历：116 场 14 球
身价：150 万欧元

评分：6.5

前巴萨的后防中坚，参加过 3 届世界杯、4 届美洲杯，是墨西哥队阵中大赛经验最丰富的球员。这名中卫，如今已经 35 岁了，不过他在墨西哥队依然地位崇高。他的防守能力强，还不时后插上进攻。在墨西哥国家队，他担任后防自由人，常负责盯防对方重点球员，并自由地把握时机插上助攻，有“带刀后卫”之称。本届世预赛，马克斯出场 4 次，打进 1 球。

巨星介绍

埃尔南德斯
Javier Hernandez

生日：1988.6.1
位置：前锋
身高：175CM
所属俱乐部：曼联
国家队履历：57 场 35 球
身价：1600 万欧元

评分：7.2

埃尔南德斯是足球世家出身，他的父亲过去踢球时的绰号是“豌豆”，原因那双绿色的小眼睛。既然父亲的绰号是“豌豆”，那么儿子的绰号就是“小豌豆”了。“小豌豆”是墨西哥的头号球星，他于 2010 年从墨西哥瓜达拉哈拉队加入曼联。他的禁区内抢点意识极强，射门能力全面，是国家队中效率最高的射手。本届世预赛，埃尔南德斯出场 16 次，打入 5 球。

测 墨西哥队 小组出线形势预测

墨西哥该组的对手中，巴西队无疑是最难啃的骨头。虽然伦敦奥运会决赛墨西哥曾战胜过巴西队，但在成年队的较量中，墨西哥队并没有优势可言。墨西哥国内媒体认为，绿军想要实现小组出线，最重要的比赛就是要赢下实力略胜一筹的克罗地亚队，而喀麦隆队则被外界认为是该组最弱的球队，要想出线，战胜喀麦隆队也是必须的。墨西哥队的优势在于他们是美洲球队，世界杯在巴西举行，这也算是他们的半个主场。除去他们与巴西的比赛外，相信现场大多数球迷都会支持墨西哥队，这对于他们来说，无疑是一大助力。

评 权威点评 进球网

Goal.com

同为美洲球队，墨西哥将在小组赛中遭遇强大的巴西，不过最近几年，墨西哥在面对巴西时都还有不错的战绩和表现，这一场比赛值得期待。喀麦隆从球风和球员的体能上来讲，对墨西哥而言不好对付，非洲球队从来都是墨西哥的苦主，有史为鉴。所以喀麦隆可能将成为墨西哥在本小组最大的挑战。除了巴西从小组出线的几率比较高之外，其次就是墨西哥了。首场和喀麦隆的比赛将直接决定着墨西哥的出线命运。

表 中北美及加勒比区第三轮小组赛 墨西哥队预选赛数据表

（6战全胜，以小组第一身份晋级第4轮小组赛）

时间	主/客场	结果	进球者
2012.6.8	主	3比1圭亚那	萨尔西多10′、多斯桑托斯15′、约翰·罗德里格斯51′（乌龙）
2012.6.12	客	2比1萨尔瓦多	萨拉瓦60′、莫雷诺82′
2012.9.7	客	2比0哥斯达黎加	萨尔西多44′、萨拉瓦52′
2012.9.11	主	1比0哥斯达黎加	埃尔南德斯61′
2012.10.12	主	5比0圭亚那	瓜尔达多78′、佩拉尔塔79′、波拉德82′（乌龙）、埃尔南德斯84′、雷纳86′
2012.10.16	客	2比0萨尔瓦多	佩拉尔塔64′、埃尔南德斯85′

中北美及加勒比区第四轮小组赛

（2胜5平3负，以赛区第四身份参加附加赛）

时间	主/客场	结果	进球者
2013.2.6	主	0比0牙买加	
2013.3.22	客	2比2洪都拉斯	埃尔南德斯28′ 54′
2013.3.26	主	0比0美国	
2013.6.4	客	1比0牙买加	尼格里斯48′
2013.6.7	客	0比0巴拿马	
2013.6.11	主	0比0哥斯达黎加	
2013.9.6	主	1比2洪都拉斯	佩拉尔塔6′
2013.9.10	客	0比2美国	
2013.10.11	主	2比1巴拿马	佩拉尔塔39′、希门尼斯85′
2013.10.15	客	1比2哥斯达黎加	佩拉尔塔28′

中北美及加勒比地区—大洋洲附加赛

时间	主/客场	结果	进球者
2013.11.13	主	5比1新西兰	阿吉拉尔32′、希门尼斯40′、佩拉尔塔48′ 80′、马克斯84′
2013.11.20	客	4比2新西兰	佩拉尔塔14′ 29′ 33′、佩纳87′

喀麦隆队 Cameroon

夺冠赔率：
751.00

作为非洲最负盛名的传统绿茵豪强，喀麦隆第七次出征世界杯创下非洲足球新历史。三线都有强将压阵的雄狮拥有搅局的能力，前提是别再闹内讧。

队报

主场球衣

内讧成隐忧 埃托奥是双刃剑

“非洲雄狮”喀麦隆队曾经 6 次参加世界杯，1990 年他们甚至打入了 8 强。最近 4 次参加世界杯决赛阶段的比赛，他们都未能从小组出线，目前喀麦隆队的场外因素成为了最大的问题，内讧问题不解决，“非洲雄狮”甚至有可能在本届世界杯中 3 战皆负出局。

其实在上届世界杯喀麦隆队就为内乱付出了代价，他们3战全负，队长埃托奥被传为“球霸”，一直处于争议的中心，不时传出他与足协、主帅、队友不和的传闻。此后，在 2013 年非洲杯预选赛，喀麦隆队甚至被弱旅佛得角队淘汰，连续 2 年无缘非洲杯，球队状态跌入了最低谷。而自 2010 年南非世界杯出局后，喀麦隆先后用了 5 任主教练，

现任主教练芬克 2013 年 5 月才上任。芬克曾在弗莱堡俱乐部执教长达 16 年的时间，并曾在日本联赛的浦和红钻队担任主帅，最近几年他担任过科隆俱乐部的看守教练和体育总监，此前并没有任何非洲足球的经验。不过摆在芬克面前核心问题并不是球队的打法和战术，而是怎样避免喀麦隆队临战必内讧的毛病。每逢大赛就因为奖金等问题闹内讧几乎已是非洲球队的传统，喀麦隆人更是“乐此不疲”。

芬克上任后，一度延续勒冈的大棒政策，对以埃托奥为首的球队刺头坚决镇压，但将帅矛盾却愈演愈烈，在世预赛 1 比 0 战胜利比亚队的赛前，埃托奥与芬克就上场人选产生争执，芬克拒绝了埃托奥举荐的球员，两人闹崩。喀足协、体育部官员的调解也未能奏效，最终埃托奥在此战后宣布退出国家队，好在喀麦隆总统出面调解，埃托奥才愿意重披喀麦隆队战袍，不过埃托奥与主帅芬克的心结似乎仍然没有解开。

埃托奥就是喀麦隆足坛的双刃剑，一方面他在场上嗅觉敏锐射术一流，在喀麦隆队中的地位无可替代，球队进攻依然要仰仗这个 33 岁的老将，但另一方面，埃托奥又极其的自我和个性，甚至敢于越权干涉教练的战术布置。现在喀麦隆球迷只能期望于队长埃托奥以大局为重，如今喀麦隆队内仍存在不少分歧，还需要有号召力的埃托奥做出表率，为球队创建和谐的氛围。

主帅兵法

福尔克·芬克

Volker Finke

生日：1948.3.24

国籍：德国

2013 年 5 月上任至今

德国籍主教练芬克执教的喀麦隆，最常使用的阵型是 4-4-2，他的足球哲学讲究传控。为此，他甚至不使用边锋，芬克会在中场囤积多达 4 名纯中场球员，这样喀麦隆便能牢牢掌握球权。主教练芬克在接受国际足联官网采访时表示：“喀麦隆将会围绕四名球员组队，即埃托奥、宋、恩库卢和切朱。”其中宋、恩库卢和切朱都是防守型球员，可见芬克对防守球员的重视，他想要打破球队一贯防守不稳的毛病。至于埃托奥，他肯定会是球队的进攻核心，而埃托奥的锋线搭档，芬克更倾向于费内巴切的韦伯，美因茨的舒波—莫延只能在替补席上等待机会。

主力阵容

主力球员

亚历山大·宋
Alex Song

生日：1987.9.9

位置：后卫

身高：185CM

所属俱乐部：巴塞罗那

国家队履历：42 场

身价：1800 万欧元

评分：6.9

擅长对抗和拼抢拦截，除了能打后腰位置还能胜任中后卫。宋在阿森纳队成名，他为枪手征战 7 个赛季，出场多达 217 次，攻入 10 球并有 25 次助攻。不过加盟巴萨后，宋似乎只能去干脏活累活，在这里喀麦隆铁腰只需发挥防守能力。截止 2014 年 3 月 1 日，宋为巴萨出场 58 次，仅仅贡献 1 球 1 助攻而已。对于喀麦隆来说，这可不是好消息，因为他们的中场还得仰仗宋来组织进攻。今夏世界杯，宋将是非洲雄狮不可或缺的中场核心。

恩库卢
Nicolas N'Koulou

生日：1990.3.27

位置：后卫

身高：183CM

所属俱乐部：马赛

国家队履历：43 场

身价：1300 万欧元

评分：7.0

喀麦隆后防线上的天才少年，他卡位精准，转身灵活，称得上前途无量。他曾代表 U–23 奥运队征战北京奥运会。23 岁的恩库卢早年便已经成名，自 2008 年起，他便在喀麦隆队坐稳主力位置。南非世界杯，他正是非洲雄狮的主力中卫。如今巴西世界杯即将到来，恩库卢的地位更加重要，主教练芬克也对恩库卢非常倚重，他让这位爱将统领球队防线，这名马赛中卫将是球队的后防核心。本次世界杯预选赛，恩库卢出场 7 次。

巨星介绍

埃托奥
Samuel Eto'o

生日：1981.3.10

位置：前锋

身高：179cm

所属俱乐部：切尔西

国家队履历：114 场 55 球

身价：900 万欧元

评分：7.4

埃托奥曾是世界顶级的前锋，他 4 次当选非洲足球先生，也即将第 4 次参加世界杯。埃托奥曾帮助巴萨两夺欧冠，在国米他又力助蓝黑军团捧得欧冠冠军，此后他远赴俄罗斯淘金状态严重下滑，好在本赛季埃托奥得到了恩师穆里尼奥的召唤，又加盟了切尔西。本届世预赛，埃托奥出场 4 次，打进 2 球。

喀麦隆队

测 小组出线形势预测

对于喀麦隆来说，要战胜强大的东道主巴西队几乎是不可能完成的任务，因此非洲雄狮想要出线，就必须踢好同克罗地亚及墨西哥的比赛。不过这两支球队的实力并不次于喀麦隆，特别是克罗地亚队，整体实力应该是在喀麦隆队之上，埃托奥领衔的球队想要出线，似乎并不容易。从小组的出线赔率上看，喀麦隆也是该小组中最不被看好的球队。对喀麦隆最有利的一点是他们小组赛的最后一场才与巴西队交手，这时桑巴军团很可能已经提前出线，巴西或许不会全力去踢喀麦隆队，但即便如此喀麦隆队对巴西队的胜算也不大，只能期待爆冷逼得一个平局。

权威点评

评 姆博马

（喀麦隆前国脚）

再像1990年那样爆冷已经不可能了。我希望我们能小组出线，为了2000万国民的梦想，但我并不觉得我们有实力出线。我们不要再相信圣诞老人，即使预选赛出局，球队也不会有什么改变。2006年出局后球队有改变吗？2010年世界杯，我们分到了一个很理想的小组，最终却在32支球队中排名倒数第二，之后又有什么改变吗？自从2003年联合会杯后，喀麦隆再也没有给非洲足球长过脸。

非洲区第2阶段小组赛

表 喀麦隆队预选赛数据表

（4胜1平1负，以小组第一身份参加附加赛）

时间	主/客场	结果	进球者
2012.6.2	主	1比0民主刚果	舒波·莫延54′
2012.6.10	客	1比2利比亚	舒波·莫延15′
2013.3.23	主	2比1多哥	埃托奥41′ 82′
2013.6.9	客	3比0多哥	原比分0比2，因为多哥使用不具参赛资格球员而判喀麦隆3比0胜
2013.6.16	客	0比0民主刚果	
2013.9.8	主	1比0利比亚	切朱41′

非洲区晋级附加赛

时间	主/客场	结果	进球者
2013.10.13	客	0比0突尼斯	
2013.11.17	主	4比1突尼斯	韦伯4′、穆坎乔30′、马孔65′、86′

巴西 VS 克罗地亚

6月13日／星期五／北京时间04:00/预计亚洲盘口：让1/1.5

1. 姜山冷门推荐：克罗地亚

2. 投注策略分析： 每逢大赛，卫冕冠军或东道主在揭幕战的表现一贯不佳，尤其是世界杯，1966年以来揭幕战强势一方的球队仅胜3场，而且基本都是小胜，揭幕战甚至还出现过巴西0比0南斯拉夫、前西德0比0波兰、阿根廷0比1比利时、意大利1比1保加利亚、阿根廷0比1喀麦隆、法国0比1塞内加尔这样的冷门。亚盘问世以来，四届世界杯揭幕战打出三个下盘。巴西在世界杯历史上曾三次出战揭幕战，除1950年4比0墨西哥外，0比0南斯拉夫、2比1苏格兰这两场的表现乏善可陈。克罗地亚并非弱旅，2006年世界杯就只以0比1小负巴西，此战有望利用对手压力赢盘。

3. 足彩专家推荐

陈涛（《足球大赢家》编辑部副主任）：克罗地亚
安然（《足球周刊》副总编辑）：巴西

4. 波胆预测

巴西2比1克罗地亚

墨西哥 VS 喀麦隆

6月14日／星期六／北京时间00:00/预计亚洲盘口：让0/0.5

1. 姜山冷门推荐：喀麦隆

2. 投注策略分析： 墨西哥在世预赛中表现极其低迷，最后在中北美及加勒比海区以第四名勉强取得与新西兰的附加赛资格，才最终晋级世界杯。球队世预赛期间经历了四位主帅，目前的主教练埃雷拉年仅46岁，经验也存在问题。而喀麦隆的问题在于中前场两大核心埃托奥和马孔都上了年纪，而且球队有内讧的传统，现在也同样有这方面的隐患，德国籍主帅芬克在队中并无很强的威望，关键时刻未必能够镇得住场。两队都没有击败对手的绝对把握，这场比赛以平局收场的可能性更大，所以追捧受让一方的喀麦隆是可行的方案。

3. 足彩专家推荐

陈涛（《足球大赢家》编辑部副主任）：喀麦隆
安然（《足球周刊》副总编辑）：墨西哥

4. 波胆预测

墨西哥1比1喀麦隆

巴西 VS 墨西哥

6月18日 / 星期三 / 北京时间 03:00/ 预计亚洲盘口：让 1.5

1. 姜山冷门推荐：墨西哥

2. 投注策略分析： 如果首战轻取克罗地亚的话，那么与墨西哥的小组次轮将成为巴西能否提前小组出线的关键。两队堪称是老对手，经常在美洲杯、友谊赛中交手，虽然总战绩上巴西占优，但墨西哥在杯赛中却屡次成为巴西的苦主，2005年联合会杯小组赛第二轮巴西就曾以0比1输给墨西哥，2007年美洲杯小组赛首轮巴西也0比2不敌墨西哥，去年伦敦奥运会上，内马尔、奥斯卡、卢卡斯、蒂亚戈·席尔瓦和马塞洛等巴西国脚都参加了与墨西哥的决赛，结果他们1比2落败。这场比赛巴西看重的也将是赢球出线，而不会刻意追求大胜，所以当选他们赢球输盘。

3. 足彩专家推荐

陈涛（《足球大赢家》编辑部副主任）：墨西哥
安然（《足球周刊》副总编辑）：巴西

4. 波胆预测

巴西 2 比 1 墨西哥

喀麦隆 VS 克罗地亚

6月19日 / 星期四 / 北京时间 03:00/ 预计亚洲盘口：受让 0.5/1

1. 姜山冷门推荐：克罗地亚

2. 投注策略分析： 首战巴西，克罗地亚"生还"的机会不大，而喀麦隆吃下墨西哥的可能性也不高，因此本场比赛将成为两队还能否晋级淘汰赛的重中之重。从实力来说，拥有莫德里奇、曼朱基奇、拉基蒂奇、奥利奇、斯尔纳等名将的克罗地亚远强于老迈的埃托奥压阵的喀麦隆，虽然克罗地亚的攻击力并不突出，但喀麦隆目前缺乏一位能在中场起到组织和调动的核心球员，这让他们在比赛中效率低下，无论攻守都会受此影响。另外，喀麦隆近年来一直被内乱所困扰，目前这一问题也没有得到充分的解决，一旦内讧爆发，该队很可能不战先溃。

3. 足彩专家推荐

陈涛（《足球大赢家》编辑部副主任）：喀麦隆
安然（《足球周刊》副总编辑）：克罗地亚

4. 波胆预测

喀麦隆 0 比 1 克罗地亚

喀麦隆 VS 巴西

6月24日/星期二/北京时间04:00/预计亚洲盘口：受让1.5/2

1. 姜山冷门推荐：巴西

2. 投注策略分析： 不出意外的话，巴西应该在前两轮就已经确定提前出线，而喀麦隆应该还有晋级的一线希望，但前提是需要在末轮击败巴西。不过，巴西作为东道主，是绝不可能在主场球迷的眼皮底下放水的，即便比赛前西班牙被挤到B组第二，巴西也不会为了在1/8决赛中避开他们而故意输球去"争夺"A组第二，这个面子丢不起啊。所以喀麦隆很难寄望于东道主放自己一马，虽然他们曾两次在奥运会上力克巴西，但世界杯的比赛毕竟不同于奥运会。所以这场比赛的悬念不是很大，但要小心巴西在领先后为淘汰赛留力，未必会争取大胜。

3. 足彩专家推荐

陈涛（《足球大赢家》编辑部副主任）：喀麦隆
安然（《足球周刊》副总编辑）：巴西

4. 波胆预测

喀麦隆0比2巴西

克罗地亚 VS 墨西哥

6月24日/星期二/北京时间04:00/预计亚洲盘口：让0/0.5

1. 姜山冷门推荐：克罗地亚

2. 投注策略分析： 在小组末轮前，克罗地亚和墨西哥应该都不敌巴西，所以最后一场比赛实际上是两队谁能追随巴西出线的生死决战。两队曾在2002年世界杯小组赛上相遇，结果克罗地亚4比0大胜墨西哥。从实力看，目前的这支克罗地亚队也应该在墨西哥之上，而且他们的打法也对墨西哥颇有克制之处，虽然2011年墨西哥曾在友谊赛中击败过克罗地亚的近邻塞尔维亚，但时过境迁，现在这支墨西哥队实力下滑明显，而且克罗地亚在实力上应该强于塞尔维亚。所以此战克罗地亚的胜面还是更大，而且他们以小组第二名的身份出线也最为合理。

3. 足彩专家推荐

陈涛（《足球大赢家》编辑部副主任）：克罗地亚
安然（《足球周刊》副总编辑）：克罗地亚

4. 波胆预测

克罗地亚1比0墨西哥

B

西班牙队

荷兰队

智利队

澳大利亚队

B

西班牙队 Spain

夺冠赔率：

8.00

队报

单论牌面实力，大牌球星云集的西班牙队不输于任何一个球队，但西班牙是否有卫冕的动力、是否能让西班牙王朝延续却要打一个大大的问号。去年联合会杯决赛被巴西队横扫的景象，让我们惊觉如今西班牙队那不可一世的光环似乎在渐渐褪去。

主场球衣

世界霸主的超级难题

2008 年后，西班牙霸占世界第一的宝座已经 6 年，当下仍是巴西世界杯夺冠热门。能否打破南美魔咒，成为第一支在南美捧得世界杯的欧洲球队，将是博斯克的球队面临的挑战。作为志在卫冕世界杯冠军的球队，西班牙队在去年夏天的联合会杯赛上遭到巴西队的迎头痛击。当时西班牙国内媒体在赛后普遍认为，老将成群、球队缺少新鲜血液和冲击力、缺少刺激和夺冠欲望是球队失败的主要原因。

对于博斯克来说，如何在世界杯开赛前完成新老交替非常重要——在保留哈维和伊涅斯塔等功勋老将的前提下，大胆启用一些能扮演关键角色的强力新人。

超级中锋的出现

历经 2012 年欧洲杯的成功和 2013 年联合会杯的失利之后，博斯克开始重视对国家队立体进攻的打造，边锋传中、中锋接应将是西班牙征战今年世界杯的重要法宝。以往打惯无锋战术的西班牙队随着中场的老化基本已经无法继续，特别是随着本赛季内格雷多、迭戈·科斯塔的爆发，以及赫塞的异军突起，斗牛军团呈现出多个中锋竞争明年世界杯 1 个主力名额的惨烈局面。

博斯克的难题是抉择。除了托雷斯和比利亚基本出局外，内格雷多、迭戈·科斯塔、赫塞、索尔达多，甚至略伦特都还有机会。目前西班牙队对主力中锋的高标准是什么？由于这支球队主要仍以巴萨和皇马的球队作为班底，以“tiki-taka”打法为核心，所以除了有较高的进球效率之外，还要能够融入球队的整体进攻体系当中，为队友创造机会（助攻），并保持较高的传球成功率，成为斗牛士中前场传球网络的组成部分。

综合评比，西班牙媒体倾向于认为内格雷多能成西班牙主力前锋。第一，他具有的多变性，一专多能是他的特长，既可以背身拿球、回撤帮助球队，又可在禁区内完成临门一脚。第二，内格雷多可以锁定中卫，强壮的身体以及出色的技术让对方后卫不得不紧跟他。第三，内格雷多既能融入无传统边锋的“tiki-taka”控制足球，又能成为禁区内的支点，接应边路传中（西班牙队的最主要边锋纳瓦斯恰是其俱乐部队友），符合立体进攻的战术要求。此外，能力全面、特点突出的赫塞，也是有可能给斗牛军团带来惊喜的人。

双核时代的告别演出

斗牛军团完成“欧洲杯－世界杯－欧洲杯”这样一个六年三冠的统治性循环，巴萨的拉玛

博斯克

Vicente del Bosque

生日：1950.12.23

国籍：西班牙

2008 年 7 月上任至今

门将的选择成为博斯克的一大难题。多年的绝对主力卡西利亚斯如今在皇马坐稳板凳，他的长期竞争对手巴尔德斯则在巴萨表现出色，目前他要对两人的状态仔细考察。尽管西班牙队在预选赛只丢三球，但皮克和拉莫斯的中卫组合总是会出现一些低级失误。中场方面，博斯克可能或引入纳瓦斯或席尔瓦的单边锋甚至双边锋打法，这是针对铁桶阵的解决之道。面对死守的球队这一思路并没有错，但哈维、伊涅斯塔和卡索拉间的距离却会因后两人扯边而被拉开，从而造成西班牙短传传统短暂“流失”。

从平衡的角度看，边路进攻＋单后腰的打法，在国际大赛中不该是常规武器而是应急措施，只能在久攻不下时才拿出来使用。阿拉贡内斯就是在以不失球为首要前提下欧洲杯夺冠，当时他甚至没带正宗边锋以及冲击型中锋参赛。博斯克为丰富西班牙国家队打法，逐渐恢复了边锋战术，并在队中增设了冲击型中锋。虽然按照他之前的理解，有没有真正的前锋并不重要，重要的是可以进球，但是目前，世界豪强对于西班牙队的反牵制战已经起到效果，如果不能在禁区多点开花，西班牙足球的优势可能会荡然无存。

西亚帮居功至伟。尤其是中场双核哈维和伊涅斯塔，他们的存在，让博斯克可以指挥球队打出巴萨式的足球。节拍器哈维控制着皮球，伊涅斯塔则作为主角在场上闪光。比利亚曾表示：“两位球员蒙着眼睛凭借记忆都能完成配合，其余的人，无论是在电视机前看比赛的，还是在像我们一样跟他们在场上一起踢球的，都能获得充分的享受。”正是因为有他们的中场支持，巴萨的梅西和阿根廷的梅西才会表现得判若两人。

双核驱动，不仅是巴萨的特权，也是西班牙的传控足球最原始的驱动力。在哈维、伊涅斯塔主宰球场的时代，西班牙的传控能力独步足坛——数据显示 2006 年世界杯西班牙平均每场传球 541 次，2008 年欧洲杯场均 529 次，南非世界杯 616 次，2012 欧洲杯更提升到 732 次，六年三届大赛，西班牙局面控制力仍在提高。但是天下无不散的筵席，因为年龄的问题（哈维 1980 年生、伊涅斯塔 1984 年生），双核也面临淡出国家队的问题。如果不出意外，2014 年巴西世界杯将是 34 岁哈维的最后一届世界杯。

依赖双核 6 年的西班牙队将面临改变打法的阵痛。巴萨已经未雨绸缪，技术部门圈定好了哈维的六大备选分别是塞维利亚的拉基蒂奇、多特蒙德的京多安、马竞的科凯及奥利弗·托雷斯、毕尔巴鄂的埃雷拉以及巴萨外租塞尔塔的拉菲尼亚。后面 4 人都是西班牙籍，尤其是科凯，这位 22 岁西甲当红新星边中皆能，具备巴萨需要的几乎所有特点。但希望得到科凯的球队不在少数，巴萨面对的最强对手是前任主帅瓜迪奥拉执教的拜仁，德甲班霸甚至愿意为科凯掏出 4000 万欧元。从组织能力来看，他的确是哈维的天然接班人。

6 年已经是极限？

2013 年是西班牙足球统治世界多年来遭遇到的第一个坎，继巴萨在欧冠半决赛两回合 0 比 7 输给拜仁后，以拉玛西亚班底为躯干组建的西班牙队也在联合会杯遭遇滑铁卢，当着全世界面前吞下 28 年来最惨重的官方赛事大败。已辉煌五年的西班牙足球控球优势剥夺对手球权的打法已经为对手所熟悉。世界豪强也在不断摸索研究如何破解他们的打法，过去是国际米兰、切尔西、美国队等用铁桶阵辅以零星偷袭偶有斩获，如今巴西、拜仁等对手则以中前场紧逼断球来破坏西班牙后场出球，连续取得大捷。

瓜迪奥拉认为，在现代足球中，一支球队能强盛四年已属难得，所以巴萨走下神坛并不奇怪，同样理论也适用于西班牙，6 年基本已经是极限。目前来说，换帅当然不现实，但西班牙可以寻求更多变化，进攻上西班牙也可以更多点快速简练的配合，尤其是在阵中已有 8 名在英超、德甲效力的留洋国脚之前提下。过去西班牙足球是德国、意大利效仿的对象，而今也尽可放低姿态，从德国、巴西的成功经验里吸取养分充实自己。

“继往”不易，“开来”更难。今年世界杯西班牙仍会是争冠热门，但对比竞争对手已难言优势，习惯了高高在上的西班牙足球需要正视对手和自己。

主力阵容

卡西利亚斯
Iker Casillas

生日：1980.05.20
位置：守门员
身高：185CM
所属俱乐部：皇马
国家队履历：152 场
身价：1200 万欧元

评分：7.7

这两年卡西利亚斯过得并不轻松，自从穆里尼奥将他从皇马主力门将的位置上拉下来之后，他在俱乐部就无法正常地进行比赛。好在安切洛蒂许诺卡西能在杯赛上练练手，博斯克也许诺他在国家队 1 号门将的位置不会动摇。不知道依靠几场欧冠和国王杯比赛，卡西是否能将状态调整到卫冕冠军主力门将的水准上。本次世预赛，卡西出场 5 次，失 1 球。

阿尔巴
Jordi Alba

生日：1989.03.21
位置：后卫
身高：170CM
所属俱乐部：巴塞罗那
国家队履历：24 场 5 球
身价：2500 万欧元

评分：7.6

拉玛西亚遗珠，在瓦伦西亚成名后重回巴萨。相比阿德里亚诺和阿比达尔，阿尔巴在助攻方面更犀利，同时在防守端也更稳定。考虑到阿尔巴的年龄，未来多年间他都将是西班牙队左后卫位置上的绝对主力。本次世预赛欧洲区小组赛，阿尔巴代表西班牙队出场 5 次，攻入 2 个进球。

拉莫斯
Sergio Ramos

生日：1986.03.30
位置：后卫
身高：183CM
所属俱乐部：皇马
国家队履历：115 场 9 球
身价：4000 万欧元

评分：7.9

虽然身为后卫，但拉莫斯从来都是西班牙队的关键先生。南非世界杯上，西班牙队夺得冠军，拉莫斯也以 9.79 分夺得本届世界杯数据评分之王，成为最具影响力和最有效率的球员。2012 欧洲杯半决赛，在点球大战中，拉莫斯罚入勺子点球助西班牙淘汰葡萄牙进入决赛。本次世预赛，拉莫斯出场 8 次，贡献 2 个进球 1 次助攻。

布斯克茨
Sergio Busquets

生日：1988.07.16
位置：中场
身高：189CM
所属俱乐部：巴塞罗那
国家队履历：63 场
身价：4500 万欧元

评分：7.9

布斯克茨可以给球队带来稳定的控球，他几乎从不轻易丢球，防守也很强硬。他跟阿隆索组成的双后腰发挥非常稳定，有力地保障了后防线的安全，是西班牙队南非世界杯淘汰赛零失球的重要功臣。经过几届大赛的考验，布斯克茨现在的表现越来越成熟和稳定。本次世预赛，布斯克茨出场 7 次。

巨星介绍

我们有一个魔术师，他穿着橙色的球鞋，身披 8 号战袍。

——巴萨技术部总监苏比萨雷塔

伊涅斯塔

Andres Iniesta

生日：1984.05.11

位置：中场

身高：170CM

所属俱乐部：巴塞罗那

国家队履历：94 场 11 球

身价：5500 万欧元

评分：8.3

很难想象，没有伊涅斯塔的西班牙队是否还会获得这么多荣誉。伊涅斯塔速度感好，脚下功夫细腻，变向速度快，护球能力极强。在他脚下的球，别人很难断下来，而且他的大局观和传球精准度极好。当哈维缺阵的时候，他完全有能力扛起巴萨和西班牙国家队的重任。本次世预赛，“小白”共代表西班牙队出场 8 次，贡献 1 次助攻。

阿隆索
Xabi Alonso

生日：1981.11.25
位置：中场
身高：183CM
所属俱乐部：皇马
国家队履历：109 场 15 球
身价：1200 万欧元

评分：7.6

伊利亚拉门迪的到来一度威胁到了哈维·阿隆索在皇马主力后腰的位置，但是他又凭借稳定的表现抢回了首发权。阿隆索冷静的性格和出色的球技就注定了他成为球星的潜质，他精确的长距离传送及远射令人印象深刻。本次世预赛欧洲区小组赛，阿隆索共代表西班牙队出场 4 次。

法布雷加斯
Cesc Fabregas

生日：1987.05.04
位置：中场
身高：175CM
所属俱乐部：巴塞罗那
国家队履历：86 场 13 球
身价：5000 万欧元

评分：8.0

虽然法布雷加斯今年仅有27岁，但巴西已经是他的第三次世界杯之旅了。小法具有超强的技术和比赛阅读能力。这次世界杯，他的目标就是“梦想能够连续两次赢得世界杯，创造历史”。本次世预赛欧洲区小组赛，法布雷加斯共代表西班牙队出场7次，

佩德罗
Pedro Rodriguez Ledesma

生日：1987.07.28
位置：前锋
身高：169CM
所属俱乐部：巴塞罗那
国家队履历：37 场 13 球
身价：2500 万欧元

评分：7.8

在梅西本赛季缺阵的时候，佩德罗能够扛起巴萨进球的大旗。佩德罗是巴塞罗那青训营 87 级的众多优秀毕业生之一，梅西、法布雷加斯和皮克等人都是 87 级，与其他几人相比，佩德罗成名稍晚，不过这个赛季的爆发也正好为他赢得了参加世界杯的机会。本次世预赛，佩德罗出场 8 次，贡献 4 个进球，2 次助攻。

内格雷多
Alvaro Negredo

生日：1985.08.20
位置：前锋
身高：186CM
所属俱乐部：曼城
国家队履历：21 场 10 球
身价：2700 万欧元

评分：7.8

迭戈·科斯塔和内格雷多是最有希望穿上西班牙 9 号战袍的人。考虑到科斯塔在国家队的资历尚浅，博斯克有极大的可能挑选内格雷多作为西班牙的正印前锋。本次世预赛欧洲区小组赛，内格雷罗出场4次，贡献 3 个进球。

巨星介绍

哈维
Xavi

生日：1980.01.25
位置：中场
身高：170CM
所属俱乐部：巴塞罗那
国家队履历：130 场 13 球
身价：1000 万欧元

评分：8.2

不出意外的话，这将是当代最出色的中场大师哈维最后一届世界杯了。26 个冠军奖杯，使得哈维成为了西班牙足球史上的冠军之王，但他还是希望一座金杯来为自己的世界杯生涯画上句点。本次世预赛欧洲区小组赛，哈维共代表西班牙队出场 7 次，贡献 1 个进球，1 次助攻。

西班牙队近年来人才辈出，但在中场核心位置上，无人可望其项背，法布雷加斯都只能当哈维替补耐心等待。哈维不仅是靠才华，还有十年如一日的勤勉与努力，让他成为西班牙队的足球象征与标志。

——西班牙《每日体育报》

巨星介绍

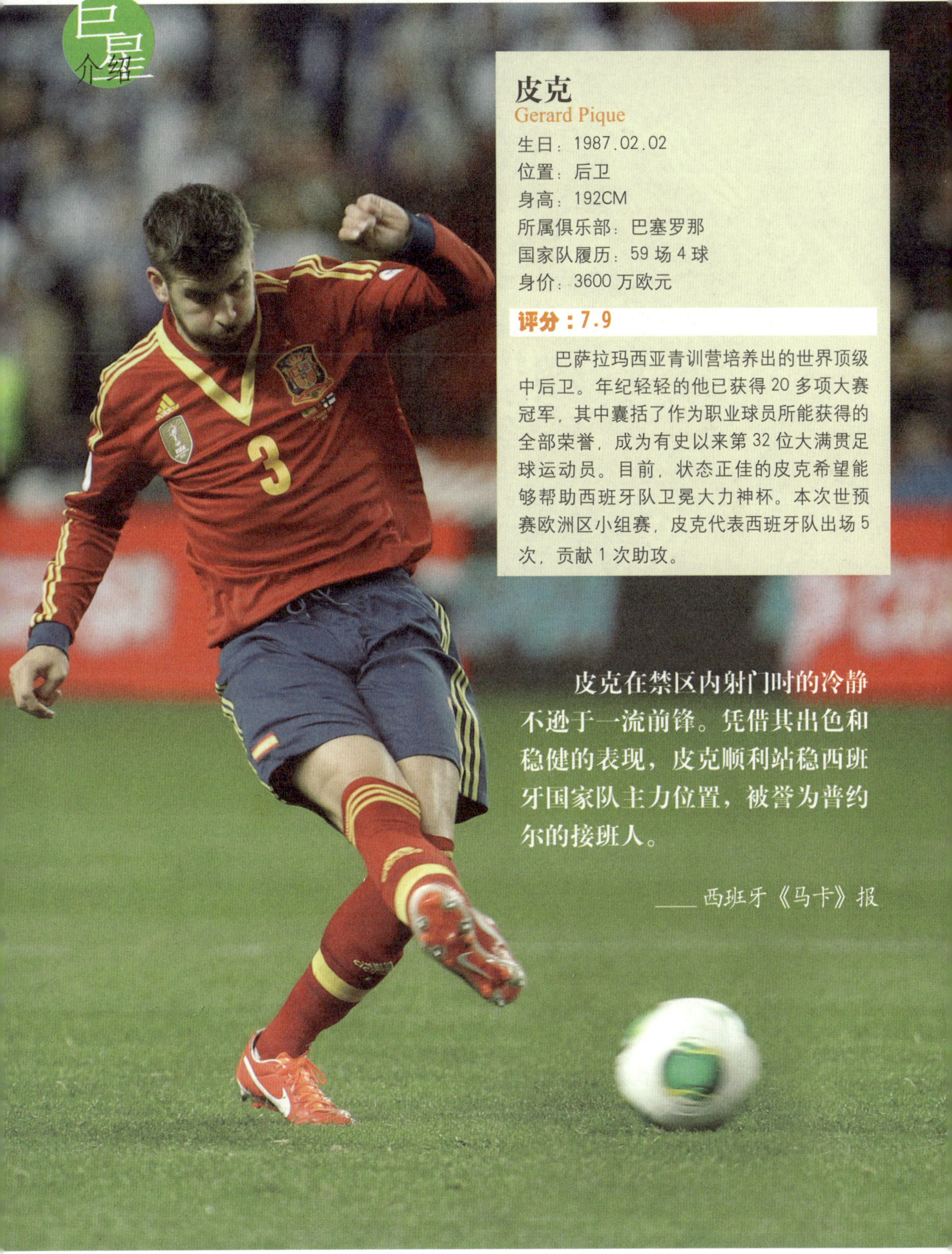

皮克

Gerard Pique

生日：1987.02.02

位置：后卫

身高：192CM

所属俱乐部：巴塞罗那

国家队履历：59 场 4 球

身价：3600 万欧元

评分：7.9

巴萨拉玛西亚青训营培养出的世界顶级中后卫。年纪轻轻的他已获得 20 多项大赛冠军，其中囊括了作为职业球员所能获得的全部荣誉，成为有史以来第 32 位大满贯足球运动员。目前，状态正佳的皮克希望能够帮助西班牙队卫冕大力神杯。本次世预赛欧洲区小组赛，皮克代表西班牙队出场 5 次，贡献 1 次助攻。

皮克在禁区内射门时的冷静不逊于一流前锋。凭借其出色和稳健的表现，皮克顺利站稳西班牙国家队主力位置，被誉为普约尔的接班人。

——西班牙《马卡》报

巨星介绍

迭戈·科斯塔"吞噬"老虎法尔考在西班牙的过去。看得出来，在科斯塔身上，承载着更多西甲球迷的期望，毕竟，大伙都期待有一些新射手成为C罗、梅西之外的另一种风景。

——西班牙《马卡》报

迭戈·科斯塔

Diego Costa

生日：1988.10.07

位置：前锋

身高：188CM

所属俱乐部：马德里竞技

国家队履历：1 场 0 球

身价：3000 万欧元

评分：7.7

这位巴西出生的球员虽然从未入选过西班牙国家队，但已经引起了西班牙和巴西足协的争夺大战。迭戈·科斯塔最终选择了斗牛军团，博斯克已经急不可待地将他召入了国家队，虽然不见得能在世界杯上打上主力，但是偶尔上场如能有良好表现也将为他加分不少。本次世预赛欧洲区小组赛，由于国籍争议，迭戈·科斯塔只为西班牙队出场 1 次。

测 西班牙队 小组出线形势预测

本届世界杯有两个死亡之组，比较明显的是乌拉圭、哥斯达黎加、英格兰与意大利所在的D组，不那么明显的则是西班牙、荷兰、智利与澳大利亚在的B组。虽然一眼看上去B组的死亡成色并不是太足，澳大利亚实力羸弱难以掀起波澜，智利与西班牙以及荷兰两强相比也差了个档次。西班牙、荷兰出线无虞，但问题的关键是B组出线后在八分之一决赛中遭遇的是A组对手，而不出意外的话，东道主巴西肯定是A组第一！

无论对西班牙还是荷兰来说，过早遭遇东道主巴西都是非常不利的，换言之两支球队必须为小组头名展开殊死争夺。历史上两支球队一共交手过10次，西班牙5胜1平4负稍稍占优，巧合的是上次交锋恰是2010年南非世界杯决赛，在约翰内斯堡西班牙凭借伊涅斯塔在加时赛中打进的唯一进球1比0击败荷兰，历史上首次问鼎世界杯。4年后两队再次交锋，西班牙要警惕荷兰人的复仇之心。

评 权威点评 耶罗

（西班牙传奇球员）

很明显我提议西班牙会成为世界杯冠军，没有其他可能性了。我希望我们可以战斗到最后。走到最后对我们实在太重要了。最重要的是选好训练场地和集合地点，就像我们在南非做过的那样，因为几乎所有球队都是长途跋涉作战的。关于球队集合地点，我们应该选择一个气候宜人的地方。这能帮助西班牙国脚们在40多天的时间里保持良好的状态。

无论在哪个位置，西班牙都拥有目前世界上最顶级的球员。哈维是一位非常伟大的职业球员，他是西班牙足坛最出色的球员。他代表了一种精神，体现了一些价值，西班牙足球和巴萨俱乐部能拥有他是一种优势。哈维在世界杯赛场上有足够多的经验，我相信他会以非常棒的状态走到赛季末，迎来世界杯。

表 欧洲区小组赛 西班牙队预选赛数据表

（6胜2平0负，小组第一晋级）

时间	主/客场	结果	进球者
2012.09.11	客	1比0格鲁吉亚	索尔达多86′
2012.10.12	客	4比0白俄罗斯	阿尔巴12′、佩德罗21′69′79′
2012.10.16	主	1比1法国	拉莫斯25′
2013.03.22	主	1比1芬兰	拉莫斯49′
2013.03.26	客	1比0法国	佩德罗58′
2013.09.06	客	2比0芬兰	阿尔巴19′、内格雷多86′
2013.10.11	主	2比1白俄罗斯	哈维61′、内格雷多78′
2013.10.15	主	2比0格鲁吉亚	内格雷多26′、马塔61′

荷兰队 Netherlands

夺冠赔率：

29.00

队报

世界杯的“无冕之王”，总是有源源不断的天才球员产生，但如今的荷兰队好像有点青黄不接的迹象，此外，是否能避免习惯性内讧将是荷兰队能否真正飞翔的关键。

主场球衣

“橙子”的内核

说起荷兰足球，除了“无冕之王”的悲情称号，就是他们一代又一代的天才们。荷兰足球史，就是一部天才的成长史，这个国家足球的每一次辉煌都伴随着一批天才的横空出世。上世纪“70 年代”的克鲁伊夫一代，“80 年代”的荷兰三剑客一代，“90 年代”的克鲁伊维特一代，“00 后”的范佩西一代。每隔几年，荷兰人就会向世界足坛提供一批天才。他们拥有这个星球上最特别的天赋，也拥有着最特别的个性。随着荷兰队一次次大赛在关键时刻折戟沉沙，一代代荷兰天才留下的悲情多过喜悦。

但是罗本之后呢？我们发现自从四大天王（斯内德、罗本、范佩西、范德法特）后，荷兰足球再也没能制造出一个顶级巨星，许多的所谓荷兰三大派系（阿贾克斯、埃因霍温、费耶诺德）妖人们都在高开低走之后再也没有影踪，荷兰队也在这三大派系的长期内讧中消磨自己的才华。新的大赛到来，几代荷兰足球人正在夜以继日地联合起来，让“飞翔的荷兰人”再度起航。

天才的乌合之众

作为无冕之王的荷兰从来不缺乏气场，用克鲁伊夫的话形容,荷兰队身上有一种傲慢。“这是荷兰足球长期以来的问题，就人口和地域而言，我们是一个小国。而就足球而言，我们是一个大国。”过分的骄傲可能起到负面的效果。

荷兰队前任主教练范马尔维克是如何下课的？2012 年欧洲杯成绩糟糕只是导火索，真正的原因是“政治问题”。因为长期执教费耶诺德，他被认为是费系球员，而荷兰球员大多出自阿贾克斯和埃因霍温，在一定程度上也存在着门派之争。此外，球员来自于不同的群体，也在客观上早就有了一些矛盾。在球队里，主帅要巧妙平衡来自三大派系球员的关系。上场阵容不再只是技战术层面问题，还是“政治问题”。出现在场上的荷兰队也不再是一支球队，而只是 11 名球员。此外，范佩西和斯内德为争夺任意球主罚权而互不买账，亨特拉尔则为自己常年当替补而炮轰主帅，黑与白球员之间的不和也一直困扰荷兰人。

这是一支有着内讧传统的球队，拥有再多的天才球员，也经常无法形成合力。1990 年世界杯上，在三剑客的联手逼迫下，荷兰足协更换了主帅。1994 年世界杯，古力特与主帅艾德沃卡特发生矛盾，进而退出国家队。1996 年欧洲杯，戴维斯因辱骂希丁克，而被除名。2008 年欧洲杯，范尼与主帅巴斯滕的矛盾也给全队带来了重大影响……

主帅兵法

范加尔
Louis van Gaal

生日：1952.08.08
国籍：荷兰
2012 年 7 月上任至今

这位前巴萨教练是穆里尼奥的老师，是人们心目中的战术大师，以擅长挖掘年轻球员而著称，他的战术研究为狂人奠定了厚实的基础。

自 2 年前重新升帐荷兰队主帅，他对球队进行的改造就是让荷兰队的中场位置比 2010 世界杯更加靠后。后卫阵容里也出现了新面孔戴利·布林德，他是荷兰队及阿贾克斯队宿将丹尼·布林德的儿子。然而，荷兰队的攻击阵容和以往一样：罗本、范佩西、库伊特、范德法特以及斯内德继续为国家队效力。荷兰队的战术依然会秉承全攻全守的风格，并不会把球控制在脚下过长时间，而是通过不断的传递来制造对手防守上的漏洞，直到抓住机会破门得分。

但是对于目前的荷兰队而言，想要进行这样的战术还有一个软肋，那就是球队的后腰位置没有合适的人选。在这种战术里，后腰不仅仅要承担防守的重任，还是球队攻防转换的一个支点。目前荷兰队的这个位置由尼格尔·德容占据，但很明显，德容的防守虽然足够出色，进攻能力却不足以承担重任。

小将成长慢难当大任

曾几何时，荷兰队拥有范尼、西多夫等一干巨星，更拥有范佩西、罗本、范德法特和斯内德四小龙，保证荷兰队强大了十余年。随着时间推移，当年的四小龙扛起大梁，到了2010年世界杯靠他们为中坚力量的发挥，荷兰队惜败于西班牙收获了亚军。

可当时间来到2014年，人们惊奇地发现，在范佩西、罗本、范德法特不上场的情况下，荷兰队居然没有可依靠的替补球员。这四人已经全部过了而立之年，相信巴西世界杯是其中绝大多数人的最后一届世界杯。而在新一代的球员中，也没有如当年四大才子般耀眼的群体新星。诸如巴贝尔、阿费莱伊等新生代球员都在高开后，俨然有平庸化的迹象。不能说荷兰人的青训不好，这个国家是欧洲过去50年最强的足球人才培训国——注意，不是基地。哪怕是西班牙的拉玛西亚还是法国的克莱枫丹都是照着荷兰阿贾克斯、埃因霍温等传统青训强队的模子刻出来的。但是随着这几大军工厂近几年的日渐枯竭，荷兰队也面临着人才断档的危险。

后卫线上尤其明显，在最后一个坚挺的范德萨退役之后，荷兰足球再无防守大师。本届世界杯上，因迪、扬马特这些乳臭未干的小球员将撑起荷兰队的后防大梁。两名球员目前是费耶诺德的后防中坚，但他们从未在欧战的赛场上证明自己。向来偏激执拗的范加尔上台后，提前了国家队换血时间表，于是大批国产90后小将登场上台，给比他们大了七八岁的老大哥打下手。这些90后能否堪当大用，还要依靠大赛的检验。

老将抱团帮足协扎起

为了解决荷兰队存积的内部难题，荷兰传统名宿们在荷兰足协的召集下首次实现了合力。看看现在这支荷兰队的管理团队吧：成年A队主帅范加尔、助理教练克鲁伊维特和范尼斯特鲁伊；成年B队（不再适龄青年队，但又不够资格进入国家队的球员的过渡梯队）主帅内斯肯斯、助理教练博格坎普；U17助理教练范博梅尔，技术顾问希丁克。此外，巴斯滕和马凯等人也在为荷兰队的建设献言献策。

范加尔一直是克鲁伊维特的恩师。他在阿贾克斯、巴塞罗那、荷兰国家队都曾执教带过克鲁伊维特；在克鲁伊维特走上教练岗位后，范加尔也多次进行指导。范加尔希望克鲁伊维特在今后的执教中，能够帮助荷兰国家队培养出更多优秀的前锋。而范博梅尔和范尼此前有着种种过节，2004年欧洲杯时，戴维斯和范博梅尔在训练中大打出手，范尼不仅没有劝和，反而为范博梅尔助拳。这些人都是荷兰足球一代代的精英，如今为了国家队的荣耀，他们有的再续前缘，有的摒弃前嫌走到一起。在这些先辈的带动下，罗本、范佩西等人也纷纷表示要团结起来，为国而战。

主力阵容

斯特克伦堡
Maarten Stekelenburg

生日：1982.09.22
位置：守门员
身高：197CM
所属俱乐部：富勒姆
国家队履历：54 场
身价：500 万欧元

评分：6.7

斯特克伦堡秉承了师兄范德萨的身体条件，不过在个人能力方面他似乎与前辈还有差距。虽然已经多年坐稳荷兰队主力守门员的位置，但由于斯特克伦堡常年在俱乐部坐冷板凳，荷兰国家队主帅范加尔已开始考虑效力纽卡斯尔的克鲁尔以及斯旺西的沃尔姆。本次世预赛，他出场 3 次，丢了 2 球。

因迪
Bruno Indi

生日：1992.02.08
位置：后卫
身高：187CM
所属俱乐部：费耶诺德
国家队履历：12 场 2 球
身价：600 万欧元

评分：6.9

今年 22 岁的因迪必然会是巴西世界杯后防线上的一大发现。他是一位后防多面手，能踢左后卫、中卫、后腰等位置，其特质跟法国名将阿比达尔较为相似。本次世预赛欧洲区小组赛，因迪代表荷兰队出场 8 次，贡献 2 粒进球。

弗拉尔
Ron Vlaar

生日：1985.02.16
位置：后卫
身高：189CM
所属俱乐部：阿斯顿维拉
国家队履历：21 场 1 球
身价：500 万欧元

评分：6.6

弗拉尔出道于阿尔克马尔青训营，他被范巴斯滕认为是现今荷兰最好的后卫之一。弗拉尔身材高大，有一脚任意球功夫，但转身不快，这将可能制约其发挥。在小鬼当家的荷兰后防线上，弗拉尔拥有丰富的比赛经验，这是范加尔重用他的原因。本次世预赛欧洲区小组赛，弗拉尔代表荷兰队出场 7 次。

扬马特
Daryl Janmaat

生日：1989.07.22
位置：后卫
身高：185CM
所属俱乐部：费耶诺德
国家队履历：13 场
身价：500 万欧元

评分：6.8

既有速度又有力量的费耶诺德右后卫扬马特最近已经成为欧洲转会市场的新宠。阿森纳、尤文图斯和国际米兰都想将他罗至旗下。如果世界杯上，扬马特能有出色表现，他的身价将大幅上扬，费耶诺德也可以就此捞一笔。本次世预赛欧洲区小组赛，扬马特代表荷兰队出场 8 次，贡献 3 次助攻。

巨星介绍

罗本

Arjen Robben

生日：1984.01.23

位置：前锋

身高：180CM

所属俱乐部：拜仁

国家队履历：73 场 22 球

身价：2500 万欧元

评分：7.9

小飞侠虽然正在渐渐老去，但他在拜仁慕尼黑阵中的表现依然抢眼。帮助德甲豪门获得欧冠冠军之后，罗本的下一个目标就是世界杯。四年前功亏一篑，罗本在决赛中错失良机。四年后依然是南半球，南非变成巴西，罗本是否能够一雪前耻，这个问题成为万众瞩目的热点。本次世预赛欧洲区小组赛，罗本出场 6 次，贡献 3 个进球 3 次助攻。

他就像巅峰期的吉格斯，可怕的也就在此，吉格斯在英超效力了那么多年，而罗本似乎一夜之间就站在了顶点。

——英超官方网站

主力球员

斯特罗曼
Kevin Strootman

生日：1990.02.13
位置：中场
身高：186CM
所属俱乐部：罗马
国家队履历：24场3球
身价：2000万欧元

评分：7.5

早在弗格森执教时期，斯特罗曼就曾是曼联的转会猎物。就技术特点看，斯特罗曼拥有不错的前插、远射、长传、拦截能力，而且作风很硬朗。本赛季罗马表现不错，斯特罗曼功劳不小。本次世预赛欧洲区小组赛，斯特罗曼代表荷兰队出场9次，贡献1个进球1次助攻。

范德法特
Van Der Vaart

生日：1983.02.11
位置：中场
身高：176CM
所属俱乐部：汉堡
国家队履历：109场25球
身价：1000万欧元

评分：7.4

范德法特出道于阿贾克斯青训营，在荷甲豪门中逐渐显示出了自己过人的足球天赋。今年是他代表荷兰国家队上场的第13个年头，范加尔一直十分欣赏范德法特，相信后者会在这支国家队中找到自己的位置。本次世预赛欧洲区小组赛，范德法特代表荷兰队出场5次，贡献5个进球2次助攻，效率相当高。

巨星介绍

斯内德
Wesley Sneijder

生日：1984.06.09
位置：中场
身高：170CM
所属俱乐部：加拉塔萨雷
国家队履历：96场26球
身价：1700万欧元

评分：7.6

四年前的南非世界杯，斯内德的表现如日中天。他凭借一己之力率领荷兰杀入决赛，虽然最终屈居亚军，但斯内德却被视为2010年表现最好的球员。如今效力于加拉塔萨雷的斯内德状态有所下滑，但在荷兰阵中他依然是中场的主力人选。这极有可能是斯内德的最后一次世界杯之旅，他自然不想留下任何遗憾。本次世预赛欧洲区小组赛，斯内德代表荷兰队出场6次，贡献1个进球2次助攻。

巨星介绍

温格曾评价范佩西是最高最高级别的球员，任何球队都需要他这样的胜负手。

——《荷兰足球》

范佩西

Robin van Persie

生日：1983.08.06

位置：前锋

身高：188CM

所属俱乐部：曼联

国家队履历：81 场 41 球

身价：4000 万欧元

评分：8.1

如今的罗宾侠正处于职业生涯的巅峰期，在世界杯预选赛上他刚刚刷新荷兰国家队的历史进球纪录。但是今年在曼联与莫耶斯的不合严重影响到了范佩西的状态，希望他能将最好的那个自己放在世界杯舞台上。2014 年的巴西世界杯，范佩西的表现将直接决定荷兰的命运。本次世预赛欧洲区小组赛，范佩西出场 9 次，贡献 11 个进球 4 次助攻。

测 荷兰队 小组出线形势预测

世界杯历史上从未有上届冠亚军在下届小组赛早早相遇的先例，西班牙与荷兰此番开创先河。值得一提的是，小组第二名将在16强淘汰赛对阵A组第一，这几乎肯定是巴西，所以小组赛名次至关重要。

如果仅考虑小组出线，那么荷兰更希望和西班牙踢成平局。因为西班牙的赛程更加凶险，他们第二轮小组赛的对手就是智利，如果首轮输给了荷兰，对智利的比赛就非拿下不可，重压之下想要取胜并不容易。上届世界杯西班牙就与智利分在了同一小组，当时仅是2比1小胜，如果这场比赛赢不下来，便将丧失出线主动权。而对荷兰队来说，无论对西班牙胜负如何，第二轮对澳大利亚的3分都必须收入囊中，最后一轮再打智利压力就要小得多，拿下出线权问题不大。

评 权威点评 克鲁伊夫

（荷兰足坛名宿、巴萨拉玛西亚青训营创造者）

我认为，如果荷兰能够在决赛阶段从小组中出线，我们就应该庆祝了。而如果我们能够更进一步，打入淘汰赛，那就说明球队已经踢得很好了。

要预测荷兰队在世界杯上的前景其实并不难。我观看了巴西队在联合会杯上的表现，内马尔真的相当出色，这一点无可争议，他是世界级的球星，我认为他们显然是赢得世界杯的头号热门之一。

如果荷兰遭遇巴西，基本没法取胜。我们只有踢得更像自己才能在对阵巴西的比赛中获得机会。如果我们能够踢得聪明些，可能还会有一线生机。

表 欧洲区小组赛 荷兰队预选赛数据表

（9胜1平，小组第一晋级）

时间	主/客场	结果	进球者
2012.09.07	主	2比0土耳其	范佩西17′、纳尔辛90+3′
2012.09.11	客	4比1匈牙利	伦斯3′ 53′、因迪19′、亨特拉尔75′
2012.10.12	主	3比0安道尔	范德法特7′、亨特拉尔15′、斯哈肯50′
2012.10.16	客	4比1罗马尼亚	伦斯9′、因迪29′、范德法特45+1′、范佩西86′
2013.03.22	主	3比0爱沙尼亚	范德法特47′、范佩西72′、斯哈肯84′
2013.03.26	主	4比0罗马尼亚	范德法特12′、范佩西56′ 65′、伦斯90′
2013.09.06	客	2比2爱沙尼亚	罗本2′、范佩西90+4′
2013.09.10	客	2比0安道尔	范佩西50′ 54′
2013.10.11	主	8比1匈牙利	范佩西16′ 44′ 53′、斯特罗曼25′、伦斯38′、德维塞里65′（OG）、范德法特86′、罗本90′
2013.10.15	客	2比0土耳其	罗本8′、斯内德47′

智利队 Chile

夺冠赔率：

51.00

队报

关于巴西世界杯，智利人的梦想是取得或超越他们1962年达到过的世界第三的成绩。智利人对这届世界杯充满渴望，主教练桑保利说：“世界杯上总有黑马出现，我们幻想着能够成为一匹黑马。”

主场球衣

“疯”过之后

2010年南非世界杯上，我们看到了一支被打上了“贝尔萨烙印”的智利队。进攻，进攻，再进攻，“疯子”贝尔萨蹲在场外指挥进攻的画面，让人肃然起敬，又不免悲从中来。就像《飞越疯人院》里总要有人为了追求自由而付出代价，贝尔萨的足球理念也必定会在功利足球的现实中碰壁。

用“换帅如换刀”来形容智利队丝毫不为过。2012年12月，智利队在世界杯南美区预选赛中遭遇三连败，仅名列南美区第六。主帅博尔吉被轰下课，阿根廷人桑保利于危难之时执掌智利国家队教

鞭。就是这位此前仅在秘鲁、厄瓜多尔等国联赛有过执教经验的阿根廷老头，率智利队打了个漂亮的翻身仗。7 战取得 5 胜 1 平 1 负的战绩最终让球队仅在阿根廷和哥伦比亚之后，以南美区第 3 名的身份晋级巴西世界杯。桑保利让球员团结起来，他让一年前还分裂的更衣室和谐。

在今年 3 月的一次热身赛上，智利队还曾仅以 1 球小负于另一个夺冠大热门德国队。数据方面，智利队全面占优。他们全场共有 17 次射门，德国队仅为 7 次。德国队勒夫对智利队另眼相看：“你能看到智利队今天的强势表现，我们很难攻破他们的防线，也失去了太多控球，这给我们造成很多困扰。”巴西主帅斯科拉里明确指出，他宁可在淘汰赛碰上西班牙，也不愿意碰上智利。

对于球队中的两大核心 A·桑切斯、比达尔，桑保利说：“我们希望 A·桑切斯保持现在的状态，希望比达尔保持在尤文图斯的状态。”针对桑切斯，圣保利还有特别的要求，他说：“必须是他……他必须是帮我们完成小组赛任务的球员之一……我们希望他能保持现在的状态。”桑保利谈到了 A·桑切斯目前的表现，他说：“巴萨新主教练给了 A·桑切斯更多参与机会。他在国家队也找到了让自己闪光和改变他在人们心中形象的机会，这点之于他的价值比之于我的价值要更多。A·桑切斯风格多变，面对不同战况他能有不一样的踢法，踢球很有层次，能提供我们所需要的很多东西。”

主帅

桑保利

Jorge Sampaoli

生日：1960.03.13

国籍：阿根廷

2012 年 12 月上任至今

作为前国家队主帅贝尔萨攻势足球的继承者，阿根廷人桑保利在率领智利大学时以擅打 343 著称，战术上重攻轻守，力求“漂亮足球”。智利队依靠的是跑动积极，速度很犀利，整支球队都蕴藏着巨大的能量，几乎每个人从一开场就摆出搏杀的态度，踢得非常积极。除了有多名在意甲联赛效力的悍将外，由效力于佛罗伦萨的 M·费尔南德斯和尤文图斯的比达尔所坐镇的中场令任何球队都不敢小觑，两翼的伊斯拉和梅纳进可攻、退可守。而在锋线上，领衔的则是效力于巴萨的桑切斯，这位目前在西甲打出感觉的“智利 C 罗”将与新星巴尔加斯组成攻击力强大的锋线，将给荷兰、西班牙队的后防线造成强烈的冲击。

主力阵容

主力球员

伊斯拉
Mauricio Isla

生日：1988.06.12
位置：中场
身高：176CM
所属俱乐部：尤文图斯
国家队履历：45 场 2 球
身价：1050 万欧元

评分：7.5

伊斯拉曾为智利国内著名的天主大学足球俱乐部效力，场上位置是前锋，由于身材矮小而改踢边后卫。2007 年的加拿大世青赛上，伊斯拉一举成名，之后与意甲的乌迪内斯俱乐部签约 5 年，其在高水平联赛征战的经验将给智利带来一定的帮助。本届世预赛，伊斯拉为智利队上场 13 次，贡献了 1 次助攻。

A·桑切斯
Alexis Sanchez

生日：1988.12.19
位置：前锋
身高：169CM
所属俱乐部：巴塞罗那
国家队履历：65 场 22 球
身价：3000 万欧元

评分：8.0

矿工的儿子桑切斯是南美典型的小个子天才，十分灵活。最大的特点也如那些小个子前锋一样，善于利于娴熟的脚下技术和出众的速度突破。他踩单车甚至比罗比尼奥和大罗纳尔多还快，爆发力不亚于巅峰时期的小罗。他的爆发能让智利队在世界杯决赛圈走得更远。本届世预赛，A·桑切斯为智利队上场 12 次，贡献了 4 个进球，2 次助攻。

巨星介绍

比达尔
Arturo Vidal

生日：1987.05.22
位置：中场
身高：180CM
所属俱乐部：尤文图斯
国家队履历：53 场 8 球
身价：4400 万欧元

评分：7.9

出道于智利科洛科洛队的比达尔，已从后防多面手逐步转变为全能中场。早年的边后卫生涯让其出任飞翼时显得游刃有余，当他站在中场中路时威力更大，他善于凶狠拦截、大范围调度和远射。尤文图斯的优异表现使得阵中球员身价大增，其中比达尔身价最猛，已经涨至 4400 万欧元。本届世预赛，比达尔为智利队上场 11 次，贡献了 5 个进球，3 次助攻。

智利队

测 小组出线形势预测

作为南美洲战绩最为稳定的几支球队之一，智利在世界杯的出勤率很有保证，但每次都没法走得太远。1998年的智利“双萨组合”还留在球迷的视野中，萨拉斯和萨莫拉诺是老一辈球迷的记忆。而如今A·桑切斯、比达尔等人将为智利挑起大梁。由于有两支欧洲强队夹攻，智利想要出线难度很高。智利在巴西世界杯小组赛的抽签中和西班牙、荷兰和澳大利亚分到了一组，巴萨前锋A·桑切斯认为智利抽到了最艰难的一组。A·桑切斯表示：“智利轮到了最艰难的一组，但是我希望能一切顺利，我们能以最佳状态迎接世界杯。”A·桑切斯将遭遇他的诸多巴萨队友，这将是西班牙媒体愿意炒作的一场比赛。

南美区世预赛排名第3直接晋级，智利已向世人展示了他们不俗的实力。2013年11月与英格兰热身一役，桑切斯梅开二度帮助智利客场2—0轻松击溃英格兰。在英格兰主帅霍奇森口中“或许比阿根廷还强大”的球队能否充当B组的搅局者？这支世界排名第15的球队值得期待。

权威点评

评 萨莫拉诺

（智利足坛名宿）

我对这支智利国家队的期望就像每个智利人一样：希望他们走得更远。我们有一名高水平的主教练，以及一群被世人都认可的球员。A·桑切斯正处于一个非常棒的阶段。他对于巴萨而言很重要，他目前的良好表现是之前所没有的。他开始在巴萨有在家的感觉，适应像巴萨那样的豪门可不容易，你需要与很多事情作斗争，才能获得成功。作为一名球员，A·桑切斯已经有了很大的进步，但他依旧还有进步空间。A·桑切斯可以变得更强，他更可以将巴萨先进的打法和经验带到智利国家队。

南美区小组赛

表 智利队预选赛数据表

（9胜1平6负，南美区第三晋级）

时间	主/客场	结果	进球者
2011.10.07	客	1比4阿根廷	M·费尔南德斯59′
2011.10.11	主	4比2秘鲁	庞塞2′、巴尔加斯18′、梅德尔48′、苏亚索63′
2011.11.11	客	0比4乌拉圭	
2011.11.15	主	2比0巴拉圭	孔特雷拉斯28′、冈波斯·托罗39′
2012.06.02	客	2比0玻利维亚	阿兰吉斯45+2′、比达尔83′
2012.06.09	客	2比0委内瑞拉	M·费尔南德斯85′、阿兰吉斯90+1′
2012.09.11	主	1比3哥伦比亚	M·费尔南德斯41′
2012.10.12	客	1比3厄瓜多尔	帕雷德斯25′（OG）
2013.10.16	主	1比2阿根廷	F·古铁雷斯90+1′
2013.03.22	主	0比1秘鲁	
2013.03.26	主	2比0乌拉圭	帕雷德斯10′、巴尔加斯77′
2013.06.07	客	2比1巴拉圭	巴尔加斯41′、比达尔56′
2013.06.11	主	3比1玻利维亚	巴尔加斯16′、A·桑切斯17′、比达尔90+2′
2013.09.06	主	3比0委内瑞拉	巴尔加斯10′、M·冈萨雷斯29′、比达尔85′
2013.10.11	客	3比3哥伦比亚	比达尔18′、A·桑切斯21′29′
2013.10.15	主	2比1厄瓜尔多	A·桑切斯33′、梅德尔37′

B

澳大利亚队 Australia

夺冠赔率：

751.00

队报

澳大利亚先后参加过 1974、2006、2010 年三届世界杯决赛圈，最佳战绩是 16 强。上届世界杯上，澳大利亚被分在了与德国、塞尔维亚、加纳同组的 D 组，最终积 4 分无缘小组出线。同前几次参加世界杯相比，澳大利亚的年龄老化严重，战斗力下滑得非常严重，该队很可能在 B 组扮演送分童子的角色。

主场球衣

“下嫁”亚洲后三进世界杯

2005 年澳大利亚足协向大洋洲足联及国际足联要求脱离大洋洲足联加入亚洲足联，同年 3 月的亚足联执委会会议上，亚洲区全体一致决定邀请澳大利亚入区，6 月 30 日国际足联允许澳大利亚加入

亚洲足联。2006 年 1 月 1 日澳大利亚正式成为亚足联的第 46 个成员国。澳大利亚加入亚足联，最大的动机就是为了世界杯入场券。由于此前大洋洲只有 0.5 个席位，而澳大利亚屡次栽倒在附加赛上，所以澳大利亚才如此坚定地要下嫁亚洲。结果他们果然如愿抢得 2006 年德国世界杯的入场券。

亚洲足球本来就是世界足球版图上的一块短板，4.5 个名额对于幅员如此辽阔的地区实在有点捉襟见肘，而在大洋洲一家独大的“袋鼠军团”却跑来穷人聚餐会上抢食，这在当时对整个亚洲足球的发展产生了一个巨大的问号。澳大利亚人的身体素质来到亚洲基本是鹤立鸡群，不仅是东亚三支球队，连中东的伊朗、沙特等球队也难以望其项背。在澳大利亚搅局亚洲足坛的同时，大洋洲不变的 0.5 个名额却被新西兰足协霸占。尽管他们和老大哥澳大利亚此前的命运一样，多次败倒在附加赛上。

一晃 8 年光景过去了，澳大利亚加入亚足联后连续三届（2006、2010、2014）都抢到了世界杯的参赛权，这的确极大地占用了亚洲的名额，导致亚洲球队可以争夺的仅剩 3.5 个名额。中国媒体曾经用“澳洲骇客入侵”来形容世界杯的出线形势，多年后看来，的确不无道理。

主帅兵法

波斯特科格鲁

Ange Postecoglou

生日：1965.08.27

国籍：澳大利亚

2013 年 10 月上任至今

此前波斯特科格鲁先后执教潘那哈吉和布里斯班狮吼队。2013 年 10 月 23 日他才接替奥西克成为澳大利亚队的新任主帅，而他和澳大利亚足协的工作协议要到 2018 年夏天。在他的任期内，41 岁的老门将施瓦泽正式宣布退役，目前的两位门将加莱科维奇和马修·瑞恩都未在世预赛期间出过场，状态如何实在令人担忧。除了门将，后防也不容乐观，2013 年澳大利亚队参加的 12 场比赛，由尼尔领衔的后防线一共丢了 25 个球。按此状态，澳洲袋鼠将在世界杯上被西班牙、荷兰两支豪门球队的攻击线打成筛子。

主力阵容

主力球员

布雷西亚诺
Mark Bresciano

生日：1980.02.11
位置：中场
身高：182CM
所属俱乐部：加拉法（卡塔尔）
国家队履历：73 场 13 球
身价：50 万欧元

评分：7.0

马克·布雷西亚诺是澳大利亚黄金一代的球员之一，多年在意甲联赛效力，并代表澳大利亚参加过多项大赛。布雷西亚诺是中前场的一个全面型球员，位置比较灵活，可以踢攻击型前卫，也可以踢后腰位置。本届世界杯亚洲区预选赛上，马克·布雷西亚诺为澳大利亚队出场 8 次，贡献 1 个进球 1 次助攻。

耶迪纳克
Mile Jedinak

生日：1984.08.03
位置：中场
身高：189CM
所属俱乐部：水晶宫
国家队履历：42 场 3 球
身价：250 万欧元

评分：7.2

耶迪纳克是澳大利亚的克罗地亚后裔，出道在悉尼联队。2004—2005 赛季曾回克罗地亚联赛短暂效力，他多年担任英超水晶宫队的队长。耶迪纳克是主要负责防守的后腰球员，不过他也有一脚远射功夫，在澳超时就有“远射手”的美名。本届世界杯亚洲区预选赛上，耶迪纳克为澳大利亚队出场 7 次，贡献 1 个进球。

巨星介绍

卡希尔
Tim Cahill

生日：1979.12.06
位置：中场
身高：178CM
所属俱乐部：纽约红牛（美国）
国家队履历：66 场 29 球
身价：100 万欧元

评分：7.2

在澳大利亚，蒂姆·卡希尔是最出名的球员之一。他是第一个在世界杯决赛圈破门的澳大利亚球员，也是截至目前在世界杯上进球最多的澳大利亚人。2007 年，他还成为第一个在亚洲杯中进球的澳大利亚球员。卡希尔是一名攻守兼备的中场选手，主要位置是前腰。本届世界杯亚洲区预选赛上，卡希尔为澳大利亚队出场 9 次，贡献 3 个进球、3 次助攻。

澳大利亚队

测 小组出线形势预测

在本组的四支球队中，澳大利亚队的前景最不被人看好，不过这反而成为他们的最大优势。在“低调攒人品”的前提下，澳大利亚具备爆冷机会。如果在首轮，澳大利亚能够拿下智利，那么他们就具备了出线的一丝希望，否则接连面对荷兰和西班牙，澳洲袋鼠很难同上届世界杯冠亚军扳手腕。智利是澳大利亚在小组赛阶段的第一个对手，也是他们最有希望战胜的对手，虽然该队的实力强于澳大利亚，可是澳洲袋鼠也并非没有胜机，当然前提条件是控制住桑切斯和比达尔两大明星球员的发挥。

权威点评

评 《澳洲人报》

澳大利亚抽签运气不佳，碰上了南非世界杯的冠亚军西班牙和荷兰。对于澳大利亚而言，过去的黄金一代已经成为过去时，不应该对现在的这支队伍指望太多，取得 1 个积分应当是比较理想的目标。澳大利亚国家队主帅波斯特科格鲁：“B 组实力确实强大，但我相信遇强则强，澳大利亚将自然而然地成为人们关注的焦点，我们将有机会向世界展示我们有对抗强队的实力。”他还表示，与强队的比赛将为这支球队积累宝贵经验，同时也是为澳大利亚作为东道主的 2015 年亚洲杯比赛积累经验：“我们希望队伍能不断成长而且越来越好。”

亚洲区 20 强赛

表 澳大利亚队预选赛数据表

（5 胜 1 负，小组第一晋级十强赛）

时间	主/客场	结果	进球者
2011.09.02	主	2比1泰国	肯尼迪58′、布罗斯克86′
2011.09.06	客	3比1沙特	肯尼迪40′ 56′、威尔克希尔77′
2011.10.11	主	3比0阿曼	霍尔曼8′、肯尼迪65′、耶迪纳克85′
2011.11.11	客	0比1阿曼	
2011.11.15	客	1比0泰国	霍尔曼77′
2012.02.29	主	4比2沙特	布罗斯克43′ 75′、科威尔73′、埃莫顿76′

亚洲区十强赛

（4 胜 3 平 1 负，小组第二直接出线）

时间	主/客场	结果	进球者
2012.06.08	客	0比0阿曼	
2012.06.12	主	1比0日本	威尔克希尔70′
2012.09.11	客	1比2约旦	汤普森86′
2012.10.16	客	2比1伊拉克	卡希尔80′、汤普森84′
2013.03.26	主	2比2阿曼	卡希尔52′、霍尔曼85′
2013.06.04	客	1比1日本	奥尔81′
2013.06.11	主	4比0约旦	布雷西亚诺15′、卡希尔61′、克鲁斯76′、尼尔84′
2013.06.18	主	1比0伊拉克	肯尼迪83′

B

西班牙 VS 荷兰

6月14日 / 星期六 / 北京时间 03:00/ 预计亚洲盘口：让 0.5

1. 姜山冷门推荐：荷兰

2. 投注策略分析： 上届世界杯冠亚军在巴西分在了同一个小组，而且小组首轮便会相遇，无疑是小组阶段最吸引眼球的对阵。其实上届世界杯决赛，西班牙一直打到加时赛才击败荷兰夺冠。21 世纪以来，荷兰与西班牙交手 3 次，90 分钟内 2 胜 1 平，心理上其实不处于劣势。2014 年世界杯对连续捧得三次大赛冠军的西班牙是个巨大的考验，哈维、阿隆索都较为年迈，卡西利亚斯在皇马沦为二号门将也必然影响其状态，联合会杯决赛被巴西 3 比 0 狂宰就已经给西班牙敲响警钟。上届世界杯西班牙首战 0 比 1 爆冷不敌瑞士，本届恐怕也很难顺利取得开门红。

3. 足彩专家推荐

陈涛（《足球大赢家》编辑部副主任）：荷兰
安然（《足球周刊》副总编辑）：荷兰

4. 波胆预测

西班牙 1 比 1 荷兰

智利 VS 澳大利亚

6月14日 / 星期六 / 北京时间 06:00/ 预计亚洲盘口：让 0.5/1

1. 姜山冷门推荐：智利

2. 投注策略分析： 虽然“疯子”贝尔萨已经不再执教智利，但该队主帅桑保利却是贝尔萨的忠实信徒，世界杯预选赛智利在 16 场比赛中打进了 29 球，进球达到 2 个或以上的场次多达 10 场，3313 的攻击型打法十分犀利，桑切斯、比达尔、巴尔加斯、梅德尔等核心球员 27—28 岁的黄金年龄，他们要想在云集世界杯冠亚军的 B 组出线，对澳大利亚不容有失。而澳大利亚十强赛 8 战只赢了 3 场，胜率极低。如今的袋鼠青黄不接，已经不再是英超悍将包打天下的局面。以澳大利亚目前的实力，在 B 组中很可能沦为任人蹂躏的鱼腩部队，首战智利，他们只能少输当赢。

3. 足彩专家推荐

陈涛（《足球大赢家》编辑部副主任）：智利
安然（《足球周刊》副总编辑）：智利

4. 波胆预测

智利 2 比 0 澳大利亚

澳大利亚 VS 荷兰

6 月 19 日 / 星期四 / 北京时间 00:00/ 预计亚洲盘口：受让 1.5

1. 姜山冷门推荐：荷兰

2. 投注策略分析： 这场比赛应该没有什么悬念。虽然两国曾在 2006–2009 年间进行过三次热身赛，澳大利亚 1 胜 2 平保持不败，但当时的澳大利亚“黄金一代”仍在队中，现在却是七零八落，即便留在队中的卡希尔也已经 34 岁高龄。澳大利亚目前的防线是队中最弱一环，只有两人来自欧洲联赛，而且还是荷甲和英冠，其他球员则在本国联赛或亚洲联赛效力，这样的防守实力在亚洲也许还够用，但面对范佩西、罗本、范德法特等世界级牛人，被打垮也是很正常的事情。荷兰在预选赛有过大胜匈牙利、罗马尼亚、爱沙尼亚的纪录，10 场预选赛仅 1 场未净胜 2 球以上。

3. 足彩专家推荐

陈涛（《足球大赢家》编辑部副主任）：荷兰
安然（《足球周刊》副总编辑）：荷兰

4. 波胆预测

澳大利亚 0 比 4 荷兰

西班牙 VS 智利

6 月 19 日 / 星期四 / 北京时间 06:00/ 预计亚洲盘口：让 1/1.5

1. 姜山冷门推荐：西班牙

2. 投注策略分析： 西班牙与智利在上届世界杯时就分在同一个小组，结果两队在最后一轮相遇，西班牙与智利用一场默契的 2 比 1 结束比赛，从而淘汰掉同组的瑞士和洪都拉斯，携手出线。但本届世界杯在小组第二轮相遇，他们已经失去了再次达成默契的基础。两队历史上有过 10 次交手，西班牙 8 胜 2 平保持不败。从风格上来说，智利的技术特点在面对欧洲拉丁派代表之一的西班牙是毫无优势的，而且他们宁为玉碎、不为瓦全的攻击型打法一直让他们在豪门面前吃亏不少。这将是一场非常好看的比赛，结果也将是西班牙轻松取胜。

3. 足彩专家推荐

陈涛（《足球大赢家》编辑部副主任）：智利
安然（《足球周刊》副总编辑）：西班牙

4. 波胆预测

西班牙 4 比 1 智利

澳大利亚 VS 西班牙

星期二／北京时间 00:00／预计亚洲盘口：受让 1.5/2

1. 姜山冷门推荐：西班牙

2. 投注策略分析： 这是B组的第三轮赛事。如果不能在揭幕战中顺利击败荷兰的话，西班牙到了末轮也尚未提前出线；而且即便是前两轮全胜，西班牙也要在最后一轮确保小组头名的位置，因此他们绝不会在最后一场与澳大利亚的比赛中有所松懈。澳大利亚的实力在前两轮推荐中已经进行了详细的解读，实力平平的澳洲袋鼠完全不具备挑战世界杯卫冕冠军的能力。去年他们与法国和巴西两强都进行了热身赛，结果澳大利亚以相同的0比6惨败。如果本场西班牙有抢夺净胜球的任务，澳大利亚队恐怕难逃被屠杀的命运。

3. 足彩专家推荐

陈涛（《足球大赢家》编辑部副主任）：西班牙
安然（《足球周刊》副总编辑）：西班牙

4. 波胆预测

澳大利亚0比5西班牙

荷兰 VS 智利

6月24日／星期二／北京时间 00:00／预计亚洲盘口：让 0.5

1. 姜山冷门推荐：智利

2. 投注策略分析： 通过前两轮的赛程分析，荷兰在这场比赛中可能存在打平就能出线的情况，而智利则必须全取3分，才能挤掉荷兰晋级16强。由于B组第二名很可能在1/8决赛中面对东道主巴西，所以荷兰肯定不会希望出现这种情况，只要在首轮他们没有输给西班牙，就存在抢占小组头名的可能，所以荷兰也不会保守求和，反而会尽可能争取净胜球，这也将让这场比赛成为一场对攻大战。这种情况下比赛很可能会出现冷门，毕竟智利的攻击力不容小觑，而对手主动压出也正对他们的胃口，此战一定要留个心眼，上盘需要谨慎考虑。

3. 足彩专家推荐

陈涛（《足球大赢家》编辑部副主任）：荷兰
安然（《足球周刊》副总编辑）：荷兰

4. 波胆预测

荷兰2比3智利

C

哥伦比亚队

希腊队

科特迪瓦队

日本队

C

哥伦比亚队 Colombia

夺冠赔率：

21.00

队报

从 1998 年法国世界杯后，哥伦比亚队就消失于国际大赛舞台。13 年前，这支球队是世界上最会绣花的球队，是惟一一支比巴西还巴西的技术球队，如今经过变异的哥伦比亚队重回世界杯舞台。

主场球衣

哥伦比亚不是只有夏奇拉

从 2006 年德国世界杯到 2010 年南非世界杯，哥伦比亚籍拉丁天后夏奇拉都要给大力神杯献唱上一首动听而撩人的主题曲，这是这个南美国家这些年留在世界杯上惟一的痕迹，因为他们的国家队自 1998 年开始就无缘世界杯了。但是今年，法尔考、詹姆斯·罗德里格斯、杰克逊·马丁内斯等足坛顶级轰炸机带着“大黄蜂”般的哥伦比亚队杀回世界杯舞台上来了！

个个都是“大黄蜂”

1.85 米的前锋杰克逊·马丁内斯搭档 1.80 米的詹姆斯·罗德里格斯、1.86 米的中卫耶佩斯、1.84 米的瓜林……就连最矮的法尔考也有 1.77 米，哥伦比亚主力的平均身高达到了 1.82 米，如果坐在场下的萨帕塔（1.88 米）也上，这个数字还会增高！1994 年和 1998 年参加世界杯的两支哥伦比亚队，平均身高都未超过 1.77 米，巴尔德拉马也只有 1.75 米、当时的替补前锋阿维拉甚至身高仅有 1.57 米！13 年过后，哥伦比亚队的平均身高比以往涨了将近 6 厘米，“海拔”的增加给这支球队带来的变化是显而易见的。现在哥伦比亚队的整体风格相当硬朗，技术继续优秀之余，整体的跑动和冲击能力都属于世界一流。

欧派金刚组成球队脊梁

哥伦比亚队前主帅戈麦斯在世预赛中几乎派出了一个“全欧班”首发阵容：门将奥斯皮纳来自法国尼斯，后卫苏尼加来自那不勒斯、阿尔梅罗来自西汉姆联、耶佩斯来自亚特兰大，中场球员瓜林效力于国际米兰、阿吉拉尔来自图卢兹、詹姆斯·罗德里格斯来自摩纳哥，前锋法尔考曾荣膺欧洲金靴，他和杰克逊·马丁内斯分别是摩纳哥和波尔图主力攻击手。反观参加 1994 年和 1998 年世界杯的那两支哥伦比亚队，大部分球员都来自国内的国民竞技和青年人竞技等俱乐部，最出名的巴尔德拉马在个人职业生涯中也仅仅在法甲蒙彼利埃有过短暂

主帅兵法

佩克尔曼

Jose Pekerman

生日：1949.09.03

国籍：阿根廷

2012 年 1 月上任至今

阿根廷名帅佩克尔曼执教哥伦比亚队后，延续了前任达里奥·戈麦斯的打法。戈麦斯是 1990 年和 1994 年两届哥伦比亚队的助教，他以多变的战术风格赢得了“南美智多星”的称号，他对球队阵容打法进行了大变革，最关键的就是用有创造力的进攻型边前卫代替了巴尔德拉马式的经典 10 号。他偏爱身体素质出色、速度快的球员。佩克尔曼 2012 年初接手哥伦比亚队后，仍然坚持四后卫阵型。不过目前，佩克尔曼头疼的是主力射手法尔考是否能在世界杯前归队，他不得不再度找回了柏林赫塔前锋拉莫斯以防万一。

主力阵容

的停留，“金毛狮王”的黄金时代基本都是在国内俱乐部度过的。

欧洲联赛带给眼下这帮哥伦比亚球员的，不仅是球路上的简洁硬朗，更是战术纪律的强化。以前的哥伦比亚队虽然人人脚下都能绣花，但球队的整体性很差，球员出彩多靠即兴发挥，一旦气场不顺，球队就有崩盘可能。而在球场之外，哥伦比亚球员普遍热爱夜生活，违纪事件经常发生，这样的背景使得一群天才常年高开低走，得不到应有的位置。13 年过去了，新一代“改良版”哥伦比亚球员的价值正在被欧洲赛场认识和接受，法尔考是如今比肩 C 罗和梅西的顶级射手，詹姆斯·罗德里格斯和杰克逊·马丁内斯都是欧洲转会市场最关注的球员，据德国转会市场网估算，此三人加起来估价高达 1.25 亿欧元！哥伦比亚全队身价约为 2.13 亿欧元，在世界杯 32 强中都名列第 10 位，力压克罗地亚、荷兰、科特迪瓦等传统劲旅。

魔幻三重奏大变异

哥伦比亚的足球，曾如加西亚·马尔克斯笔下的文字那般披着“魔幻现实主义”的面纱。他们比巴西队更强调技术，比巴萨更讲究短传，这种踢法赏心悦目，但缺点也显而易见——球队进攻推进速度太慢，球员花哨的脚下技术多数时候“不实用”，而身材上的劣势也让球队在面对欧洲强队时异常吃力。“金毛狮王”巴尔德拉马是世界上惟一一个“站着踢球比跑着踢球还快”的天才，但哥伦比亚只有一个巴尔德拉马，何况在工业足球的钢筋混凝土世界里，“金毛狮王”这种踢法也基本是条死胡同。

如今的哥伦比亚队更像一台推土机，他们不断地冲刺向前然后得分。在之前的世界杯南美区预选赛中，哥伦比亚队更是力压智利、厄瓜多尔等强队，仅仅落后阿根廷队 2 分，以南美第二身份昂首出线，加之今年世界杯在南美进行，我们无法期待昔日的“艺术足球队”再次用双脚给全世界绘制美妙的足球画卷，但是可以期待这匹大黑马以欧化的姿态在南美豪强中独树一帜。

奥斯皮纳
David Ospina

生日：1988.08.31
位置：守门员
身高：183CM
所属俱乐部：尼斯
国家队履历：41 场
身价：500 万欧元

评分：7.4

哥伦比亚新一代天才门神，年纪轻轻就已经坐稳了球队一号门将的位置，已经代表哥伦比亚国家队打了 41 场比赛。2008 年夏天从哥伦比亚国内联赛转会而来，罕见的少年老成，技术功底十分扎实，他的表现让人看到了布冯和卡西利亚斯的影子。本届世预赛南美区的比赛中，奥斯皮纳代表哥伦比亚队打满全部 16 场比赛，仅失 13 球的表现令人满意。

耶佩斯
Mario Yepes

生日：1976.01.13
位置：后卫
身高：186CM
所属俱乐部：亚特兰大
国家队履历：94 场 6 球
身价：30 万欧元

评分：7.0

从年龄上来说，38 岁的马里奥·耶佩斯是个高龄球员，但是这两个赛季在意甲的表现非常稳定。为了在世界杯前保持状态，他从 AC 米兰自由转会去了亚特兰大。他的经验有助于哥伦比亚队在世界杯这样的大赛中站稳阵脚。本届世预赛南美区的比赛中，耶佩斯代表哥伦比亚队出场 13 次，贡献 2 个进球。

苏尼加
Camilo Zuniga

生日：1985.12.14
位置：后卫
身高：172CM
所属俱乐部：那不勒斯
国家队履历：51 场 1 球
身价：1300 万欧元

评分：7.5

苏尼加从哥伦比亚劲旅麦德林国民队出道，凭借优异表现，登陆亚平宁半岛，征战意甲联赛，先后效力于锡耶纳队、那不勒斯队，身价也进一步上涨。他拥有南美球员典型的特性，身体素质出色，反应能力极强，防守中他的判断和卡位均属一流，目前是那不勒斯不可或缺的球员。本届世预赛南美区的比赛中，苏尼加代表哥伦比亚队出场 12 次，贡献 1 个进球，1 次助攻。

瓜林
Fredy Guarin

生日：1986.06.30
位置：中场
身高：184CM
所属俱乐部：国际米兰
国家队履历：47 场 3 球
身价：1700 万欧元

评分：7.6

瓜林是 FM（《足球经理》）中的一代著名妖人。3 年前在波尔图夺取四冠王的征程里，瓜林功不可没。瓜林不但凭借强壮的身体出色完成了防守任务，还利用超强的远射打入 10 球，包括 5 粒葡超进球和 5 粒欧战进球。哥伦比亚边锋和同胞法尔考组成的“进球流水线”威力巨大。本届世预赛南美区的比赛中，瓜林代表哥伦比亚队出场 9 次，贡献 1 个进球，2 次助攻。

詹姆斯·罗德里格斯
James Rodriguez

生日：1991.07.12
位置：中场
身高：180CM
所属俱乐部：摩纳哥
国家队履历：20 场 3 球
身价：3500 万欧元

评分：7.9

哥伦比亚足坛贡献的又一位顶级妖星。他是哥伦比亚恩维加多青训出品，出道即星光四射。2008 年被阿根廷班菲尔德以近 30 万的价格签下，两年间由纯替补升级为主力球员，被媒体称为“班菲尔德的詹姆斯·邦德”。善于加工妖人的波尔图迅速将其签下，随后开始了火箭般的成长，其身价两年内也狂飙增长几千万。

杰克逊·马丁内斯
Jackson Martinez

生日：1986.10.03
位置：前锋
身高：185CM
所属俱乐部：波尔图
国家队履历：25 场 8 球
身价：3000 万欧元

评分：7.7

“妖人工厂”波尔图的当家射手杰克逊·马丁内斯已经吸引了包括皇马、曼联和那不勒斯在内的无数买家。但波尔图并不打算轻松地就将他们的宝贝卖出。巴西世界杯，他的锋线搭档、哥伦比亚第一球星法尔考可能因伤无法登场，这也给了他迅速抬高身价的机会。本届世预赛，杰克逊·马丁内斯代表哥伦比亚队出场 7 次。

当然，法尔考能否出现在巴西仍是未知数，如果他因伤错失世界杯之旅，无疑是全世界球迷的损失。

——巴西网站 Trivela Frida

巨星介绍

法尔考

Falcao

生日：1986.02.10

位置：前锋

身高：177CM

所属俱乐部：摩纳哥

国家队履历：50 场 20 球

身价：6000 万欧元

评分：8.2

作为哥伦比亚乃至世界顶级中锋，法尔考的能力毋庸置疑。他必须要跟左膝十字韧带撕裂战斗才能赶上世界杯，“老虎”已经完成了手术治疗，而据主刀医生诺隆哈表示，法尔考的手术情况很理想，他有50% 的可能性参加巴西世界杯。作为哥伦比亚第一球星，法尔考的伤势自然备受国内关注，甚至连哥总统桑托斯与妻子玛利亚也亲自探望。

测 哥伦比亚队 小组出线形势预测

哥伦比亚与希腊、科特迪瓦和日本一起位于C组——这是一个相对简单的小组，你或许可以发现，在本小组中没有一支前世界杯冠军球队。哥伦比亚可以轻松以小组头名出线。科特迪瓦和日本都是各自大洲的佼佼者，但他们球员的个人能力却依然无法与哥伦比亚抗衡；至于希腊，他们只能通过附加赛才勉强来到巴西。

作为C组的种子队，哥伦比亚上次参加世界杯，竟然还是在16年前的1998年。最近3届世界杯，都不见哥伦比亚身影，对于不少球队来说，哥伦比亚充满神秘的色彩。4支球队在世界杯决赛圈阶段比赛从未有过交锋历史。哥伦比亚最担心的对手应该是非洲的科特迪瓦队，其次才是日本和希腊。

评 权威点评 巴尔德拉马

（哥伦比亚足坛名宿）

在佩克尔曼的调教下，哥伦比亚国家队正变得越来越好。他们不仅仅是赢得了比赛，赢得了世界杯门票，而且是在踢着全世界最先进的足球，这让哥伦比亚人兴奋异常。

佩克尔曼挑选了很多在欧洲踢球的优秀的年轻哥伦比亚球员进入现在这支国家队，同时，像耶佩斯这样的老球员仍在为国家队效力。这些球员比我们那批上世纪90年代的球员更加出色，他们知道欧洲最先进的足球理念，体验了不同的国家文化和生活方式，同时他们身体素质非常好，非常强壮。我认为，哥伦比亚队的根基已经打得非常完美了，在阔别世界杯舞台16年后，我们的回归将给世人一个大大的惊喜。

表 南美区小组赛 哥伦比亚队预选赛数据表

（9胜3平4负，南美区第二晋级）

时间	主/客场	结果	进球者
2011.10.11	客	2比1玻利维亚	帕蓬48′、法尔考90+3′
2011.11.11	主	1比1委内瑞拉	瓜林11′
2011.11.15	主	1比2阿根廷	帕蓬44′
2012.06.03	客	1比0秘鲁	詹姆斯·罗德里格斯51′
2012.06.10	客	0比1厄瓜多尔	
2012.09.07	主	4比0乌拉圭	法尔考2′、古铁雷斯47′51′、苏尼加90′
2012.09.11	客	3比1智利	詹姆斯·罗德里格斯58′、法尔考73′、古铁雷斯76′
2012.10.12	主	2比0巴拉圭	法尔考52′89′
2013.03.22	主	5比0玻利维亚	托雷斯20′、巴尔德斯49′、古铁雷斯62′、法尔考86′、阿尔梅罗90+2′
2013.03.26	客	0比1委内瑞拉	
2013.06.07	客	0比0阿根廷	
2013.06.11	主	2比0秘鲁	法尔考12′、古铁雷斯45′
2013.09.06	主	1比0厄瓜多尔	詹姆斯·罗德里格斯30′
2013.09.10	客	0比2乌拉圭	
2013.10.11	主	3比3智利	古铁雷斯69′、法尔考74′83′
2013.10.15	客	2比1巴拉圭	耶佩斯38′56′

希腊队 Greece

夺冠赔率：

251.00

队报

尽管在 2004 年欧洲杯上凭借顽强的防守奇迹般地获得冠军，上演一出“希腊神话”，但在世界杯的历史上，希腊此前却总共只有 2 次晋级决赛圈。在获得 2014 年巴西世界杯的参赛资格后，希腊队终于史上第 3 次杀入了正赛，同时也是首次连续两届出现在世界杯赛场上。

主场球衣

难演“希腊神话”

谈起希腊，人们最先想起的应当是 2004 年欧洲杯子黑马夺冠，但令人难以置信的是世界杯举行至今，这支宙斯神队只短暂地进过两次世界杯。1994 年美国世界杯小组赛 3 战全负一球未进，到 2010 南非世界杯 1 胜 1 负 1 平小组垫底出局，希腊队没有完成小组出线的突破。此

番再度奔赴世界杯的赛场，赢球就是斯巴达勇士的终极目的。固然希腊勇士在 2014 世界杯预选赛取得 8 胜 1 平 1 负的佳绩，但是想继续 2004 年欧洲杯夺冠的黑马传奇，晋级巴西世界杯 16 强，似乎没那么容易。

希腊队从来不是欧洲强队，在 2004 年欧洲杯夺冠之后，凭借抽签原则，屡次在大赛的预选赛中抽得好签，这才有机会参加 2008 年欧洲杯和本届世界杯。本届世界杯在球门线上，老将卡尔内齐斯依然是希腊队的首选门将，而二号门将查尔基亚斯在预赛中也有不俗表现。后卫线上，在预赛中踢满了每一分钟的高个后卫马诺拉斯、西奥瓦斯将锁定两个首发位置。在他们前面，卡拉古尼斯将继续担任进攻指挥官。前锋线上米特罗格卢将是铁定的首选，他已经证明了自己的进球能力和在快速反击中的作用。

希腊队让人印象最深刻的永远是他们的防守和定位球，稳固后防的基础上他们每每会利用一些角球或者任意球来威胁对手的大门。萨马拉斯、卡楚拉尼斯等人头球能力都十分出色。想必本届比赛他们还将延续这种打法，只是不知道已经被各路豪强熟悉套路的他们还能否再次上演奇迹呢？

主帅兵法

费尔南多·桑托斯
Ferando Santos

生日：1954.10.10
国籍：葡萄牙
2010 年 7 月上任至今

今年 2 月，希腊足协官方宣布，国家队主帅费尔南多·桑托斯将于球队结束巴西世界杯征程后离任。桑托斯成为继荷兰主帅范加尔之后第 2 位在世界杯开打前便宣布今夏离任的主教练。现年 60 岁的桑托斯球员时代曾效力于本菲卡，开启执教生涯后他先后担任波尔图和本菲卡的主教练，这位葡萄牙名帅 2010 年 7 月接替“奥托大帝”雷哈格尔成为希腊国家队主教练。执教希腊队期间，桑托斯不仅照单全收雷哈格尔留下的宝贵财富，继续发扬以技战术纪律为核心的风格，同时他还为球队带来很多新面孔。2012 年欧洲杯桑托斯不仅率队杀入决赛圈，希腊还从东道主波兰、俄罗斯和捷克所在的 A 组突围杀入八强。

主力阵容

主力球员

米特罗格卢
Konstantinos Mitroglou

生日：1988.03.12
位置：前锋
身高：188CM
所属俱乐部：富勒姆
国家队履历：29 场 8 球
身价：1200 万欧元

评分：7.4

米特罗格卢最近几个赛季开始在奥林匹亚科斯崭露头角，上赛季代表球队出场 42 次打进 20 球，本赛季至今出场 19 次打进 17 球不可谓不高效。米特罗格卢还是 2011—2012 赛季的希腊联赛最佳球员。值得一提的是，米特罗格卢作为众多豪门有意招揽的对象，最后被富勒姆拿下让人有些意外。本届世界杯预选赛，米特罗格卢代表希腊队出场 10 次，攻入 5 球。

萨马拉斯
Georgios Samaras

生日：1985.02.21
位置：中场
身高：193CM
所属俱乐部：凯尔特人
国家队履历：70 场 8 球
身价：300 万欧元

评分：7.3

萨马拉斯出生于足球世家，他的父亲就曾是希腊国家队重要的一员。萨马拉斯身高 1.93 米，脚下技术又非常细腻，这样的高中锋很快吸引了英超球队的关注，最终曼城队捷足先登抢在阿森纳队之前以 600 万英镑的身价将萨马拉斯带到了英超赛场。不过最终无法适应英格兰生活的他又转投苏超。本届世界杯预选赛，萨马拉斯代表希腊队出场 10 次，贡献 2 次助攻。

巨星介绍

卡拉古尼斯
Georgios Karagounis

生日：1977.03.06
位置：中场
身高：176CM
所属俱乐部：富勒姆
国家队履历：131 场 10 球
身价：100 万欧元

评分：7.1

卡拉古尼斯是希腊队多年的常青树，他在 2004 年随队创造“希腊神话”，奇迹般问鼎欧洲杯冠军。卡拉古尼斯职业生涯共为希腊帕纳辛纳科斯出战超过 380 场，此外还曾在国米和本菲卡短暂效力，有超过 100 场的欧战经历。年近暮年的卡拉古尼斯最近在富勒姆焕发了第二春。本届世界杯预选赛，卡拉古尼斯代表希腊队出场 10 次，贡献 1 个进球 1 次助攻。

测 希腊队 小组出线形势预测

C组四支球队的配置远没有死亡之组那样惹人关注，没有一线球队压阵，但四支球队却同样有着陷入混战的可能性。"带着对希腊的尊敬，我们很高兴自己没有和一支欧洲强队分在一组。"在抽签结果出炉后，日本队主帅扎切罗尼笑逐颜开，在意大利人看来，这应当是自己球队能够收获的最好抽签结果。

作为种子队，哥伦比亚虽然有法尔考、瓜林这样的明星压阵，但无论是绝对实力、世界杯参赛经验，哥伦比亚都很难和巴西、阿根廷、德国这样的种子队相比。哥伦比亚的世界杯历史最佳战绩，也不过就是16强而已。南美洲劲旅五次出战世界杯正赛，仅有1990年世界杯一次小组出线的历史，在1/8决赛输球。而希腊虽然曾经是欧洲杯冠军，科特迪瓦也是非洲霸主，但是在世界杯的战场上，上述两队的成绩还真不如日本。

评 权威点评 进球网

Goal.com

希腊对于抽签结果也感到满意。事实上，哥伦比亚从一开始就被外界认为有成为"黑马"的潜质，而希腊恰恰可以考验一下法尔考和他队友们的"成色"如何。日本队通过联合会杯展现出了他们的技战术能力，但"蓝武士"的攻击乏力则是一大弱点，希腊人也并不害怕他们。德罗巴的科特迪瓦毫无疑问也是棘手的对手，但已经第三次出战世界杯的希腊人，相信这次定能从小组赛中突围成功。

表 欧洲区小组赛 希腊队预选赛数据表

（8胜1平1负，小组第二晋级）

时间	主/客场	结果	进球者
2012.09.07	客	2比1拉脱维亚	斯皮罗普洛斯57′、耶卡斯68′
2012.09.11	主	2比0立陶宛	尼尼斯55′、米特罗格卢72′
2012.10.12	主	0比0波黑	
2012.10.16	客	1比0斯洛伐克	萨尔皮吉季斯63′
2013.03.22	客	1比3波黑	耶卡斯90+3′
2013.06.07	客	1比0立陶宛	克里斯托多洛普洛斯20′
2013.09.06	客	1比0列支敦士登	米特罗格卢72′
2013.09.10	主	1比0拉脱维亚	萨尔皮吉季斯58′
2013.10.11	主	1比0斯洛伐克	什克特尔44′（OG）
2013.10.15	主	2比0列支敦士登	萨尔皮吉季斯7′、卡拉古尼斯81′

欧洲区附加赛

时间	主/客场	结果	进球者
2013.11.15	主	3比1罗马尼亚	米特罗格卢14′67′、萨尔皮吉季斯21′
2013.11.19	客	1比1罗马尼亚	米特罗格卢23′

科特迪瓦队 Cote D'Ivoire

夺冠赔率：

201.00

队报

主场球衣

科特迪瓦2006年才第一次参加世界杯。这支球队拥有像德罗巴、亚亚·图雷这样的世界级球星，也格外引人关注。不过，2006和2010两届世界杯，科特迪瓦都在小组赛后就出局。“大象军团”实力不差，但运气差了点，2006年与阿根廷、荷兰、塞黑同组，2010年则与巴西、葡萄牙和朝鲜同组。这届世界杯，科特迪瓦被归为第2档球队，大象军团有望取得新的突破。

黄金一代 最后战役

对于以德罗巴为首的科特迪瓦黄金一代来说，或许巴西世界杯将是他们的谢幕演出，虽然他们几乎不太可能一“黑”到底捧得大力神杯，但这支才华横溢的球队还是能够给人们带来足够多的期待。2012年夏天随切尔西捧得欧冠冠军后，当时34岁高龄的德罗巴夙愿已了，但在他同样看重的国家队，他还有个世界杯的余愿未了。

尽管在欧洲战场如鱼得水，但魔兽在世界杯的经历却是彻头彻尾的悲剧。若干年后世人回想起这支科特迪瓦队，或许会像尊称荷兰“无冕之王”一样，将“最强的小组出局球队”授予这支命运多舛的队伍。德罗巴、卡卢、佐科拉、埃布和图雷兄弟一起，撑起了科特迪瓦过去八年的足球脊梁。在这样一个战火一直烧到21世纪的国度，足球的意义早已超越了竞技体育范畴。四年前首进世界杯时，德罗巴曾在更衣室内泪撒衣襟，他下跪祈求祖国和平的举动，更被视为这个国家近年来最温暖的篇章。

在去年年初，魔兽一度被科特迪瓦主帅拉穆奇排除到名单之外，甚至曾有流言称德罗巴和拉穆奇关系不睦。据来自BBC的消息称，科特迪瓦主帅拉穆奇表示没有选择德罗巴的原因是德罗巴目前并不在最佳状态，其直接原因是前段时间他在中国踢球和转会纠纷导致了状态下滑。后来转投土耳其超级联赛劲旅加拉塔萨雷的德罗巴坚信自己巅峰未过，他希望回到欧洲主流联赛，让大家看到自己宝刀未老。果然，随后，魔兽再度成为科特迪瓦主力前锋，并带领球队第三次杀进世界杯决赛圈。在科特迪瓦，德罗巴不仅仅是足球巨星的代表，更是该国推动体育发展的重要力量和鼓舞人们前行的精神力量。

某种程度上，德罗巴就是科特迪瓦人民希望的象征，这是一个重担，但德罗巴认为这是一种绝对的骄傲，科特迪瓦国家队是科特迪瓦惟一的凝聚力，可以团结整个国家。

主帅兵法

拉穆奇

Sabri Lamouchi

生日：1971.11.09

国籍：法国、突尼斯

2012年5月上任至今

前法国国脚萨布里·拉穆奇2012年成为科特迪瓦国家队主教练，这是他2009年退役之后第一次开始执教。球队主要在433和4231两种阵型之间变动，拉穆奇更习惯使用4231阵型，利用德罗巴的冲击力为其身后的“热鸟”和亚亚·图雷做掩护。相比非洲其他球队多由进攻球员领衔，科特迪瓦三线都有在欧洲顶级联赛的球星压阵，攻守平衡。虽然德罗巴已经36岁，但他的冲击力仍在，不仅是科特迪瓦世预赛队内最佳射手，也是球队队长和精神领袖。科洛·图雷则是球队后防核心，他的经验和多年在欧洲顶级联赛的资历也让他成为球队中坚之一。亚亚·图雷和蒂奥特领衔的中场也颇具攻击力和创造力。

主力阵容

主力球员

亚亚·图雷

Yaya Toure

生日：1983.05.13

位置：中场

身高：191CM

所属俱乐部：曼城

国家队履历：82 场 16 球

身价：3000 万欧元

评分：7.9

亚亚·图雷曾在乌超、法甲、西甲等五个不同联赛效力，为曼城这支新兴豪门带来丰富的国际赛事经验。亚亚·图雷习惯用他强健的体魄保护四名后卫，他习惯于防守型中场的角色，同时有能力前插参与进攻，适应快速传接球的节奏。本次世预赛非洲区的比赛中，亚亚·图雷为科特迪瓦队上场 6 次，贡献 4 个进球，2 次助攻。

热尔维尼奥

Gervinho

生日：1987.05.27

位置：中场

身高：179CM

所属俱乐部：罗马

国家队履历：49 场 13 球

身价：1600 万欧元

评分：7.6

在帮助法甲里尔获得双冠王后，热尔维尼奥蝉联了科特迪瓦足球先生殊荣。随后“热鸟”空降酋长球场，在枪手阵中，热尔维尼奥速度快、突破强，但他糟糕的临门一脚却让他屡屡遭到狂嘘。热尔维尼奥加盟罗马后重新展现出自己的实力，帮助罗马一度占据意甲领头羊位置。本次世预赛中，热尔维尼奥为科特迪瓦队上场 7 次，贡献 7 个助攻。

巨星介绍

德罗巴

Didier Drogba

生日：1978.03.11

位置：前锋

身高：189CM

所属俱乐部：加拉塔萨雷

国家队履历：98 场 62 球

身价：300 万欧元

评分：7.6

德罗巴是这支科特迪瓦的队长，也是绝对的当家球星。截止目前，德罗巴已经 98 次为科特迪瓦出战，打进了 62 球，效率惊人。尽管已经 36 岁，但德罗巴仍然保持着非常好的竞技状态，自离开上海申花加盟加拉塔萨雷，德罗巴已经在 35 场比赛中打入了 15 球。本次世预赛中，德罗巴为科特迪瓦队上场 5 次，贡献 3 个进球，1 次助攻。

测 科特迪瓦队 小组出线形势预测

本组中哥伦比亚是种子队，不过科特迪瓦、日本的实力也不弱。抽签结果揭晓之后，科特迪瓦人明显喜不自禁，因为他们已经认定自己就是“出线热门”。科特迪瓦憧憬着第一次能够感受到世界杯淘汰赛的滋味。“大象军团”在备战世界杯之前，曾以2比0击败过日本。但对手永不疲倦的比赛作风，也给科特迪瓦人留下了深刻印象，德罗巴和他的队友们必须做好准备。希腊应该算不上一个威胁，但哥伦比亚绝对是。历史上，科特迪瓦每逢遭遇南美、北美球队时总显得办法不多。如果能够在该小组出线，晋级球队后面的历程将比较困难。因为他们16进8的对手将来自死亡之组，无论是意大利、英格兰还是乌拉圭，都是世界冠军。因此C组球队的命运或许就停留在16强，但是不排除意外可能，毕竟世界杯无弱旅。

评 权威点评 德罗巴

（科特迪瓦队队长）

晋级世界杯对于科特迪瓦这样的小国有着重大意义，在2006年之前我们还从未参加过世界杯决赛阶段。我们是第一批参加世界杯的科特迪瓦球员，这届国家队如果能打进巴西世界杯也将非常有意义。如果实现了，我们的目标将肯定比小组第3更高。

表 非洲区第二阶段小组赛 科特迪瓦队预选赛数据表

（5胜1平，小组第一晋级第三轮）

时间	主/客场	结果	进球者
2012.06.02	主	2比0坦桑尼亚	卡卢10′、德罗巴71′
2012.06.09	客	2比0摩洛哥	卡卢8′、科洛·图雷60′
2013.03.23	主	3比0冈比亚	博尼51′、亚亚·图雷57′、卡卢70′
2013.06.08	客	3比0冈比亚	拉奇纳·特劳雷12′、博尼61′、亚亚·图雷89′
2013.06.16	客	4比2坦桑尼亚	拉奇纳·特劳雷13′、亚亚·图雷23′43′、博尼90+3′
2013.09.07	主	1比1摩洛哥	德罗巴83′

非洲区第三阶段比赛

时间	主/客场	结果	进球者
2013.10.12	主	3比1塞内加尔	德罗巴3′、萨内14′（OG）、卡卢49′
2013.10.16	客	1比1塞内加尔	卡卢90+4′

日本队 Japan

夺冠赔率：

151.00

队报

自 1998 年法国世界杯日本队获得参赛权后，作为亚洲足坛后起之秀的日本队已经连续五次杀入世界杯正赛。日本队在世界杯正赛上的最好战绩是进入 16 强。2002 年韩日世界杯、2010 年南非世界杯，日本队都成功小组出线。上届世界杯上，日本队几乎杀入八强，只是在 1/8 淘汰赛上点球不敌巴拉圭队。

主场球衣

“脱亚入欧” 东瀛掀起留洋潮

最近 1 年的日本国家队相当稳定，通常在日本队大名单中共有 14 名球员在欧洲踢球，其中首发阵容中有 8 人，其中有 4 位身价过千万欧元的球星在列，总身价已经高达 9050 万欧元。这在亚洲还是绝无仅有的。从亚洲留洋先驱三浦知良，到饮誉欧洲的中田英寿、中村俊辅，再到今天的本田圭佑、长谷部诚——日本球员留洋人数之多，所涉国度之广，成功范例之显赫，在亚洲首屈一指。 在世界杯亚洲区预选赛上，日本男足提前两轮拿到出线权，成为东道主外第一支进入巴西世

界杯的球队，同时日本也是连续三次成为全球首支通过预选赛拿到世界杯决赛圈参赛资格的队伍，在亚洲范围内，他们是当之无愧的老大。这支日本国家队也以留洋大军作为主打。

南非之后开赴欧洲

曾经，AC 米兰的 10 号球衣是多少球员梦寐以求的东西，而本田圭佑则让亚洲人第一次穿上了这件超乎寻常的球衣。著名日本漫画《足球小将》作者的高桥阳一曾在 21 世纪初画过另一部日本足球题材的漫画《野狼前锋》，其中男主角的哥哥就是米兰 10 号。而在此之前，《足球小将》中那些天方夜谭般的情节便已成真，大规模的留洋军团和打入世青赛决赛，日本人是把几本漫画当成了按图索骥的梦想地图。

本田圭佑小时候讲述未来梦想的作文写道："要努力地练习成为世界第一，成名后被外国邀请进入欧洲的意甲，穿着 10 号成为主力。"现在，他终于梦想成真。日本球员留洋深谙务实之道：先脚踏实地地选择荷兰、法国的普通俱乐部，再以此为跳板通往欧洲顶级球会。成功的日本球员无一例外都选择了尽快掌握外语积极融入球队，长谷部诚加盟德甲半年已无需动用翻译，南非世界杯上作为日本队队长向裁判据理力争的一幕更是直播到了全世界。 南非世界杯刚一落幕，内田笃人即宣布转会德甲沙尔克 04 队。随后的一个多月时间内，香川真司、川岛永嗣、长友佑都、阿部勇树等 7 名日本国脚级球员踏上欧洲赛场。一支令人刮目的日本新留洋军团赫然呈现在世人眼前。

主帅兵法

扎切罗尼

Alberto Zaccheroni

生日：1953.04.01

国籍：意大利

2010 年 8 月上任至今

意大利名帅扎切罗尼使用的基本战术是 4231，可以让两侧边卫如长友佑都及内田笃人的套边助攻能力得到充分的发挥，扮演锋线单箭头的球员往往只是起到牵扯对方防线以及为后插上队友做球的作用，日本队真正的杀手多半由香川真司、本田圭佑以及冈崎慎司来扮演。在意大利名帅扎切罗尼的 4231 体系中，香川、本田和冈崎进攻型中场 3 人组仍是日本队最具威胁的点，蓝武士独步亚洲的传控打法也有望在世界杯赛场成为靓丽风景；但防线不稳以及锋线乏力是日本队难以在成绩方面实现质的飞跃的关键问题。

主力阵容

不懈 46 年留洋路

1968 年，釜本邦茂打响了日本球员留洋的第一枪。他远赴西德试训了三个月，但德甲梦最终未能如愿。1977 年，时值 25 岁的奥寺代表科隆出战杜伊斯堡，成为德国赛场上的第一位亚洲球员。但是大部分的日本留洋球员并没有成功，只有在热那亚打打替补的三浦知良聊以自慰。可是日本人坚持了下来，十年后，日本足坛开始出现了旅欧明星，在意甲最后的鼎盛时期大放异彩，转会费达到了 2400 万欧元的中田英寿横空出世，

新世纪以来，日本足球的留洋事业曾经短暂受挫，中村俊辅、小野伸二等一代代明星球员发展受阻，以至于 2010 年南非世界杯日本国家队留洋球员的人数和身价都甚至低于 2006 年世界杯。但是在困境中，日本足球的思路不变，坚韧不变，终至今日，日本球员的留洋事业达到了亚洲足球前所未有的高潮。据资料显示，2012-2013 赛季，一共有多达 107 名日本球员在海外踢球，其中有 15 名球员效力于五大联赛的球队。日本也是亚洲拥有最多在欧洲联赛踢球球员的国家。

足球小将已长成

和签约中国球员的理由一样，最初欧洲俱乐部签下日本球员是为了开拓其后广阔的亚洲市场。但是很快，他们就发现，这些日本球员虽然个子矮小、冲击力不强，但是技术细腻、体力充沛，尤其是他们学习态度相当认真。见惯了天赋异禀却懒散难管的南美球员后，球队发现拥有这些永不服输的小个子日本球员非常实用。

在南非世界杯之后，日本球员开始抢占欧洲主流联赛主要球队的主力位置。在目前日本所有留洋球员中，最为出名的无疑就是香川真司。这名成名于德甲多特蒙德队，现效力于英超曼联队的中场球员，不仅仅是日本国家队当仁不让的绝对主力，同样也是前曼联主帅弗格森的爱将。长友佑都在意甲当后卫的经历也相当神奇，意甲赛场以混凝土式防守著称，长友成为第一个登陆亚平宁并坐稳豪门球队主力位置的日本籍后卫。

主力球员

川岛永嗣

Eiji Kawashima

生日：1983.03.20
位置：守门员
身高：185CM
所属俱乐部：标准列日
国家队履历：53 场
身价：300 万欧元

评分：7.2

今年 31 岁的川岛永嗣出生于日本埼玉市。在 2010 年南非世界杯之前一场日本队对阵英格兰队的热身赛上，他顶替受伤的酋崎正刚出场帮助球队以 2 比 1 取胜，并因此奠定了他在国家队的主力位置。川岛永嗣在南非的表现可圈可点，他在 4 场比赛中仅丢 2 球，也赢得了许多欧洲俱乐部的关注。在 2014 世界杯亚洲区预选赛上，川岛永嗣为日本队出场 13 次，仅失 7 球。

长友佑都

Yuto Nagatomo

生日：1986.09.12
位置：后卫
身高：170CM
所属俱乐部：国际米兰
国家队履历：66 场 3 球
身价：1400 万欧元

评分：7.6

长友佑都不仅能力突出，而且善于学习，他来到意甲豪门国际米兰后很快就能用意大利语跟队友交流。当齐沃表现不佳后，长友佑都一举坐稳了主力。日本国家队中长友佑都更是核心人物，虽然身为边后卫，但却是日本队左路进攻的发起者。在 2014 世界杯亚洲区预选赛上，长友佑都为日本队出场 9 次，贡献 4 次助攻。

巨星介绍

日本人火热的状态征服了曼联身价总和超过1亿的两大天王范佩西和鲁尼，2人在多场比赛中都如此乐于为香川做嫁衣！

——英国《天空体育》

香川真司

Shinji Kagawa

生日：1989.03.17

位置：中场

身高：172CM

所属俱乐部：曼联

国家队履历：53 场 16 球

身价：1700 万欧元

评分：7.8

2010 年夏天，当 21 岁的日本球员香川真司以 35 万欧元的身价从大阪樱花转会到多特蒙德时，谁也料想不到半年后他能被德甲联赛官网评选为“半程最佳球员”，更没想到，他会在两年后以近 2000 万欧元的身价加盟英超豪门曼联。香川的盘带和传球都非常出众，已经是欧洲一流水平。在 2014 世界杯亚洲区预选赛上，香川真司为日本队出场 11 次，贡献 4 个进球，2 次助攻。

巨星介绍

每当日本队拿球，他们就把球交到本田脚下，然后魔术就开始上演了。他们的天才本田在前面展现出来的是一个世界级球员所具有的品质。

——阿森纳主帅温格

本田圭佑

Keisuke Honda

生日：1986.06.13

位置：中场

身高：182CM

所属俱乐部：AC 米兰

国家队履历：53 场 20 球

身价：1700 万欧元

评分：7.7

本田圭佑擅长远距离任意球，掌握落叶球脚法，曾在欧冠联赛、2010 世界杯等诸多赛事中有直接任意球破门的精彩表演。他对于比赛的胜利充满渴望，即使在逆境中仍能始终保持冷静，适应性十分强，因而作为日本国家队的领袖人物当之无愧。在 2014 世界杯亚洲区预选赛上，本田圭佑为日本队出场 6 次，贡献 5 个进球，2 次助攻。

日本队

测 小组出线形势预测

作为亚洲足球的代表，日本队抽到C组，算得上是一支好签：无论怎么说，日本队抽到了相对较弱的种子队哥伦比亚队，也抽到了相对较弱的欧洲球队希腊队。在这个组中，日本队完全可以同这三个对手抗衡。在过往的世界杯决赛圈的比赛中，4支球队相互之间全部没有过交锋记录。

不过这个小组也将放大日本队的一个劣势：那就是身体。希腊是欧洲身体最强壮的球队之一，科特迪瓦这支非洲球队也在身体对抗方面有较大的优势，哥伦比亚的球星中也有瓜林、法尔考这般有野兽体魄的悍将。日本队在世界杯出赛、出线次数方面固然有一定的经验优势，但是身体、对抗方面的劣势也将是日本队的难题。

权威点评

评 《日刊体育》

（日本专业体育媒体）

2002年日韩世界杯时，日本夺冠赔率曾高达1赔67；2006德国世界杯也有1赔126；虽说2010南非世界杯时1赔200比如今还差劲，但那时的球队没有香川真司等新生代球员，1赔151实在让人难以理解。日本队最近战平荷兰、擒下比利时，这些都不影响庄家开赔？

日本几乎是第4档中的最强队，他们若与第1档的巴西、第2档的意大利、第3档的法国同处一组，小组出线的几率真的微乎其微。不过日本核心本田圭佑却自信满满地表示："届时要把看不起我们的球队一一击败。"从1997年冈野雅行打入世界杯预选赛史上首粒金球将球队首次送入决赛圈至今，日本队没有缺席任何一届世界杯正赛，全亚洲都盼他们实现飞跃。日本媒体倒也乐观，《日刊体育》甚至借机推销致富之道："想致富就去威廉希尔买日本，投资10英镑（1650日元）能换249000日元，日本女足曾实现过这样的奇迹，现在不下手更待何时？"

亚洲区十强赛

表 日本队预选赛数据表

（4胜2负，小组第二晋级十强赛）

时间	主/客场	结果	进球者
2011.09.02	主	1比0朝鲜	吉田麻也90+4′
2011.09.06	客	1比1乌兹别克斯坦	冈崎慎司65′
2011.10.11	主	8比0塔吉克斯坦	哈费纳尔11′47′、冈崎慎司19′74′、驹野友一35′、香川真司41′68′、中村宪刚56′
2011.11.11	客	4比0塔吉克斯坦	今野泰幸36′、冈崎慎司61′90+2′、前田辽一82′
2011.11.15	客	0比1朝鲜	
2012.02.29	主	0比1乌兹别克斯坦	

亚洲区十强赛

（5胜2平1负，小组第一直接出线）

时间	主/客场	结果	进球者
2012.06.03	主	3比0阿曼	本田圭佑11′、前田辽一51′、冈崎慎司54′
2012.06.08	主	6比0约旦	前田辽一18′、本田圭佑22′31′53′、香川真司35′、栗原勇藏89′
2012.06.12	客	1比1澳大利亚	栗原勇藏65′
2012.09.11	主	1比0伊拉克	前田辽一25′
2012.11.14	客	2比1阿曼	清武弘嗣20′、冈崎慎司90′
2013.03.26	客	1比2约旦	香川真司69′
2013.06.04	主	1比1澳大利亚	本田圭佑90+1′
2013.06.11	客	1比0伊拉克	冈崎慎司89′

C

哥伦比亚 VS 希腊

6月15日／星期日／北京时间00:00/预计亚洲盘口：让0.5/1

1. 姜山冷门推荐：哥伦比亚

2. 投注策略分析： 哥伦比亚在南美区预选赛上以第2名昂首出线，佩克尔曼的严谨态度将才华横溢但多少有些散漫的哥伦比亚球星们捏合成极具战斗力的球队。法尔考如日中天，耶佩斯老而弥坚，罗德里格斯青春逼人，哥伦比亚的年龄结构是比较合理的。希腊靠着附加赛击败已经沉寂很久的罗马尼亚才晋级巴西，该队依然靠卡拉古尼斯、卡楚拉尼斯、萨尔平吉迪斯、耶卡斯这些老将支撑球队，球队缺乏新血，因此无甚活力，首战又遭遇哥伦比亚，等同于客场作战，而且希腊对南美一向没有心得，上届世界杯他们被阿根廷玩得晕头转向的一幕还历历在目。

3. 足彩专家推荐

陈涛（《足球大赢家》编辑部副主任）：希腊
安然（《足球周刊》副总编辑）：哥伦比亚

4. 波胆预测

哥伦比亚3比1希腊

科特迪瓦 VS 日本

6月15日／星期日／北京时间06:00/预计亚洲盘口：让0/0.5

1. 姜山冷门推荐：日本

2. 投注策略分析： 前两届世界杯，科特迪瓦都被分进死亡之组，导致均未能出线。巴西世界杯他们抽到了上上签，与同组的哥伦比亚、希腊、日本相比，科特迪瓦应该说机会不小，在科特迪瓦黄金一代的最后一届世界杯上，他们肯定希望能有所突破。日本在扎切罗尼的率领下打起了攻势足球，香川真司、本田圭佑虽然目前状态不好，但回到国家队却不一定找不到感觉，而且90后柿谷曜一郎正大红大紫。科特迪瓦冲击力极强的打法和追求地面配合的日本在风格上相悖，谁能克制谁需要看临场发挥，不过，日本在世界杯上两次对阵非洲球队，全胜！

3. 足彩专家推荐

陈涛（《足球大赢家》编辑部副主任）：日本
安然（《足球周刊》副总编辑）：科特迪瓦

4. 波胆预测

科特迪瓦1比2日本

哥伦比亚 VS 科特迪瓦

6 月 20 日 / 星期五 / 北京时间 00:00/ 预计亚洲盘口：让 0/0.5

1. 姜山冷门推荐：科特迪瓦

2. 投注策略分析： 如果科特迪瓦不能在首战击败日本，那么本轮将是他们的背水一战。比起喀麦隆、尼日利亚这样内讧不断的球队来，科特迪瓦在凝聚力上要强上许多，德罗巴的个人魅力也是球队团结的保证。在面临绝境之下，科特迪瓦有可能会爆发出惊人的能量。哥伦比亚虽然星光璀璨，但南美球员的抗压能力相当一般，面对冲击力极强的科特迪瓦，他们未必能充分展示自己的技术。所以这场比赛要注意很可能会产生冷门，其实，以科特迪瓦的实力，即便是击败种子队哥伦比亚，也不会太让人感到意外。

3. 足彩专家推荐

陈涛（《足球大赢家》编辑部副主任）：科特迪瓦
安然（《足球周刊》副总编辑）：哥伦比亚

4. 波胆预测

哥伦比亚 1 比 2 科特迪瓦

日本 VS 希腊

6 月 20 日 / 星期五 / 北京时间 06:00/ 预计亚洲盘口：让 0.5

1. 姜山冷门推荐：日本

2. 投注策略分析： 在本组的第一轮比赛中就曾说过，目前的这支希腊队就是 C 组的送分童子，一帮老将要想重温 2004 年欧洲杯神话等同于白日做梦。而对日本来说，与希腊一战只有全取 3 分这惟一一个目标，否则根本没有资格来谈论小组出线的事情。从风格而言，技术粗糙、身体条件较好的希腊最怕的就是日本这种走欧洲技术派的防守反击型球队，这将让希腊人赖以生存的防反战术完全没有用武之地，而在比拼阵地战时他们又远远不是日本的对手。两队曾在 2005 年联合会杯小组赛上相遇，当时巅峰时期的希腊就曾以 0 比 1 不敌日本。

3. 足彩专家推荐

陈涛（《足球大赢家》编辑部副主任）：日本
安然（《足球周刊》副总编辑）：日本

4. 波胆预测

日本 2 比 0 希腊

日本 VS 哥伦比亚

6 月 25 日 / 星期三 / 北京时间 04:00/ 预计亚洲盘口：受让 0.5/1

1. 姜山冷门推荐：哥伦比亚

2. 投注策略分析： C 组最后一轮的形势应该会非常胶着，很可能除希腊之外，其他三队都存在晋级的可能，这就导致日本与哥伦比亚的这场比赛将成为生死决战。两队历史上曾有过两次交手，哥伦比亚 1 胜 1 平占据优势。而在实力上，哥伦比亚也应该是高出日本一个档次。日本去年曾与乌拉圭进行了一场热身赛，结果日本在主场的宫城体育场 2 比 4 惨败，联合会杯上他们也 0 比 3 完败于巴西，由此可见，日本在对付南美球队时还是有先天不足，论技术他们不如南美球队细腻，而身体上也没有任何的优势，因此这场比赛日本脆败的可能性极大。

3. 足彩专家推荐

陈涛（《足球大赢家》编辑部副主任）：哥伦比亚
安然（《足球周刊》副总编辑）：哥伦比亚

4. 波胆预测

日本 0 比 2 哥伦比亚

希腊 VS 科特迪瓦

6 月 25 日 / 星期三 / 北京时间 04:00/ 预计亚洲盘口：受让 0.5

1. 姜山冷门推荐：科特迪瓦

2. 投注策略分析： 如果不出意外的话，年龄老化、打法沉闷的希腊应该在小组前两轮结束后就已经提前出局或只有理论上的晋级希望，而科特迪瓦则保持着晋级、甚至是取得小组头名的希望，所以最后一轮他们必然会竭尽全力，毕竟这是以德罗巴为代表的科特迪瓦黄金一代在世界杯上最后的机会，而希腊则很可能无心恋战。两队历史上没有过交手记录。2012 年科特迪瓦与同样擅长高举高打的奥地利有过一次热身，结果 3 比 0 取得完胜。而希腊最近一次与非洲球队交手是 2012 年，结果他们 0 比 2 不敌塞内加尔，显示出其在对抗非洲球队时没有任何的优势。

3. 足彩专家推荐

陈涛（《足球大赢家》编辑部副主任）：科特迪瓦
安然（《足球周刊》副总编辑）：科特迪瓦

4. 波胆预测

希腊 0 比 3 科特迪瓦

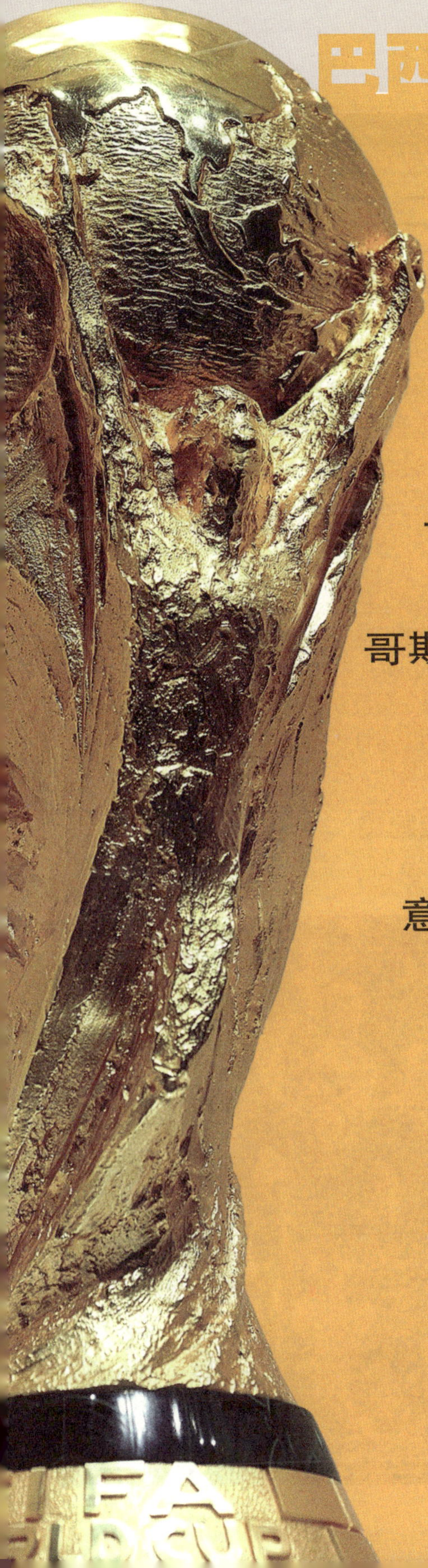

D

乌拉圭队

哥斯达黎加队

英格兰队

意大利队

乌拉圭队 Uruguay

夺冠赔率：
6.50

队报

1950 年，巴西世界杯，乌拉圭人曾在决赛中 2 比 1 击败东道主夺冠。本届世界杯，坐拥苏亚雷斯、卡瓦尼两大神锋的乌拉圭队当然想重温旧梦，可是中场和后防线的相对平庸让乌拉圭队还是缺少一丝传统强队的底蕴。

主场球衣

淡蓝色的忧伤

近十年，福兰已经成为乌拉圭足球的象征。如果说阿根廷足球的战神是巴蒂斯图塔，那福兰毫无疑问是乌拉圭的战神。然而，那满头金发的超级射手也有渐渐淡出球迷眼眸之时。乌拉圭三叉戟中，苏亚雷斯、卡瓦尼正值当打之年，身价分别飙升至 5200 万、6000 万，而德国转会市场网为福兰的估价仅有 100 万欧元。即使贵为世界杯金球，福兰也只能屈服于命运和时间。

福兰世界杯后铁定退役

巴西世界杯倒计时一年有余之际，福兰已经公开表示自己会在本

届大赛后退役。他几乎是第一个公开表示自己要在世界杯打完后就挂靴的球员。福兰的意思很明确，希望主帅塔巴雷斯让他不带遗憾的退役。但这几乎是给老帅出了一个天大的难题：在竞争激烈的乌拉圭锋线上，卡瓦尼和苏亚雷斯是两个铁打不动的主力，哪里还有只有象征作用的福兰的位置？

34 岁的福兰是乌拉圭国家队历史出场次数最多的球员，107 次出场帮助乌拉圭取得 42 胜 35 平 30 负的成绩，也一度是乌拉圭历史最佳射手，但 107 场 36 球（场均 0.35 球）的效率不如74场打入39球的苏亚雷斯(场均0.53球）。如同在射手榜被苏亚雷斯超越一样，福兰在国家队的地位也逐渐被取代。世预赛南美赛区，福兰首发出场并至少打满半场的 10 场比赛中，乌拉圭队仅取得 3 场胜利。他不但无法给球队带来进球，而且大大拖慢了乌拉圭队的整体推进速度。福兰的不力表现或多或少让乌拉圭队无法从南美区直接出线，最终以第五的身份与亚洲区第五争夺一张门票。

高开低走的 MVP

南非世界杯无疑是福兰职业生涯的最高峰，但 2010 年后受年龄、伤病的影响，福兰状态一路下滑。顶着世界杯金球（MVP）、欧洲金靴奖的名头，福兰转投国际米兰备受瞩目，但在为国际米兰出场 20 次仅打入 2 球，这是 2001-2002 赛季效力曼联 18 场 0 球以来的最差纪录。从国米转投巴西国际时，乌拉圭人颇为狼狈，他甚至自掏腰包支付了全部的转会费用。

主帅兵法

塔巴雷斯

Oscar Tabarez

生日：1947.03.03

国籍：乌拉圭

2006 年 8 月上任至今

442 是塔巴雷斯惯用的阵型。门将位置基本锁定穆斯莱拉，四名后卫经验丰富，卢加诺、戈丁、马克西·佩雷拉、卡塞雷斯多年在一起配合，彼此之间已经十分默契。双后腰是老将阿雷瓦洛与博塔弗戈的洛代罗，两翼则是马竞的克里斯蒂安·罗德里格斯和拉齐奥的 A·冈萨雷斯。乌拉圭最值得一看的是锋线，苏亚雷斯、卡瓦尼已经成为乌拉圭足球和乌拉圭国家队过去几年的旗手，两人的身价加在一起超过 1.1 亿欧元，也是本届世界杯最奢华的锋线组合之一。虽然乌拉圭的主力球员们分散在世界各地，但是在人格魅力颇强的主帅塔巴雷斯的调教下，乌拉圭队已经成为一支杯赛型球队，擅长在短期内接连打硬仗。

主力阵容

转投巴西国际后，福兰2012年有些水土不服，19场比赛打入5球，但2013年乌拉圭战神再次爆发，至今32场比赛已经打入17球。遗憾的是，9月7日，福兰右脚外侧副韧带扭伤，直到10月4日才伤愈复出。在对阵厄瓜多尔、阿根廷的2场关键世界杯预选赛，福兰只在对厄瓜多尔时替补出场。虽然获胜，但福兰的情况实在是让人无法乐观，赛后《国家》报的评分中，他得到了全场最低的4分。困扰他的主要问题仍是体能，比赛里，福兰积极奔跑的时间仅仅只是前30分钟。

然后是与巴西国际漫无休止的争吵，领着队内绝对高薪的福兰难以展现出令人满意的球技，这让俱乐部高层相当不满，准备将他清洗。乌拉圭精神领袖甚至一度考虑来到中超山东鲁能。最后，拉到赞助的J联赛劲旅大阪樱花满足了世界杯MVP的条件，他来到了旅欧球员几乎不曾过问的日本。

弃或留都是难题

南美区的最后四场比赛，福兰仅得到一次替补出场的比赛机会，结果乌拉圭队最终以0比1不敌厄瓜多尔队。其他三场他没有上场的比赛，乌拉圭队全部取胜。塔巴雷斯不得已做出弃用福兰的决定，据《国家报》调查，仍有超过90%的乌拉圭球迷希望福兰能够为国征战2014年世界杯。

难舍福兰，是难舍乌拉圭足球一种另类的气质。福兰是乌拉圭的另一面，他有着华丽的脚法、精湛的技术和精确到分毫的远射破门。福兰不像一般的乌拉圭球员那样喜欢夜生活，他只喜欢和朋友静静地坐着聊天、看书、上网，还有品葡萄酒，他让人想起了足球远古时代给乌拉圭带来无限荣耀的弗兰西斯科利。乌拉圭队用不用福兰这道难题，像极了2008年的齐达内之于法国队、2006年的罗伯特·巴乔之于意大利队以及2010年的小贝之于英格兰队。这些传奇都在职业生涯的最后阶段给人无限的留恋和为难：用，实在价值不大；弃，又像是和传统背离。

主力球员

穆斯莱拉
Fernando Muslera

生日：1986.06.16
位置：守门员
身高：190CM
所属俱乐部：加拉塔萨雷
国家队履历：55场
身价：1600万欧元

评分：7.2

在南非世界杯乌拉圭对阵加纳的比赛中，穆斯莱拉惊艳的表现帮助球队赢得了点球大战。2011年美洲杯乌拉圭门神发挥出色，帮助球队夺冠。“小海狸”效力拉齐奥4个赛季，2011–2012赛季加盟土超加拉塔萨雷，助球队连续2次夺得土超联赛冠军。本次世预赛南美区比赛中，穆斯莱拉参加了全部16场比赛，共丢了25球。

福兰
Diego Forlan

生日：1979.05.19
位置：前锋
身高：179CM
所属俱乐部：大阪樱花
国家队履历：107场36球
身价：100万欧元

评分：7.2

福兰上赛季在巴西国际队状态神勇，在洲联赛以9球成为最佳射手，而在巴甲全国联赛的几场比赛中也屡屡贡献进球，按照这样的状态，福兰仍可担任乌拉圭参加巴西世界杯决赛圈的核心，但是他却在关键时刻和俱乐部闹起了矛盾，然后远走日本J联赛。缺乏系统的训练和比赛，对于已经35岁的福兰是绝对的考验。本次世预赛中，福兰参加了13场比赛，贡献了2个进球，1次助攻。

克里斯蒂安·罗德里格斯

Cristian Rodriguez

生日：1985.09.30
位置：中场
身高：175CM
所属俱乐部：马竞
国家队履历：70 场 8 球
身价：500 万欧元

评分：7.6

克里斯蒂安·罗德里格斯是左路进攻的一把好手，他的速度惊人，射门能力也不错，可惜的是往往迷恋于自己的盘带，显得“一根筋”。他曾经效力过葡萄牙两大豪门本菲卡和波尔图，如今也是西甲劲旅马德里竞技的主力。本次世预赛中，罗德里格斯参加了 15 场比赛，贡献了 2 个进球。

卢加诺

Diego Lugano

生日：1980.11.02
位置：后卫
身高：188CM
所属俱乐部：西布朗
国家队履历：91 场 9 球
身价：100 万欧元

评分：7.3

第一次参加世界杯就以队长身份带领乌拉圭队夺得南非世界杯第四名实属不易。卢加诺在场上果敢的作风赢得众多球迷的喜爱，并送给他“la Tota”的昵称（这是四个西班牙语单词的缩写，分别代表的意思是天赋、骄傲、技术和雄心）。本次世预赛中，卢加诺参加了 14 场比赛，贡献了 2 个进球，1 次助攻。

苏亚雷斯

Luis Suarez

巨星介绍

生日：1987.01.24
位置：前锋
身高：181CM
所属俱乐部：利物浦
国家队履历：76 场 39 球
身价：5200 万欧元

评分：8.1

去年底梅西的受伤似乎给了其他追赶者一丝希望，苏亚雷斯就是这样一位抓住了时机的追逐者。或许受制于利物浦的影响力，他没有得到与 C 罗等人相同的曝光率，但数据不会撒谎，没有人可以否认他是当今足坛最高效、最全能、最受俱乐部依赖的前锋。本次世预赛中，苏亚雷斯参加了 14 场比赛，贡献了 11 个进球，5 次助攻。

巨星介绍

卡瓦尼的成功似乎是上天注定的，南美球员的球风奔放加上欧洲巨人一样的良好身形，卡瓦尼的足球之路接近完美。

——《米兰体育报》

卡瓦尼

Edinson Cavani

生日：1987.02.14

位置：前锋

身高：188CM

所属俱乐部：巴黎圣日耳曼

国家队履历：60 场 20 球

身价：6000 万欧元

评分：8.1

自从维埃里、范尼等人隐退之后，世界足坛已经很久没有出现过力量和技术俱佳的中锋，这也是为什么卡瓦尼可以成为豪门目标的原因。凭借现在这支乌拉圭的实力，如果卡瓦尼和苏亚雷斯的锋线搭档发挥出色，这支乌拉圭的目标将会是四强乃至决赛。本次世预赛中，卡瓦尼参加了全部 16 场比赛，贡献了 5 个进球，3 次助攻。

乌拉圭队

测 小组出线形势预测

虽然作为种子队，但是乌拉圭还是身陷死亡之组。对于乌拉圭、意大利与英格兰三支豪强而言，同组就意味着杀戮的开始。从实力上讲，乌拉圭与意大利两队要稍占上风。可以肯定的是，在上届世界杯成功闯入四强后，乌拉圭必然接受不了无缘淘汰赛的命运。在苏亚雷斯与卡瓦尼两大超级射手的带领下，该队势必会给组内其他三支球队施加巨大压力，毕竟在以往的交战历史当中，乌拉圭丝毫不处于下风。

意大利虽然在南非世界杯中表现不佳，但球队依旧有着冠军底蕴。从近来一段时间的状态来看，及时补充新鲜血液的意大利状态回升明显，在整个欧洲区预选赛中，球队未尝败绩的表现足以说明一切。在意大利综合实力更胜一筹的情况下，D 组很可能出现乌拉圭最后和英格兰拼一个出现名额的情况，届时两支球队将在第二场小组赛中相遇。

权威点评

评 吉贾

（乌拉圭传奇球星、世界杯抽签嘉宾）

我不满意乌拉圭打进巴西世界杯的整个过程。我们在南美区的比赛中仅名列第五，没有直接取得晋级资格。随后又与亚洲区的约旦队打附加赛，虽然我们首回合在客场 5 球大胜对手，但是回到主场我们竟然和约旦队打成了 0 比 0，这证明我们的队伍现在有点涣散。当然，上届世界杯我们也是通过附加赛进入决赛圈，而且最后还获得了第四名，这给我们在巴西的动力。

乌拉圭虽然是这个小组的种子球队，但是我们的对手中竟然有意大利和英格兰这样的强队，他们都曾经获得世界杯冠军，因此与他们的对决肯定会非常难打。首场比赛，我们必须要击败哥斯达黎加队，我想塔巴雷斯很清楚他应该让球员们怎么做。

南美区小组赛

表 乌拉圭队预选赛数据表

（7 胜 4 平 5 负，小组第五打附加赛）

时间	主/客场	结果	进球者
2011.10.07	主	4比2玻利维亚	苏亚雷斯3′、卢加诺26′72′、卡瓦尼35
2011.10.11	客	1比1巴拉圭	福兰67′
2011.11.11	主	4比0智利	苏亚雷斯42′45′68′74′
2012.06.02	主	1比1委内瑞拉	福兰38′
2012.06.10	主	4比2秘鲁	苏亚雷斯15′、马克西·佩雷拉30′、罗德里格斯63′、埃古伦90+4′
2012.09.07	客	0比4哥伦比亚	
2012.09.11	主	1比1厄瓜多尔	卡瓦尼67′
2012.10.12	客	0比3阿根廷	
2012.10.16	客	1比4玻利维亚	苏亚雷斯80′
2013.03.22	主	1比1巴拉圭	苏亚雷斯82′
2013.03.26	客	0比2智利	
2013.06.11	客	1比0委内瑞拉	卡瓦尼28′
2013.09.06	客	2比1秘鲁	苏亚雷斯43′67′
2013.09.10	主	2比0哥伦比亚	卡瓦尼77′、斯图亚尼80′
2013.10.11	客	0比2厄瓜尔多	
2013.10.15	主	3比2阿根廷	罗德里格斯6′、苏亚雷斯34′、卡瓦尼49′

南美——亚洲附加赛

时间	主/客场	结果	进球者
2013.11.13	客	5比0约旦	马克西·佩雷拉22′、斯图亚尼42′、洛代罗69′、罗德里格斯78′、卡瓦尼90+1′
2013.11.20	主	0比0约旦	鲁伊兹24′、萨博里奥63′

哥斯达黎加队 Costa Rica

夺冠赔率：

2501.00

队报

主场球衣

因为中国队，因为米卢蒂诺维奇，哥斯达黎加为中国球迷所熟悉。1990 年，米卢蒂诺维奇率领哥斯达黎加首次闯入世界杯决赛圈，并爆冷杀入了 16 强，为世人震惊。2002 年，哥斯达黎加又与第一次闯入世界杯的中国队同分在一个小组，并以 2 比 0 战胜了神奇米卢执教的中国队。2006 年，哥斯达黎加第三次进入世界杯，最终 3 战皆败，小组出局。2014 年巴西世界杯，将是他们第 4 次世界杯之旅。

50 个足球的足球奇迹

如果要评选世界杯中最弱的球队，身处中北美的哥斯达黎加队可以算上一个，但是这支球队却以四次杀进世界杯来证明自己的存在。在这个国土面积只有 5 万平方公里、人口只有 466 万的陌生小国，足球到底是什么样的存在，让他们长期能够与美国、墨西哥这样的劲旅为伍，能够杀入世界杯决赛圈呢？在这里，我们举一个例子。

在世界杯舞台上，我们可以至少看到几十上百名身价超过 1000 万欧元的超级巨星，他们常从一个足球强国的联赛转会到另外一个足球强国的联赛中，这往往能够引发上千万欧元的流动，但是在哥斯达黎加，却发生了一起“价格低廉”的转会。2013 年 7 月，刚刚升入哥斯达黎加 A 级联赛的哥斯达黎加大学队为了充实阵容，看中了二级联赛美洲狮队的 26 岁球员罗杰·法拉斯，哥斯达黎加大学队为其付出的转会费竟只是 50 个足球！

比起欧洲足坛众多资金雄厚的俱乐部，在像哥斯达黎加这样足球并不发达的北美洲国家里，每支球队的转会资金少得可怜，甚至连球队基本的经费都不够。哥斯达黎加顶级联赛目前的经济状况就不容乐观，一些俱乐部只能够支付球队前往客场比赛的费用，甚至连球员们的薪水都支付不起。哥斯达黎加 A 级联赛的经济状况也不容乐观，一些俱乐部只能支付得起客场比赛的路途费用，而无法支付薪水。

虽然贫穷，足球仍是哥斯达黎加最流行的运动，青少年和成年人都沉迷于此。即使只有 200 人的城镇，在中央广场也必定会有一个足球场。每周日当地人都要踢比赛，每个省都有自己的球队。

去年 10 月 15 日，老前锋萨沃里奥头槌攻破墨西哥球门后，哥斯达黎加国家体育场附近的居民突然开始四处奔逃，不少人以为发生地震了——事后查明，原来是 3.5 万球迷在鼓噪狂欢。这就是哥斯达黎加，他们的未来从没有如此光明。

主帅兵法

豪尔赫·平托

Jorge Luis Pinto

生日：1952.12.16

国籍：哥伦比亚

2011 年 9 月上任至今

面对众多妖人，哥斯达黎加国家队主教练豪尔赫·平托一直在尝试不同的打法。因为只有在极少数的情况下，哥斯达黎加的这些顶级妖人才能在一起配合得很好，情况已和万乔普时代截然不同，妖人们的天赋是毋庸置疑的，但在球场上缺乏协调，可能是平托率队进军巴西最迫切需要解决的问题。

稳健的防守是哥斯达黎加在绿茵场安身立命的本钱，世预赛阶段他们的失球数仅为 7 球，是中北美及加勒比地区世预赛失球最少的球队。哥斯达黎加的进攻主要围绕鲁伊兹进行，全队队员将竭尽全力，为前场核心创造空间，制造机会。但是相对地，他们的控球比较糟糕，打法上过于直接，可能也会限制其在世界杯的发展。

主力阵容

主力球员

纳瓦斯
Keylor Navas

生日：1986.12.15
位置：守门员
身高：186CM
所属俱乐部：莱万特
国家队履历：50 场
身价：400 万欧元

评分：7.4

弱队出门神，此言不虚。西甲保级球队莱万特的主力门将纳瓦斯是哥斯达黎加国门，他身手矫健，心理素质稳定，没有明显弱点。2008 年至今，纳瓦斯一直担任哥斯达黎加主力门将，他还在 2009 年的中北美金杯赛中荣膺最佳门将。纳瓦斯在预选赛中保持着 476 分钟不失球的骄人纪录，他出场 14 次，共失 9 球。

萨博里奥
Alvaro Saborio

生日：1982.03.25
位置：前锋
身高：183CM
所属俱乐部：皇家盐湖城
国家队履历：92 场 30 球
身价：75 万欧元

评分：7.2

现年 32 岁的萨博里奥效力于美国大联盟的皇家盐湖城队，是这支哥斯达黎加队最资深的球员，他已经为球队 92 次出战，打入 30 球。在中北美区预选赛上，萨博里奥打入 8 球，是最佳射手。也正是有了他的出色表现，哥斯达黎加才能以小组第二的身份直接晋级巴西世界杯，同时，这也是萨博里奥第二次参加世界杯。萨博里奥在预选赛中出场 15 次，攻入 8 球，贡献 5 次助攻。

巨星介绍

鲁伊兹
Bryan Ruiz

生日：1985.08.18
位置：前锋
身高：188CM
所属俱乐部：埃因霍温
国家队履历：60 场 12 球
身价：800 万欧元

评分：7.4

28 岁的鲁伊兹效力于荷甲埃因霍温队，可能是这支哥斯达黎加最大牌的球星。鲁伊兹 21 岁离开家乡去欧洲闯荡，先后效力根特、特温特和富勒姆，都是各自球队中的绝对主力。在哥斯达黎加国家队，鲁伊兹的地位也举足轻重，目前他已经为国家队上阵 61 次，有 12 个进球。本次世预赛，鲁伊兹为哥斯达黎加队出场 11 次，贡献 3 个进球，3 次助攻。

测 哥斯达黎加队 小组出线形势预测

本次世界杯小组抽签中，恐怕运气最糟糕的就是哥斯达黎加了，他们身处死亡之组，将遭遇三个前世界杯冠军的轮番轰炸。哥斯达黎加队分在一个真正的“死亡之组”，在D组中，不论是乌拉圭、意大利还是英格兰，都有足够的能力从哥斯达黎加身上拿分。尽管足球世界没有不可能，哥斯达黎加也有可能在某一两场比赛中给对手制造麻烦，但想从三支前世界冠军球队身上抢走复赛门票实在近乎神话，世界杯夺冠赔率为1赔2501的哥斯达黎加队似乎已经逃不脱陪太子读书的命运。

评 权威点评 国际足联官网

能从中北美及加勒比区直接晋级世界杯，哥斯达黎加队靠的是出色的防守。10场比赛仅丢7球的哥斯达黎加是中北美区丢球最少的球队，这是他们力压洪都拉斯（丢12球）、墨西哥（丢9球）的关键。哥斯达黎加一贯强调进攻：2002年世界杯，哥斯达黎加对阵中国、土耳其、巴西，三战场场进球共打入5球，但三战也丢了6球；2006年世界杯，哥斯达黎加三战更是丢了9球。豪尔赫·平托曾执教哥伦比亚国家队，他来到哥斯达黎加队执教后改变了球队重攻轻守的特点。哥斯达黎加队的另一法宝是主场，本届世预赛5个主场，哥斯达黎加5战全胜打入10球仅丢2球，3比1力克美国、1比0击败洪都拉斯奠定了哥斯达黎加晋级的基础。

表 中北美及加勒比区12强小组赛 哥斯达黎加队预选赛数据表

（3胜1平2负，小组第二晋级6强赛）

时间	主/客场	结果	进球者
2012.06.08	主	2比2萨尔瓦多	萨博里奥10′、乔尔·坎贝尔15′
2012.06.12	客	4比0圭亚那	萨博里奥20′26′52′、乔尔·坎贝尔72′
2012.09.07	主	0比2墨西哥	
2012.09.11	客	0比1墨西哥	
2012.10.12	客	1比0萨尔瓦多	库韦罗31′
2012.10.16	主	7比0圭亚那	布雷内斯10′48′、甘博亚14′、萨博里奥51′77′、博拉尼奥斯61′、博尔赫斯70′

中北美及加勒比区6强赛

（5胜3平2负，赛区第二晋级决赛圈）

时间	主/客场	结果	进球者
2013.02.06	客	2比2巴拿马	萨博里奥39′、鲁伊兹84′
2013.03.22	客	0比1美国	
2013.03.26	主	2比0牙买加	乌马尼亚22′、卡尔沃72′
2013.06.07	主	1比0洪都拉斯	罗伊·米勒28′
2013.06.11	客	0比0墨西哥	
2013.06.18	主	2比0巴拿马	鲁伊兹49′、博尔赫斯52′
2013.09.06	主	3比1美国	阿科斯塔3′、博尔赫斯10′、乔尔·坎贝尔76′
2013.09.10	客	1比1牙买加	布雷内斯74′
2013.10.11	客	0比1洪都拉斯	
2013.10.15	主	2比1墨西哥	鲁伊兹24′、萨博里奥63′

英格兰队 England

夺冠赔率：

34.00

队报

英格兰是世界足坛的传统强队，这没错，可是似乎英格兰队总是不被大家真正看好，甚至还被部分中国球迷讥讽为“欧洲中国队”。随着黄金一代球员贝克汉姆、费迪南德等人的告别，如今的英格兰队要想突围死亡小组杀进四强乃至决赛，只能期待于自己的超水平演出了。

主场球衣

霍太公 池中已无鱼

英格兰队的支持者向来很多，因为英国足球的伟大历史传统，更因为英超联赛的绚烂繁盛。可世界第一联赛并没有给英格兰国家队带来丰厚的回报，反而是因为联赛太过开放和商业化，严重抑制了英格兰本土人才的发展。现任英格兰国家队主教练霍奇森近来无奈地自嘲说，选拔球员去参加巴西世界杯比以前容易得多，因为就那么几个够水准的。

去年 9 月的第 166 次曼彻斯特德比，曼城的“八国联军”中仅有门将乔·哈特一位英格兰球员首发。而作为现在英格兰主力国脚供应大户（5 人）的曼联仅仅只能依赖鲁尼一己之力对抗同城对手，最后以 1 比 4 惨败。现场观战的英格兰主帅霍奇森脸色铁青。“外援成就了英超，同时也在扼杀英格兰足球。”英格兰足球的悖论又一次摆在世界足坛面前。

本土球员比例全球倒数第二

2010-2011 赛季中，布莱克本与西布朗的英超联赛就在世界足球史上创下了一个纪录：双方上场球员分别来自 21 个不同的国家。这就像是英超这些年的一个缩影：高水平外援涌入让英超联赛成为这个世界上最开放的联赛，国际化成为了它无法磨灭的标志，但也令英格兰足球始终举步不前。

目前，在英超联赛效力的 407 名球员中有 132 名是本土球员，英超本土球员仅有 32%。放眼世界足坛，仅有加拿大联赛中本土球员的比例低于英超联赛，他们的本土球员仅占 25%。事实上，在 1998-1999 赛季，该数据还是 48%，这意味着，仅仅 14 年，英超联赛中英国球员的数量就下降了 16%。相比而言，德甲本土球员比例为 55%，而西甲这一数据更是达到了惊人的 60%。这也似乎从另一个侧面印证着外援过多正在扼杀英格兰足球。

英超创立之初，英格兰人占联赛球员比例的 72%，而今这一比例已经下降了 40%。英足总在 1999 年关闭了原来的利勒夏尔青训精英学校，将培养年轻人的重担分摊给各家俱乐部，没想到随着联赛的发展，引进外援却成为追求成绩的俱乐部的首要选择，本土球员的质量也在日益下降。

青黄不接已成常态

本土球员的被抑制导致国家队常年青黄不接。这一点已经严重影响到了本次世界杯上三狮军团的阵容。目前，英格兰队真正意义上的中场只有杰拉德、兰帕德和威尔希尔三人，而前两人分别是 33 岁和 35 岁的人，板凳席

主帅兵法

霍奇森
Roy Hodgson

生日：1947.08.09
国籍：英国
2012 年 5 月上任至今

英足总最终选择霍奇森，一个重要原因就是他所擅长的 442（4312）阵型同样也是英格兰队最习惯的战术打法。这有助于迅速帮助球队走回正轨。对于传统英式足球，霍奇森驾轻就熟，这也就是为什么他更擅长帮助像富勒姆、西布朗的英超弱队。另外，在英国之外的多年闯荡也让霍奇森对整体足球的战术思想有深刻的认识。他那套注重攻防平衡的 442 阵型也许是让英格兰队重回世界巅峰的一条明路。

在霍奇森的战术体系中，他需要身材强壮高大的中卫，雅盖尔卡和卡希尔两人之间默契；一位出色的防守型主场，和一位出色的中场组织者，这就是双德能够起到的作用，如果两人继续不来电的话，卡里克也是很好的选择；两名边前卫不但要能够在边路活动，还需要极强的内切能力；锋线上，霍奇森喜欢一个强力高中锋和一位灵巧型前锋的配置，相信维尔贝克和斯图里奇能够满足他的要求。

上能接替的只有卡里克和克莱维利。前者已经32岁，后者仅代表国家队出场过13次比赛，其中半数都为友谊赛。此外，长期以来，球队都缺乏组织型和防守型中场，也缺乏精神领袖。这也导致只要是大赛遭遇强手中场就无法控球，只有依靠被动防守而维持到最后，因为体力消耗过大终究在点球大战上功亏一篑。英国媒体也勇于承认，英格兰在欧洲杯和世界杯大赛的淘汰赛上，再没战胜过“一流足球强国”。

英格兰在战术上与其他联赛所处的国家队相比难度更高。西班牙长期以来一直基于皇马和巴萨的配搭，而德国队也可以移植拜仁或多特蒙德的中轴核心，意大利方面也可以在尤文加米兰乃至那不勒斯的现有结构上进行适当打造。球员们可以凭借在俱乐部的默契优势，来到国家队后无需过多磨合。但这对英格兰来说简直是不可能的任务，主帅霍奇森无法从任何一支现成俱乐部中抽出类似框架进行打造。

以霍奇森最近在世预赛和友谊赛上的首发阵容来说，主力基本倚重曼联和利物浦双雄，其他球员则从各支俱乐部中抓壮丁，谁没伤谁就上。曼联一直坚持培养本土球员的路线，除了鲁尼，红魔为英格兰输送了维尔贝克、阿什利·杨、克莱维利、卡里克和斯莫林等五位球员。利物浦的英格兰球员比例可观，尽管不少都是未满20岁的小将，至少少年们都杀进了一线梯队。不过本赛季曼联在老爵爷退休后陷入低谷，这也将大大影响国家队的表现。三狮不论经验还是默契度，在与欧洲其他几支国家队劲敌的较量中都不占优。

英足总重拳为历史还债

本土球员匮乏还反映在国家队赖以生存的青年球员培养根基上。2012-2013赛季，英格兰U21球员数量仅仅占联赛的2.28%，曼城、切尔西、斯旺西、斯托克城和威根都没有任何一名U21成员。该比例为欧洲五大联赛最低(意大利2.38%、西班牙3.40%、德国6.22%、法国7.32%)。霍奇森更是直言英格兰足球遭遇危局：各俱乐部更愿意引进外援，而非从本土青训梯队中挖掘球员。霍奇森甚至抱怨自己这个英格兰主帅是“巧妇难为无米之炊”，“在所有联赛中，我们所能选择的本土球员数量是最少的几个之一。老实说，如果你是国家队主帅，没什么比这更糟糕。”

值得一提的是，新上任的英足总主席格雷格·戴克曾放出豪言，称英格兰的目标是夺得2022年卡塔尔世界杯的冠军，而如果英格兰本土球员只能在联赛杯这样的比赛中登场的话，那么戴克的宏伟目标终将是南柯一梦。为了实现这些目标，英足总重建新的国家足球中心，投入的3.2亿英镑精英球员计划意在提高各俱乐部青训营质量。此外，他们还将从非欧盟球员的劳工证上做文章，他们将收紧政策，进一步压缩外籍球员的生存空间。这一系列的举动都旨在开始为历史还债。

主力阵容

乔·哈特
Joe Hart

生日：1987.04.19
位置：守门员
身高：196CM
所属俱乐部：曼城
国家队履历：38 场
身价：1500 万欧元

评分：7.6

2012 年欧洲杯，乔·哈特首次为英格兰在世界大赛中把守大门，而他也凭借着25 岁零 53 天的年龄，取代罗宾逊成为了历史上为英格兰出战世界大赛最年轻的门将。哈特身材高大，反应敏捷，但是偶然的低级失误也让人头疼不已。本次世预赛中，乔·哈特代表英格兰队出场 10 次丢 4 球，表现相当抢眼。

阿什利·科尔
Ashley Cole

生日：1980.12.20
位置：后卫
身高：176CM
所属俱乐部：切尔西
国家队履历：106 场
身价：500 万欧元

评分：7.3

33 岁的阿什利·科尔一度是三狮军团铁打的主力左后卫，然而目前他面临来自埃弗顿的贝恩斯和南安普敦卢克·肖的竞争。英格兰主帅霍奇森已经公开透露：阿什利·科尔恐怕难以在夏季世界杯拿到首发位置。本次世预赛欧洲区小组赛中，阿什利·科尔代表英格兰队出场 4 次。

斯图里奇
Daniel Sturridge

生日：1989.09.01
位置：前锋
身高：183CM
所属俱乐部：利物浦
国家队履历：9 场 2 球
身价：2000 万欧元

评分：7.7

斯图里奇是曼城青训的杰出产品，在代表英格兰 U17 和 U18 时都有出色的表现。他的力量、速度、身高和大力射门都颇有德罗巴的影子。本赛季斯图里奇在利物浦找到了进球的感觉，和苏亚雷斯组成了英超最恐怖的锋线。斯图里奇在俱乐部的出色发挥也必将为他赢得更多在英格兰队首发亮相的机会。本次世预赛欧洲区小组赛中，斯图里奇代表英格兰队出场 4 次，贡献 2 个进球。

维尔贝克
Danny Welbeck

生日：1990.11.26
位置：前锋
身高：183CM
所属俱乐部：曼联
国家队履历：20 场 8 球
身价：1700 万欧元

评分：7.7

维尔贝克从桑德兰回归后表现十分出色，他成功地挤掉前英超金靴贝尔巴托夫成为曼联锋线主力。作为非洲后裔的他身体素质不错，具有很好的柔韧性、平衡性和弹跳力，而且有着非常出色的速度，控球技术也不错。本次世预赛欧洲区小组赛中，维尔贝克代表英格兰队出场 8 次，贡献 4 个进球，3 次助攻。

巨星介绍

鲁尼被认为是同时代最出色的英格兰球员，也是目前世界上知名度最高的足球运动员之一。

——国际足联官网

鲁尼

Wayne Rooney

生日：1985.10.24

位置：前锋

身高：178CM

所属俱乐部：曼联

国家队履历：88 场 38 球

身价：4500 万欧元

评分：8.0

鲁尼被认为是同时代最出色的英格兰球员，也是目前世界上知名度最高的足球运动员之一。鲁尼踢过中锋、边锋、边前卫、中场，但最擅长的是第二前锋的位置。他身体强壮，速度快，而且有一定突破能力，射门也强悍有力，常能凭借一个人的冲击冲乱对手的整条防线。本次世预赛欧洲区小组赛中，鲁尼代表英格兰队出场 6 次，贡献 7 个进球，1 次助攻。

兰帕德
Frank Lampard

生日：1978.06.20
位置：中场
身高：184CM
所属俱乐部：切尔西
国家队履历：103场29球
身价：200万欧元

评分：7.5

兰帕德在世界杯中有39次射门，但没有一个进球，他是自1966年来在没有进球的同时、射门次数最多的球员。兰帕德这个丢人的纪录实在有点冤枉，因为他曾在南非世界杯对德国队比赛中打入一球，这个球在门线里被诺伊尔捞出后被判无效。这次有了门线技术，或许兰帕德能够弥补遗憾。

卡里克
Michael Carrick

生日：1981.07.28
位置：中场
身高：188CM
所属俱乐部：曼联
国家队履历：31场
身价：850万欧元

评分：7.5

卡里克阅读比赛能力及传球技术令他成为英格兰新一代出色中场之一。他是一名控制型和留守型的中场，位置一般是中前卫中的拖后，负责保护后防线，同时完成组织策动的任务。不过本赛季曼联整体糟糕的状态多少会对卡里克有所影响。本次世预赛欧洲区小组赛中，卡里克代表英格兰队出场6次。

克莱维利
Tom Cleverley

生日：1989.08.12
位置：中场
身高：175CM
所属俱乐部：曼联
国家队履历：13场
身价：1400万欧元

评分：7.6

斯科尔斯和弗莱彻的长期伤缺和安德森的状态起伏使克莱维利有了充足的出场机会。而他的表现也不负重望，两次面对纽卡斯尔的高光表现和精彩进球赢得了弗格森的信任和英格兰队的一席之地。目前，他和威尔希尔被誉为英格兰中场未来十年的希望。本次世预赛欧洲区小组赛中，克莱维利代表英格兰队出场7次，贡献2次助攻。

米尔纳
James Milner

生日：1986.01.04
位置：中场
身高：176CM
所属俱乐部：曼城
国家队履历：44场1球
身价：1500万欧元

评分：7.3

米尔纳是一名传统的英式边锋，他虽然进球不多，但在助攻方面表现出色，他具备准确传送和远射的能力。米尔纳的表现提升，促使人们将他与英格兰国脚迈克尔·欧文和同样是在青年时期便有突出表现的鲁尼互相比较。本次世预赛欧洲区小组赛中，米尔纳代表英格兰队出场8次，贡献1个进球。

巨星介绍

杰拉德

Steven Gerrard

生日：1980.05.30

位置：中场

身高：183CM

所属俱乐部：利物浦

国家队履历：108 场 21 球

身价：750 万欧元

评分：7.6

杰拉德被认为是世界上最全面的中场选手之一，奔跑范围大，左右脚技术均衡，射门精准，传中球弧线和速度甚至不逊于当年的贝克汉姆。已经获得欧冠的杰拉德作为球员可以追逐的荣誉不会太多，国家队将是这位风头强劲的红军核心最直接的目标。杰拉德一直需要更多的大赛机会证明自己的价值，这届世界杯应该是他最后的机会。本次世预赛中，杰拉德代表英格兰队出场 8 次，贡献 2 个进球，2 次助攻。

巨星介绍

威尔希尔

Jack Wilshere

生日：1992.01.01

位置：中场

身高：174CM

所属俱乐部：阿森纳

国家队履历：14 场

身价：3300 万欧元

评分：7.8

在英国《卫报》专栏作家评出的英格兰队出征南美的 11 人主力阵容中，阿森纳新星威尔希尔被视为三狮军团未来的希望。出任中前卫的他有着超越年龄的成熟，给英格兰中场增添了速度和活力。本次世预赛欧洲区小组赛中，威尔希尔出场 4 次。

测 英格兰队 小组出线形势预测

英格兰、意大利和乌拉圭将决一死战，这是世界杯历史上首次出现3支冠军队在小组赛碰头的情况，惨烈程度直冲五颗星。英格兰再次被送进了“死亡之组”，面对意大利和乌拉圭两大劲敌，英国媒体相当悲观。《太阳报》表示：“戴利（英足总主席）已经自己抹了脖子。赫斯特先生给英格兰带来噩梦般的分组。”不过，英格兰主帅霍奇森倒是很淡定，在他看来，英格兰队就是注定为恶战而生的。”

近几届大赛上，英格兰一直肩负着“悲情戏”的角色任务，每次出局都配合了伤感的故事，被中国球迷冠名为“欧洲中国队”，实在尴尬。细数历史战绩，英格兰面对两大对手全都胜少负多，倒是乌拉圭面对意大利2胜4平2负平分秋色。如此一看，英格兰此次“悲情戏码”恐怕只有三场比赛了。至于哥斯达黎加，如果他们脱颖而出，必将是巴西世界杯最大的黑马。从赛程来看，英格兰队也相当不利，他们第一战就要面对实力最强的意大利队。第二战的对手乌拉圭队也不好对付，利物浦前锋苏亚雷斯和巴黎圣日耳曼前锋卡瓦尼攻击力惊人。如果两战结果都不理想的话，最后面对弱旅哥斯达黎加的比赛也就没有意义了。也有乐观的球迷翻出英格兰队1966年夺冠时的历史，当时英格兰正是与乌拉圭同组。

评 权威点评 莱因克尔

（英格兰足坛名宿）

我们能够从预选赛中突围晋级到决赛圈阶段，这样的成绩就已经可以被接受了。如果我们能晋级世界杯赛8强的话，我觉得那就是个巨大的惊喜了，应该是我们对这支球队的期望所在。我们现在这支国家队并非处在当今足坛一流球队的行列，球队的技术能力有限，我们不能期望这样一支球队为我们赢得世界杯。我们的控球能力有限，技术能力的瓶颈限制了球员们在世界杯舞台上的发挥，除了鲁尼外，我们的很多好球员都并非处在最容易出状态的年纪。控球对于任何一支国家队来说都是非常重要的，我们偏偏对此不太擅长，而在短时期内我们根本无法在这方面有所提高。显然，现在的英格兰队还不具备战胜巴西、阿根廷和西班牙队的实力。

表 欧洲区小组赛 英格兰队预选赛数据表

（6胜4平0负，小组第一晋级）

时间	主/客场	结果	进球者
2012.09.07	客	5比0摩尔多瓦	兰帕德4′ 29′、迪福32′、米尔纳74′、贝恩斯83′
2012.09.11	主	1比1乌克兰	兰帕德87′
2012.10.12	主	5比0圣马力诺	鲁尼35′ 70′、维尔贝克37′ 72′、张伯伦77′
2012.10.17	客	1比1波兰	鲁尼31′
2013.03.22	客	8比0圣马力诺	德拉瓦莱12′（OG）、张伯伦29′、迪福34′ 77′、阿什利·扬39′、兰帕德42′、鲁尼54′、斯图里奇70′
2013.03.26	客	1比1黑山	鲁尼6′
2013.09.06	主	4比0摩尔多瓦	杰拉德12′、兰伯特26′、维尔贝克45+1′ 50′
2013.09.10	客	0比0乌克兰	
2013.10.11	主	4比1黑山	鲁尼48′、博斯科维奇62′（OG）、汤森78′、斯图里奇90+3′
2013.10.15	主	2比0波兰	鲁尼41′、杰拉德88′

意大利队 Italy

夺冠赔率：

29.00

队报

主场球衣

作为世界足坛实用主义足球的代表，如今的意大利队却反常规地走起了漂亮足球的路子。不过如今的意大利队并不是星光熠熠，锋线上谁来和巴神搭档依然让人伤脑筋。意大利队能否重树 2006 年的辉煌，普兰德利的用兵将是关键。

非典型意大利

没帅哥、没巨星、没特点，但是意大利却总能成为夺冠热门。这是因为他们有足球哲学和人格魅力都让人尊敬的普兰德利。其实单从技战术素养和执教经验来说，普兰德利绝不如他的前辈萨基和里皮等人，也不如与他同一时代的曼奇尼、安切洛蒂和卡佩罗。这是一位年过五旬还难称名帅、惟一冠军在意乙获得的教练。为达目的不择手段的马基雅维利主义，发源于意大利，也盛行于意大利足球，这是实用主义的乐土、阴谋论的天堂。普帅的漂亮足球和君子之风，实在太另类。

识英雄重英雄的意大利足协就欣赏普帅这一点，在巴西世界杯之前，他们又给普兰德利献上 4 年聘书，并赋予他获得统管各级国家队的权力，成为意大利国家队历史上第一个“超级主帅”。授权柄于不爱权力之人，意大利足球和普兰德利的成功，其意义甚至超越了足球。它告诉我们，在这个尔虞我诈、成王败寇的社会里，堂堂正正做人、光明磊落行事，你仍可能取得莫大的成功——以及最多的尊重。

识你于微时

2010 年，意大利队在南非世界杯小组赛中折戟，当时队内有不少 2006 年世界杯的夺冠功臣，但大多名将廉颇老矣，新人又迟迟无法露头。主帅里皮回国后躲进了私人游艇，留下的是一个百废待兴的烂摊子。风口浪尖上，53 岁的普兰德利接受了挑战，在与足协主席阿贝特进行过两次简短交流后，他就被任命为蓝衣军团新主帅。在普兰德利看来，执教意大利队并不可怕，“我并不担心，我们有足够的时间去建设一支不一样的球队，我知道自己可以应对这份工作”。

世界杯小组出局后，球队和球迷以及媒体的关系很糟。普兰德利上任后，首先致力于改善球队形象，他要求球员对媒体和球迷更友善：“有人找你要签名，你不该拒绝。”命运对普兰德利有太多不公。他十年前执教帕尔马时即被看好。2004 年，他第一次跨入豪门，可在罗马带队一周后，就因爱妻患病而休息一年。意大利被感动了，但普帅的解读谦卑而高贵：“这实在普通不过。很多人也会这样做，但他们无法像我一样立即放弃工作来陪伴妻子。我能这样做，仅仅是种特权（收入高）。”当他出山将佛罗伦萨带到第 4 时，又因“电话门”无缘欧冠。被扣 15 分的佛罗伦萨在 2006-2007 赛季仍然拿到第 6。次年，他们进军联盟杯四强，普兰德利也被评为意甲最佳教练。

后来，普兰德利带领意大利国脚们参观了佛罗伦萨的一座监狱，欧洲杯前又带队探访奥斯维辛集中营，“我希望他们了解到自己是

普兰德利
Cesare Prandelli

生日：1957 年 8 月 19 日
国籍：意大利
2010 年 8 月上任至今

普兰德利去年开始为意大利队带来 352 的打法，他之所以选择变阵，是因为 2011—2012 赛季，孔蒂入主尤文图斯后，逐渐形成了基耶利尼、博努奇、巴尔扎利的三中卫防线。普兰德利希望在国家队复制尤文图斯的后防体系。

为了给蒙托利沃腾出中场位置，德罗西将改踢中后卫。在 2012 年的欧洲杯期间德罗西就曾在中卫位置上大放异彩，让普兰德利多了一种选择。虽然在去年意大利对阿根廷的热身赛中，德罗西证明了他很难适应 4 后卫阵型的中后卫角色，但在 3 后卫阵型中德罗西的发挥还是得到了人们的肯定。意大利国脚马乔就表示：“我不会因德罗西踢中卫感到惊讶，因为过去他已经踢过这个位置。德罗西的技术特点让他可以胜任这个位置，事实上他在后场的长传调度对球队非常有帮助。”皮尔洛依然是球队的大脑，但他的速度和体力毕竟大不如前，所以中场五名球员的配置将大大减轻皮尔洛的防守压力，从而发挥他做球的优势。前锋方面，罗西的重伤让普兰德利颇为苦恼。他只有寄希望于巴神调整好自己的心态，奥斯瓦尔多将是一位得力搭档。

意大利公民，要和普通市民一样面对这个国家的各种问题”。无形之间，球员们改善了与外界的关系。在提升成绩之前，普兰德利首先让外界重新接受了这支意大利队。

美丽和道德并存

在升帐之初，普拉德利就开宗明义号召“学巴萨”、踢美丽足球。所有的媒体都在唱反调，要一支天才稀缺的球队像西班牙队一样强调控球并不现实。里皮也为意大利队的“丑陋”风格辩护，说那是意大利足球的基因，骨子里的东西，没法改变。普兰德利不为所动，他重用蒙托利沃、皮尔洛等技术型球员作为球队双核，备受争议的巴洛特利也成为当家前锋。普兰德利表示，个性对球员来说是财富：“意大利需要有想法的球员，这样才能踢出更好的足球。”

个性并不等于道德缺失，普兰德利制定了严格的道德准则，如在联赛中停赛的球员不得入选国家队。他还明确开除了涉假球案调查的克里希托、将公开举报假球的意乙球员招入国家队作为奖励。通过一桩桩道德教案，意大利队刺头少了，战斗精神大大加强。《米兰体育报》副总编加兰多钦佩道：普兰德利真是个漂亮的教练，无论场上还是场外。正是这种坦荡的心态，让意大利队始终保持平静——巴洛特利也不例外。现在的意大利队是个充满战斗力的团结集体。赛前奏国歌时，所有人都跟着唱，莫塔、巴洛特利这些移民球员也不例外，这受到了意媒体的赞扬，认为普兰德利为队员带来了国家荣誉感。意大利队兵败南非时，卡纳瓦罗还抱怨一些球员缺少为国踢球的责任心。在现在的意大利队，你再也听不到类似的抱怨。正如英媒的评价，普兰德利确实是“引领蓝衣军团重归荣耀与尊严的骑士”。球员们欣赏普兰德利的清晰和坚持，他的要求严格且透明。布冯说：“普兰德利给球员带来了非常积极的影响。他最大的成功是给球队内外都带来了安宁。再加上他对足球的看法，这是我们的新时代。”

当然，光有人品是不够的。作为意大利教练培养体系的标准高材生，普兰德利战术素养深厚，本届杯赛，无论三后卫、四后卫，还是比赛中的临场变阵，他都玩得极为纯熟。他还善于发掘人才，迪亚曼蒂、蒙托利沃就是经他点拨之后成为国之栋梁。普兰德利证明，美丽足球不是艺术家的专利，意大利队也可以成绩、场面双丰收。

向“圣人”再借四年

意大利足协放权普兰德利，让他兼任当年佩克尔曼之于阿根廷足球的角色，这是一个大胆而明智的决定。普兰德利对国家队的改造，不仅仅是世界杯就完工，这更是长久之计，对意大利足球整体发展起到榜样作用。所以足协更愿意与普帅续约，而不是放他去米兰。既然要让普兰德利再干 4 年，就争取把意大利足球的技战术革命进行到底，让他像当年佩克尔曼在阿根廷一样，协调各级国字号梯队，2018 年之后无论普兰德利的继任者是谁，这些球员都将成为意大利足球的财富，并且保证普兰德利确立的技战术风格以自然的方式延续下去。

主力阵容

布冯
Gianluigi Buffon

生日：1978.01.28
位置：守门员
身高：191CM
所属俱乐部：尤文图斯
国家队履历：138 场
身价：500 万欧元

评分：7.6

巴西世界杯应该是这位年少成名的意大利门神最后一届世界杯了。里皮曾表示，一支球队有了布冯，就等于在积分榜上多了10分到15分。虽然有人质疑布冯年事已高，但在意大利国家队主帅普兰德利心中，这名尤文图斯球星依然是世界上最好的门将。本次世预赛欧洲区小组赛，布冯为意大利队上场8次，仅失8球。

博努奇
Leonardo Bonucci

生日：1987.05.01
位置：后卫
身高：190CM
所属俱乐部：尤文图斯
国家队履历：35 场 2 球
身价：2000 万欧元

评分：7.7

博努奇身材强壮高大，补位意识强，防守面积很大，是传统的意大利式后卫。2012年欧洲杯之前，博努奇和克里希托同样涉嫌打假球，可普兰德利将克里希托开除出队，而将博努奇留下，从一个侧面也证明了博努奇对于目前这支意大利队的重要性。本次世预赛欧洲区小组赛，博努奇为意大利队上场8次。

巴尔扎利
Andrea Barzagli

生日：1981.05.08
位置：后卫
身高：186CM
所属俱乐部：尤文图斯
国家队履历：46 场
身价：1000 万欧元

评分：7.5

2011 年 1 月巴尔扎利以区区 30 万欧元身价加盟了尤文，并在年过 30 岁迎来第二春。目前巴尔扎利是尤文和意大利国家队中不可或缺的主力中卫。本次世预赛欧洲区小组赛，巴尔扎利为意大利队上场 6 次。

基耶利尼
Giorgio Chiellini

生日：1984.08.14
位置：后卫
身高：186CM
所属俱乐部：尤文图斯
国家队履历：67 场 4 球
身价：2400 万欧元

评分：7.9

基耶利尼是当今世界上的防守大师。一般球队不会选择进攻尤文图斯队的左路，正是因为左边中卫是基耶利尼。基耶利尼出道时是一位优秀的左后卫，依靠身体强有力的突破和凶狠的铲断是他的招牌，在尤文图斯被迫降入乙级时，当时的主教练德尚把他改造成了一名中后卫，现在他能左能中，防守面积巨大，事实证明这是这位法国教练给意大利足球留下的一笔财富。本次世预赛基耶利尼上场 5 次，攻入一个进球。

巨星介绍

这个性格乖张的意大利超级天才，似乎已经习惯了肩负拯救蓝衣军团的使命，不过如果不控制好情绪，他也可能是场上的一颗定时炸弹。“Why Always Me？”没人能回答他，但谁也不会拒绝巴神在美妙的足球之外，送给球迷的这份快乐。

——《米兰体育报》

巴洛特利

Mario Balotelli

生日：1990.08.12

位置：前锋

身高：189CM

所属俱乐部：AC 米兰

国家队履历：29 场 12 球

身价：3000 万欧元

评分：8.2

“巴神”的能力毋庸置疑，他是世界上最出色的的前锋之一。但他能否集中于世界杯每一场比赛的每一分钟思索比赛而非人生，直接关系着意大利队能走多远。本次世预赛欧洲区小组赛，巴洛特利为意大利队上场 5 次，贡献 5 个进球，2 次助攻。

马乔
Christian Maggio

生日：1982.02.11
位置：后卫
身高：184CM
所属俱乐部：那不勒斯
国家队履历：33 场
身价：500 万欧元

评分：7.2

克里斯蒂安·马乔从 18 岁开始就是意大利各级国家队的常客，为 U18 出场 5 次，为 U20 出场 24 次，攻入 3 球，还为 U21 国家队出场 2 次。马乔是一位右路全能人，他的特点是攻击能力极强，常常能够在关键时刻送球。作为那不勒斯的主力右前卫，马乔的边路进攻是球队主要的进攻手段之一。本次世预赛，马乔为意大利队上场 4 次。

蒙托利沃
Riccardo Montolivo

生日：1985.01.18
位置：中场
身高：182CM
所属俱乐部：AC 米兰
国家队履历：56 场 2 球
身价：1600 万欧元

评分：7.7

蒙托利沃出生于意大利的卡拉瓦乔，很早就进入了亚特兰大的青年队，被公认为“新齐达内”。但是大器晚成的蒙托利沃是经过在佛罗伦萨短暂执教的普兰德利点拨才真正成为球队的中场发动机的。现在，他在意大利国家队中的作用越发重要。本次世预赛欧洲区小组赛，蒙托利沃为意大利队上场 7 次，贡献 1 个进球。

奥斯瓦尔多
Pablo Osvaldo

生日：1986.01.12
位置：前锋
身高：183CM
所属俱乐部：尤文图斯
国家队履历：12 场 4 球
身价：1300 万欧元

评分：7.4

罗西的意外受伤让奥斯瓦尔多有了上位的机会，他和巴神的搭档已经在世预赛攻入了 9 球，让人满意。今年年初，他从南安普敦转会加盟尤文图斯并在短暂时间内融入了“斑马帮”，更是为自己的国脚生涯铺平了道路。现在万事俱备，就看这位阿根廷归化前锋在世界杯上的发挥了。本次世预赛，奥斯瓦尔多上场 7 次，贡献 4 个进球，1 次助攻。

迪亚曼蒂
Alessandro Diamanti

生日：1983.05.02
位置：中场
身高：180CM
所属俱乐部：广州恒大
国家队履历：17 场 1 球
身价：600 万欧元

评分：7.3

虽然迪亚曼蒂不见得能在本届世界杯上坐稳意大利队首发位置，但是他的一举一动将会成为中国球队关注的焦点。迪亚曼蒂曾公开表示他之所以敢在世界杯年加盟远离欧洲核心足球圈的广州恒大队，是因为普兰德利给予他祝福和保证，会认真研究里皮旗下的这位国脚在中国的表现。本次世预赛，迪亚曼蒂为意大利队上场 3 次。

德罗西拥有一般意大利防守型中场所不具备的视野、大局观和脚下控球技术，同时也拥有不错的防守能力，此外，他的直传球还能够给队友制造杀机。

——《米兰体育报》

德罗西

Daniele De Rossi

生日：1983.07.24

位置：中场

身高：185CM

所属俱乐部：罗马

国家队履历：93 场 15 球

身价：2000 万欧元

评分：7.8

在这支年轻的意大利队中，德罗西一度扮演了领袖球员的角色。他在罗马队的作用不逊于队长托蒂。司职中场的他攻防兼备，经常在关键时刻利用百步穿杨的绝技为球队攻城拔寨。随着布冯和皮尔洛等老将逐渐淡出，德罗西将是意大利队征战 2014 巴西世界杯的精神领袖 + 中场核心。本次世预赛，德罗西上场 6 次，贡献 2 个进球，1 次助攻。

测 意大利队 小组出线形势预测

身陷死亡之组，意大利也是运气不佳。哥斯达黎加可以说是陪太子读书，意大利的主要对手将是英格兰和乌拉圭。小组出线权的争夺实际上就是意、英、乌三强之间的游戏。论经验，论实力，论底蕴，意大利都稍胜一筹。经历了南非世界杯的噩梦之后，蓝衣军团正在普兰德利的率领下高调复兴，去年在欧洲杯上获得亚军便是明证；而4届世界杯冠军得主非常善于在大赛决赛圈中取得佳绩，这一点恰恰与实力不差但在大赛决赛圈中总是不尽人意的英格兰形成鲜明对比。

值得一提的是，意大利过去在被分入相对较弱的小组时往往会习惯性慢热导致出现意外，比如2004年欧洲杯和2010年世界杯；而一旦进入死亡之组却能让蓝衣军团提高警惕，鲜少提前出局。对于韧性极强的意大利人来说，死亡之组反而并不死亡。而且如果意大利晋级了，他们下一轮的对手也许不会遭遇强敌，因此他们有望顺利进入1/4决赛。

评 权威点评 卡纳瓦罗

（意大利足坛名宿、2006年世界杯意大利队夺冠时的队长）

意大利捧杯？会非常困难。你要考虑到各种复杂因素，气候、长途旅行、环境等等。但这支意大利队非常努力，从现在到世界杯揭幕他们还会继续取得进步。和2006年那支相比？没法比较，因为两支球队都赢得了尊重。我只能说普兰德利打造了一支不错的球队，新老结合，主帅干出了卓越的工作。

巴洛特利是个很强的球员，但意大利是一个整体，我们不能仅仅依赖某一位球员，2006年我们就是依靠团队精神最终捧杯。马里奥非比寻常，但这支球队中同样还有布冯、德罗西、皮尔洛、巴尔扎利、朱塞佩·罗西等优秀球员。意大利的最大对手首当其冲是巴西，他们是东道主。然后阿根廷、西班牙、荷兰、葡萄牙，他们都是很难对付的球队。

当年意大利依靠防守赢得世界杯？不，我们是依靠良好的组织和整体，意大利的4名前锋还有皮尔洛都作出了不少贡献。不能说我们依靠防守捧杯。

表 欧洲区小组赛 意大利队预选赛数据表

（6胜4平0负，小组第一晋级）

时间	主/客场	结果	进球者
2012.09.08	客	2比2保加利亚	奥斯瓦尔多36′ 40′
2012.09.12	主	2比0马耳他	德斯特罗5′、佩卢索90+2′
2012.10.13	客	3比1亚美尼亚	皮尔洛11′、德罗西64′、奥斯瓦尔多82′
2012.10.17	主	3比1丹麦	蒙托利沃34′、德罗西37′、巴洛特利54′
2013.03.27	客	2比0马耳他	巴洛特利8′ 45′
2013.06.08	客	0比0捷克	
2013.09.07	主	1比0保加利亚	吉拉迪诺38′
2013.09.11	主	2比1捷克	基耶利尼51′、巴洛特利54′
2013.10.12	客	2比2丹麦	奥斯瓦尔多28′、阿奎拉尼90+1′
2013.10.16	主	2比2亚美尼亚	弗洛伦齐24′、巴洛特利76′

乌拉圭 VS 哥斯达黎加

6月15日／星期日／北京时间03:00/预计亚洲盘口：让1.5

1. 姜山冷门推荐：乌拉圭

2. 投注策略分析： 虽然乌拉圭在预选赛上表现得有失水准，但谁也不敢因此小看这支星光璀璨的球队，苏亚雷斯、卡瓦尼和福兰组成的锋线仍然无坚不摧，老帅塔巴雷斯是球队团结稳定的保障，而且他的丰富经验也将让乌拉圭在本届世界杯上受益匪浅。哥斯达黎加实力平平，最大牌的球星只是来自富勒姆的鲁伊斯，哥伦比亚人平托执教有助于让哥斯达黎加获得一些在南美作战的经验，但这种帮助对球队的实力提升也很有限。两队之间并不陌生，上届世界杯乌拉圭就是在附加赛淘汰哥斯达黎加从而进军南非的，历史战绩上乌拉圭6胜2平保持不败。

3. 足彩专家推荐

陈涛（《足球大赢家》编辑部副主任）：乌拉圭
安然（《足球周刊》副总编辑）：乌拉圭

4. 波胆预测

乌拉圭2比0哥斯达黎加

英格兰 VS 意大利

6月15日／星期日／北京时间09:00/预计亚洲盘口：受让0/0.5

1. 姜山冷门推荐：意大利

2. 投注策略分析： 在英格兰被抽进死亡之组后，英格兰球迷和媒体都认为该队出局的命运已经不可逆转。说实话，现在的英格兰队在实力上的确没有什么拿得出手的，看上去预选赛6胜4平不败的成绩不错，但在弱旅云集的小组中只拿到22分，在欧洲区同为6队的前8组小组头名中积分最少，从中可以看出该队的真实实力。意大利在预选赛上史无前例地提前两轮出线，普兰德利将这支没有绝对大腕的球队捏合得相当不错，只要球队发挥正常，巴神不出什么幺蛾子，首战拿下英格兰并非难事——两队在正式大赛中交手7次，意大利4胜2平1负占据绝对优势。

3. 足彩专家推荐

陈涛（《足球大赢家》编辑部副主任）：英格兰
安然（《足球周刊》副总编辑）：意大利

4. 波胆预测

英格兰0比1意大利

乌拉圭 VS 英格兰

6 月 20 日 / 星期五 / 北京时间 03:00/ 预计亚洲盘口：让 0/0.5

1. 姜山冷门推荐：英格兰

2. 投注策略分析：两支球队在历史交锋中战绩几乎是平分秋色，最近一次交手是 2006 年的友谊赛上，结果英格兰在主场利物浦 2 比 1 力克了乌拉圭。虽然在 D 组中不被看好，但英格兰也并不是完全没有机会，英格兰球员对苏亚雷斯、福兰也都非常熟悉，杰拉德一定会被国家队队友们传递如何防守苏亚雷斯的经验。所以这场比赛乌拉圭并不好踢，而且最值得一提的是，乌拉圭小组首战是在巴西最北部的福塔莱萨对阵哥斯达黎加，第二轮要赶到南部的圣保罗与英格兰交手，这将让乌拉圭饱受长途飞行的折磨，他们的状态也肯定会因此受到一定的影响。

3. 足彩专家推荐

陈涛（《足球大赢家》编辑部副主任）：乌拉圭
安然（《足球周刊》副总编辑）：乌拉圭

4. 波胆预测

乌拉圭 0 比 0 英格兰

意大利 VS 哥斯达黎加

6 月 21 日 / 星期六 / 北京时间 00:00/ 预计亚洲盘口：让 1/1.5

1. 姜山冷门推荐：意大利

2. 投注策略分析：意大利主帅普兰德利在世界杯分组抽签结果揭晓之后，对外界表示："小组赛最困难的对手？自然是哥斯达黎加，因为我们对他们一无所知。"但这话并不能当真，在这个信息化时代，要想了解一支球队并不难，何况意大利人有半年的时间，这足以把哥斯达黎加在预选赛和近期友谊赛上的录像翻来覆去看无数遍了。如果首轮能够击败英格兰，那么意大利只要击败哥斯达黎加，提前出线的可能性极大，经验老到的意大利人绝对不会错过这个机会，也许不会是一场大胜，但意大利人拿到 3 分应该是没有什么悬念的。

3. 足彩专家推荐

陈涛（《足球大赢家》编辑部副主任）：意大利
安然（《足球周刊》副总编辑）：意大利

4. 波胆预测

意大利 2 比 0 哥斯达黎加

D

意大利 VS 乌拉圭

6 月 25 日 / 星期三 / 北京时间 00:00/ 预计亚洲盘口：平手

1. 姜山冷门推荐：意大利

2. 投注策略分析： 从该组各队的实力分析，在末轮之前意大利和乌拉圭应该处于一个较为有利的位置，两队一个拿到 6 分、一个拿到 4 分的可能性很大，而英格兰和哥斯达黎加则很可能分别积 1 分和 0 分。这样的情况下，积 6 分的球队（最可能是意大利）已经提前出线，而另一支拿到 4 分的球队打平也可晋级。如果出现这种情况，两队在末轮可能会上演一场默契球，以最小的代价双双取得出线权，并为 1/8 决赛蓄力。所以这场比赛届时的亚盘很可能是平手指数，介入的必要不大。倒是可以选择其他玩法，比如大小球中的小球、单双数中的双数等。

3. 足彩专家推荐

陈涛（《足球大赢家》编辑部副主任）：乌拉圭
安然（《足球周刊》副总编辑）：意大利

4. 波胆预测

意大利 0 比 0 乌拉圭

哥斯达黎加 VS 英格兰

6 月 25 日 / 星期三 / 北京时间 00:00/ 预计亚洲盘口：受让 1.5

1. 姜山冷门推荐：英格兰

2. 投注策略分析： 以 D 组四队的实力，哥斯达黎加在两轮之后提前出局的可能性颇大，而英格兰如果不是运气附身的话，前两场对阵意大利和乌拉圭，1 平 1 负只积 1 分也是最为可能的，这就导致英格兰很可能在末轮被意乌两队联手做出局。不过，无论是为了那最渺茫的出线机会，还是完全为荣誉而战，相信英格兰都不会在这场比赛中有所放松。两队虽然历史上从未交手，但英格兰在 2008 年曾 3 比 0 击败同来自中北美的特立尼达和多巴哥，2006 年更是 6 比 0 横扫牙买加，可见中北美球队依然无法与英格兰这样的欧洲传统强队进行抗衡。

3. 足彩专家推荐

陈涛（《足球大赢家》编辑部副主任）：英格兰
安然（《足球周刊》副总编辑）：英格兰

4. 波胆预测

哥斯达黎加 1 比 3 英格兰

E

瑞士队

厄瓜多尔队

法国队

洪都拉斯队

瑞士队 Switzerland

夺冠赔率：
101.00

队报

瑞士足球总是给人不温不火的感觉。1994 年世界杯以来，瑞士队缺席了世界杯和欧洲杯各两届，6 次世界大赛最好成绩不过是世界杯 16 强，其余 4 次都是小组赛出局。本届世界杯，有幸成为种子队的瑞士渴望在本次杯赛改写历史，为瑞士足球正名。

主场球衣

“最弱种子队”急需正名

瑞士队无疑是本届世界杯上最“不够格”的种子队。尽管瑞士队在世界杯预选赛上取得了 10 战 7 胜 3 平的不败战绩，但看了瑞士队世预赛小组赛的对手就发觉，瑞士队真是“人品爆棚”，预选赛中最强大的对手也仅仅是冰岛队和挪威队，如此小组，瑞士队想不出线都难。正是凭借在世预赛的出色表现，瑞士队疯狂“刷分”，国际足联排名不断上升。法国队有欧足联主席普拉蒂尼，瑞士队则有国际足联主席布拉特这个特大号的“亲爹”。本届世界杯抽签前，国际足联更改分档规则，成功让世界杯历史战绩不佳的瑞士队在 8 个种子队中占据一

席，不外乎有球迷戏言，“瑞士队这样的‘异种’，足以气死荷兰、意大利、英格兰这样无缘种子队的老牌足球强队！”

防守是看家本领

本届世界杯预选赛，瑞士队以不败成绩提前一轮晋级，更值得一提的是瑞士队 7 次零封对手，充分体现了自己防守强队的本色。要知道瑞士队至今还保持着世界杯连续 559 分钟不失球纪录。回溯到 4 年前的南非世界杯，最后的冠军、不可一世的西班牙队整届比赛只输了一场球就是输给瑞士。瑞士队凭借其超强的防守能力，竟然让巨星云集的西班牙队无计可施。可惜瑞士队后程乏力，最终还是没能小组出线，但爆冷战胜世界冠军西班牙队一役给人以极深刻的印象。

单看瑞士队的后防线，并没有拿得出手的巨星，但绝对都是实力派。门将贝纳利奥作为德甲沃尔夫斯堡队的队长有极强的扑救能力。中后卫或许是瑞士队防线的短板，舍尔、朱鲁、冯贝尔根、森德罗斯、克洛泽将竞争两个主力中后卫位置。相比中后卫，两个边后卫位置相当稳固，特别是利希斯泰纳，不仅防守出色，进攻能力也不俗。瑞士队之所以防守能力强，还在于中场因勒、贝赫拉米都是抢截能力凶悍的球员，能很好地弥补中后卫能力不足的缺陷。

“锋无力”困扰瑞士

相比后防线，真正困扰瑞士队的是疲软的锋线。本次世预赛上瑞士队 10 场比赛只打进

主帅兵法

希斯菲尔德
Ottmar Hitzfeld
生日：1949.01.12
国籍：德国
2008 年 8 月上任至今

希斯菲尔德习惯使用 4231 的阵型，在门兴当后腰的扎卡为正选前腰，那不勒斯的中场双核因勒和贝赫拉米很好地被希帅移植到了瑞士队，两人能攻善守，共同在瑞士队中场筑起了一道铁闸。由于瑞士队无法找到一个真正优秀的高效前锋，希斯菲尔德不得已把 4 年前的双前锋战术调整为单前锋，首发中锋塞费罗维奇顶在最前面，但他更多的任务是牵制对手的后卫，然后由攻击型中场沙奇里、扎卡、施托克尔、巴内塔等球员后排插上对对手造成威胁。但终究来说，瑞士队还是以防守起家的球队，希斯菲尔德肯定还是以稳守反击的战术为基础，或许只有在落后于对手要马上进球时，希帅才会改变打法放手一搏。

主力阵容

了 17 个球，主场面对塞浦路斯这样的弱旅，瑞士队也只打进 1 球，无一场比赛净胜对手 2 球以上。打进 3 球的替补中后卫舍尔竟然是球队在世预赛的最佳射手，一众前锋中，只有皇家社会的塞费罗维奇一人登上进球榜，可见“锋无力”的问题严重。南非世界杯上，瑞士队就品尝过“锋无力”的苦果，当时 3 场小组赛，只打进一球，排名小组第三惨遭淘汰。但好歹当时，瑞士队还有头号射手弗雷，自从弗雷退役之后，瑞士队一直没有找到这位国家队历史最佳射手的接班人。

锋线不给力，瑞士队只有把进球的重任寄希望于中场球员。好在瑞士队中场资源还比较丰富，因勒、贝赫拉米都正值黄金年龄，且两人都在那不勒斯效力，默契程度不成问题。而中场新星扎卡有望在世界杯时穿上 10 号战袍，成为瑞士队的进攻核心。

希帅的谢幕表演

瑞士队在本届世界杯上真正的优势或许还不是他们的铜墙铁壁般的防守，而是有着老狐狸之称的老帅希斯菲尔德。希斯菲尔德是名满欧洲的教头，曾率多特蒙德和拜仁夺得欧冠冠军。2008 年入主瑞士队以来，他带领瑞士队连续两届打入世界杯正赛，国家队排名也一直名列前茅。

在瑞士队执教 6 年之久，希斯菲尔德对瑞士队的了解可谓相当丰富。不过，对希帅来说，一个亟待解决的问题就是瑞士球员的沟通。瑞士队有不少球员是移民的后代，如何将他们有机捏合在一起为国效力，是摆在希斯菲尔德面前的一大挑战。

遗憾的是巴西世界杯将是希帅退休前的最后一搏，世界杯后，65 岁的希帅将正式告别足坛，结束 30 年的执教生涯。“我已决定在世界杯后退休，这是一个艰难的决定，但我希望这不会影响瑞士队的成绩。当初在拜仁时，我也是在 2007 年 12 月宣布赛季后离任，但仍然在 2008 年 5 月拿下双冠王。”希斯菲尔德在接受采访时如是说，他渴望也有信心在本届世界杯上有个完美的谢幕演出。

贝纳利奥
Diego Benaglio

生日：1983.9.8
位置：守门员
身高：194cm
所属俱乐部：沃尔夫斯堡
国家队履历：54 场
身价：600 万欧元

评分：7.1

贝纳利奥身材高大，高空球控制出色，门线技术细腻，很少失误，是一位令人放心的门将。贝纳利奥成名于德甲的沃尔夫斯堡，当年由德国名帅马加特一手提携，2008—2009 赛季曾帮助沃尔夫斯堡历史性赢得德甲冠军，2008 年起任球队主力。上届世界杯 3 战仅失 1 球，本届世界杯预选赛出场 8 次仅丢 6 球。瑞士队防守如此强悍，贝纳利奥功不可没。

贝赫拉米
Valon Behrami

生日：1985.4.19
位置：中场
身高：184cm
所属俱乐部：那不勒斯
国家队履历：45 场 2 球
身价：1600 万欧元

评分：7.3

贝赫拉米出生于科索沃地区，5 岁时同父母移居瑞士。贝赫拉米的职业生涯始于瑞士国内的卢加诺足球俱乐部，之后在意甲、英超 5 队闯荡后，他于 2012 年加盟那不勒斯。贝赫拉米体能充沛，身体条件出众，主要司职边前卫和后腰，在场上他总是不知疲倦地奔跑，几乎不停下来。他和因勒既是俱乐部队友又是国家队队友，是串联瑞士队前后场的“升降机”。但和因勒相比，贝赫拉米的脚下技术略显粗糙。本次世界杯预选赛中贝赫拉米出场 9 次。

利希斯泰纳
Stephan Lichtsteiner

生日：1984.1.16
位置：后卫
身高：180cm
所属俱乐部：尤文图斯
国家队履历：60 场 4 球
身价：1700 万欧元

评分：6.8

利希斯泰纳 2005 年被法甲劲旅里尔队看中，加入里尔后很快打上主力位置，帮助球队获得法甲冠军。之后利希斯泰纳闯荡意甲，并在拉齐奥站稳脚跟。他凭借出众的表现打通了拉齐奥的右路走廊，在意甲打出了名气，并获得意甲豪门尤文图斯的亲睐，最终加盟尤文图斯。 利希斯泰纳攻守俱佳，在瑞士队是绝对的右路核心。在本届世预赛上，利希斯泰纳出场 8 次，打进 2 球，助攻 1 次。

格拉尼特·扎卡
Granit Xhaka

出生日期：1992.9.27
位置：中场
身高：183cm
所属俱乐部：门兴格拉德巴赫
国家队履历：23 场 4 球
身价：1000 万欧元

评分：7.0

2012 年，门兴格拉德巴赫俱乐部官方宣布与 19 岁的瑞士新星扎卡正式签约五年，扎卡成为门兴俱乐部历史上最贵引援。司职中场的扎卡拥有良好的大局观和出众的脚法，有“瑞士小猪（施魏因斯泰格）”的美誉。他曾被前巴塞尔主教练芬克称赞为瑞士最有天分的球员，天赋超过沙奇里，被看做瑞士队未来 10 年真正的核心。本届世预赛上，扎卡出场 9 次，打入 2 球，贡献 3 次助攻。

巨星介绍

因勒
Goekhan Inler

生日：1984.6.27
位置：中场
身高：181cm
所属俱乐部：那不勒斯
国家队履历：70 场 6 球
身价：1400 万欧元

评分：7.5

因勒是一名土耳其后裔，他作风顽强，身体素质一流，防守强悍，同时还能组织进攻，此外还有一脚远射功夫。无论在俱乐部还是在国家队，他都是绝对的中场核心球员，如今更是在瑞士队主帅希斯菲尔德的调教下成为球队领袖。因勒成长于巴塞尔青训系统。2007 年，因勒被乌迪内斯引进。近几个赛季，因勒在意甲赛场上始终保持着上佳的表现。本届世预赛上，因勒出场 9 次，打入 2 球，贡献 2 次助攻，体现了瑞士队中场攻防枢纽的作用。

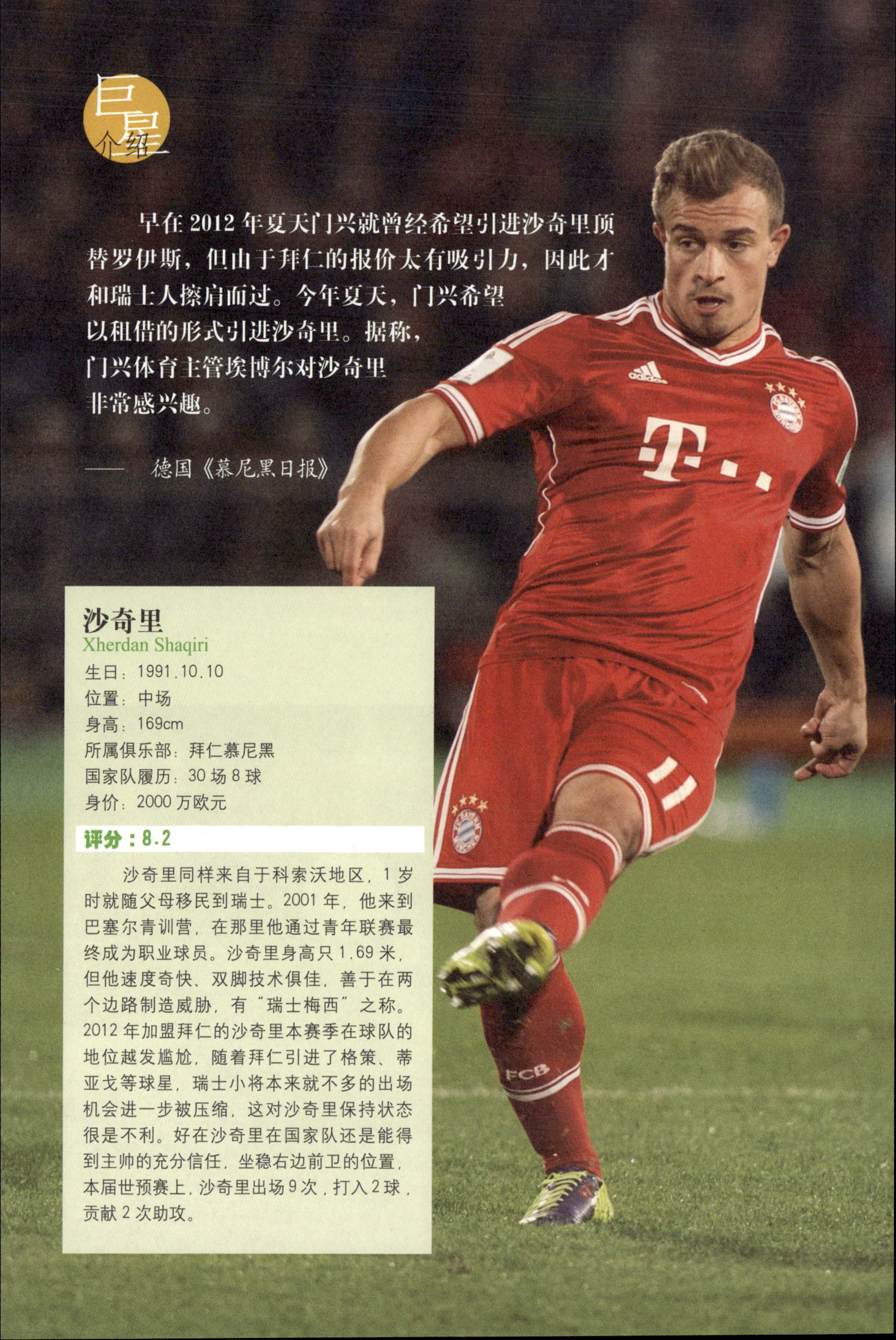

巨星介绍

早在 2012 年夏天门兴就曾经希望引进沙奇里顶替罗伊斯，但由于拜仁的报价太有吸引力，因此才和瑞士人擦肩而过。今年夏天，门兴希望以租借的形式引进沙奇里。据称，门兴体育主管埃博尔对沙奇里非常感兴趣。

—— 德国《慕尼黑日报》

沙奇里

Xherdan Shaqiri

生日：1991.10.10

位置：中场

身高：169cm

所属俱乐部：拜仁慕尼黑

国家队履历：30 场 8 球

身价：2000 万欧元

评分：8.2

沙奇里同样来自于科索沃地区，1 岁时就随父母移民到瑞士。2001 年，他来到巴塞尔青训营，在那里他通过青年联赛最终成为职业球员。沙奇里身高只 1.69 米，但他速度奇快、双脚技术俱佳，善于在两个边路制造威胁，有“瑞士梅西”之称。2012 年加盟拜仁的沙奇里本赛季在球队的地位越发尴尬，随着拜仁引进了格策、蒂亚戈等球星，瑞士小将本来就不多的出场机会进一步被压缩，这对沙奇里保持状态很是不利。好在沙奇里在国家队还是能得到主帅的充分信任，坐稳右边前卫的位置，本届世预赛上，沙奇里出场 9 次，打入 2 球，贡献 2 次助攻。

测 瑞士队 小组出线形势预测

瑞士队的运气真是好到爆，世预赛时就被分到一个没有超级强队的组，进入决赛圈后又幸运地成为种子队。小组中只有法国一支传统强队，且法国队还是传统强队中世界排名最低的，其他两个对手，厄瓜多尔与瑞士还能有一拼，洪都拉斯队则难对瑞士队造成威胁，因此抽签后瑞士队的夺冠赔率也从151变为101。前两场比赛瑞士队将面对厄瓜多尔和洪都拉斯，也就是说本小组的两个出线热门将在小组最后一场比赛才相遇，因此最后一轮的相遇很可能会变成瑞士队与法国队的小组第一之争。两队最近3次在世界杯预选赛或小组赛交手，全部战成了平局。在风格上，瑞士队也不怵状态相当不稳定的法国队，如果运气够好，瑞士队甚至还可能以小组第一出线。当然，打好头两场比赛才是瑞士队能否出线的关键，但不管怎么说，此次的瑞士队的出线形势比4年前好了不少，正常发挥出线应不是问题。

评 权威点评 进球网

(Goal.com)

希斯菲尔德抽签之前曾表示，拥有种子队的权利可以给他的球队带来一些优势。从抽签结果来看，瑞士果真是“获利的一方”。法国事实上应该算是本组的种子队，但与这支状态不稳定的邻国交锋，瑞士绝非没有机会——就像2006世界杯一样。瓦伦西亚领衔的厄瓜多尔能在进攻上给瑞士带来一些麻烦；洪都拉斯刚刚在2010年世界杯中逼平过瑞士。基本如此，瑞士人应该对后2场比赛保持充分的自信，他们都应该赢下来。

表 欧洲区小组赛 瑞士队预选赛数据表

(7胜3平，小组第一晋级)

时间	主/客场	结果	进球者
2012.9.7	客	2比0斯洛文尼亚	G.扎卡20′、因勒51′
2012.9.12	主	2比0阿尔巴尼亚	沙奇里23′、因勒68′
2012.10.12	主	1比1挪威	加夫拉诺维奇79′
2012.10.16	客	2比0冰岛	巴内塔66′、加夫兰诺维奇79′
2013.3.23	客	0比0塞浦路斯	
2013.6.8	主	1比0塞浦路斯	塞费罗维奇 90′
2013.9.6	主	4比4冰岛	利希施泰纳15′30′、舍尔27′、哲马伊利54′
2013.9.10	客	2比0挪威	舍尔12′51′
2013.10.11	客	2比1阿尔巴尼亚	沙奇里47′、M.朗77′
2013.10.15	主	1比0斯洛文尼亚	G.扎卡74′

厄瓜多尔队 Ecuador

夺冠赔率：

151.00

队报

厄瓜多尔足球在进入 21 世纪之后实现飞跃。这将是他们本世纪第三次，也是历史上第三次参加世界杯决赛圈比赛。厄瓜多尔在南美区世预赛比赛中获得第四，排名阿根廷、哥伦比亚、智利之后，直接晋级世界杯决赛圈，总共 16 场比赛 7 胜 4 平 5 负，打进 20 球，丢 16 球。

主场球衣

高原出雄鹰

厄瓜多尔足球原本籍籍无名，但在最近十年他们的实力有了一次明显的提升。2002 年和 2006 年，厄瓜多尔两次进军世界杯决赛圈。韩日世界杯小组赛前两轮他们先后负于意大利和墨西哥，尽管末轮击败克罗地亚，但依然未能获得晋级 16 强的资格。四年后的德国世界杯，厄瓜多尔人更进一步，他们在小组赛中连续战胜波兰队和哥斯达黎加

队，虽然末轮输给东道主德国，但依然以小组第二身份晋级。1/8 决赛上演经典一幕，拼到呕吐的贝克汉姆任意球致命，厄瓜多尔 0 比 1 遗憾输给英格兰被淘汰出局。

在 2006 年之后，厄瓜多尔的实力有所退步，并失去了参加南非世界杯决赛圈的资格。在南美足坛，厄瓜多尔的整体能力无法和阿根廷、巴西两强抗衡，甚至和乌拉圭、巴拉圭、智利相比也稍逊一筹，仅仅只能排在第三档次，不过这并未影响到他们争取在巴西世界杯上获得历史突破的雄心。由于本次比赛在南美大陆举办，因此厄瓜多尔非常希望能够取得好成绩，晋级 16 强是他们的目标。除了效力曼联的瓦伦西亚之外，北京国安的边锋格隆也值得中国球迷关注，他是否有机会在世界杯赛场展示中超元素值得期待。

厄瓜多尔对足球的热情不亚于南美任何国家，有 3 次美洲杯就在这里举行。这 3 次美洲杯由于东道主良好的组织而获得圆满的成功。这里举办过南美洲各种青年足球赛事和 1995 年 U17 世界杯。厄瓜多尔独特的地理环境是帮助厄瓜多尔在南美区出线的一大利器，首都基多海拔约为 2800 米，是全世界海拔第二高的首府。低海拔地区的球员们到厄瓜多尔比赛时，常常会因为高原反应而产生晕眩、呕吐的反应，即使阿根廷、乌拉圭、哥伦比亚等强队来此做客也未必能讨到便宜。而厄瓜尔多的球员们平时适应了高海拔比赛，到低海拔地区比赛时，状态会特别的好。

主帅兵法

鲁埃达

Reinaldo Rueda

生日：1957.04.16

国籍：哥伦比亚

2010 年 7 月上任至今

厄瓜尔多队现任主帅鲁埃达曾经带领洪都拉斯队征战 2010 年南非世界杯，四年后他将带领厄瓜多尔在小组赛中遭遇洪都拉斯；而洪都拉斯现任主帅苏亚雷斯曾经带领厄瓜多尔队征战 2006 年德国世界杯。两人对老东家的熟悉将是一柄双刃剑。鲁埃达选择的 23 名征战美洲杯的球员中，名气最大的当属飞翼瓦伦西亚。在厄瓜多尔阵中，瓦伦西亚也是绝对的进攻核心。除瓦伦西亚外，厄瓜多尔还有一些引人注目的球星，贝尼特斯目前效力于墨西哥劲旅美洲队，拥有不俗的冲击力。卡塞多是莱万特的主力前锋，同样已在欧洲赛场证明了自己的能力。而在中场方面，诺博亚目前效力于俄超豪门莫斯科迪纳摩。

主力阵容

主力球员

格隆
Joffre Guerron

生日：1985.04.28
位置：中场
身高：175CM
所属俱乐部：北京国安
国家队履历：18 场
身价：150 万欧元

评分：7.1

因为效力于中超的北京国安，杰弗里·格隆得到了更多中国球迷的关注。厄瓜多尔主帅鲁埃达已经许诺格隆，将带其参加巴西世界杯决赛圈征战。这位速度极快的超级飞翼能否在世界杯赛场展示中超联赛的实力，也值得所有中国球迷关注。本届世界杯南美区预选赛中，格隆为厄瓜多尔队仅出场 1 次。

诺博亚
Christian Noboa

生日：1985.04.09
位置：中场
身高：180CM
所属俱乐部：莫斯科迪纳摩
国家队履历：39 场 2 球
身价：900 万

评分：7.3

克里斯蒂安·诺博亚目前效力于俄超豪门莫斯科迪纳摩队，是这支球队的队长。他此前效力于喀山红宝石队，拥有丰富的俄超比赛经验，同时也多次征战欧冠。诺博亚是目前这支厄瓜多尔的中场节拍器，他也将在巴西世界杯上发挥重要的作用。本届世界杯南美区预选赛中，诺博亚为厄瓜多尔队出场 13 次。

巨星介绍

安东尼奥·瓦伦西亚
Antonio Valencia

生日：1985.08.04
位置：中场
身高：181CM
所属俱乐部：曼联
国家队履历：68 场 8 球
身价：1600 万欧元

评分：7.4

厄瓜多尔阵中的头号球星当属“红魔”曼联边锋瓦伦西亚，在莫耶斯手下瓦伦西亚是边路的主力球员，而在厄瓜多尔队内他则是进攻核心主导。瓦伦西亚的表现也将决定厄瓜多尔队在巴西世界杯上的成败。本届世界杯南美区预选赛中，瓦伦西亚为厄瓜多尔队出场 15 次，贡献 3 次助攻。

测 厄瓜多尔队

小组出线形势预测

在本届世界杯的8个小组当中，E组是强弱最为分明的小组。两支欧洲球队的实力明显高于两支美洲的球队，两个出线名额似乎已经提前被分配完毕，这在其他小组中很少见。不过相对于巴西、阿根廷、西班牙这样的顶级强队，瑞士队和法国队实力稍逊一筹，因此洪都拉斯和厄瓜多尔的主帅对抽签结果还算满意，并认为球队有小组出线的机会，绝对不是一个“下签”。

厄瓜多尔不缺与法国、瑞士竞争的资本，预选赛该队排名南美第四，靠净胜球优势将上届世界杯四强球队乌拉圭挤去打附加赛已说明很多。因此外界一直看好的法国队和瑞士队，必须当心厄瓜多尔的阻击，毕竟这个对手还有半个东道主的优势。而拥有多名现役和前中超、中甲外援的洪都拉斯，恐怕只能是陪太子读书的配角。

评 权威点评

进球网

Goal.com

与两支欧洲球队分在同一小组，厄瓜多尔并不太走运——尽管瑞士普遍被认为是第一档次中最弱的一支球队。法国在进军世界杯的道路磕磕绊绊，但拥有里贝里这样级别的球星，没有人能够低估他们在重大赛事中的潜力。洪都拉斯已经连续2次晋级世界杯的正赛了，从纸面上来看，他们应该是E组中最弱的球队，不过他们的主教练恰恰是路易斯．费尔南多．苏亚雷斯，他对于厄瓜多尔足球的了解可谓是“门清”，这也成为洪都拉斯的一大优势。

表 南美区预选赛

厄瓜多尔队预选赛数据表

（7胜4平5负，小组第四晋级）

时间	主/客场	结果	进球者
2011.10.07	主	2比0委内瑞拉	阿约维15′、贝尼特斯28′
2011.11.11	客	1比2巴拉圭	罗哈斯90+2′
2011.11.15	主	2比0秘鲁	E·门德斯69′、贝尼特斯88′
2012.06.02	客	0比4阿根廷	
2012.06.10	主	1比0哥伦比亚	贝尼特斯53′
2012.09.07	主	1比0玻利维亚	凯塞多73′
2012.09.11	客	1比1乌拉圭	凯塞多7′
2012.10.12	主	3比1智利	凯赛多33′56′、卡斯蒂略90+2′
2013.10.16	客	1比1委内瑞拉	卡斯蒂略23′
2013.03.26	主	4比1巴拉圭	凯赛多37′、蒙特罗49′74′、贝尼特斯54′
2013.06.07	客	0比1秘鲁	
2013.06.11	主	1比1阿根廷	卡斯蒂略17′
2013.09.06	客	0比1哥伦比亚	
2013.09.10	客	1比1玻利维亚	凯赛多57′
2013.10.11	主	1比0乌拉圭	蒙特罗30′
2013.10.15	客	1比2智利	凯赛多66′

E

法国队 France

夺冠赔率：
21.00

队报

尽管从不缺少天才球员，但高卢雄鸡近几年在世界大赛上的表现好像总给人一种没有睡醒的感觉。本届世界杯，法国队如果能真正团结一心，像世预赛最后一场对阵乌克兰队时那样知耻而后勇打出激情，那谁又敢说法国队没实力拿冠军呢？

主场球衣

高卢雄鸡请多打些鸡血

第一座世界杯奖杯叫雷米特杯，欧洲杯奖杯的名字叫德劳内杯，他们都是法国人的名字。再想想顾拜旦，可见，法国人充满了民族国家的荣誉情结。但是，他们却很少在赛场上证明这一点。

“德国人用圆规和激光测距仪造车，法国人用香槟和画笔造车”，这句评论颇值得玩味。曾几何时，为了国家的荣誉，球员们可以“抛头颅，洒热血”，这也给球迷们留下了贝肯鲍尔肩膀脱臼坚持比赛等经典记忆。然而，你几乎从未在法国足球身上看到过这些。

球员们流淌着不同的血液

在许多人眼中，法国男人浪漫有余、血性不足。2000 年之后，你在世界大赛上看到的法国队大部分都是让人极度失望的。2010 年南非世界杯上，法国《队报》爆出高卢雄鸡阵中的内讧令世人哗然，阿内尔卡、埃夫拉等人不愿在场上为球队效力，却一味鼓动队友窝里斗。在小组赛最后一轮对南非队落后两球时，法国球员还漫不经心地后场倒脚，而主教练多梅内克连最后一个换人名额都放弃不用，全体法国队都早早放弃了比赛，一心只想早点回家。2012 年欧洲杯，英法大战的名号曾牵动全世界，结果两支球队相敬如宾，互不逼抢，站桩倒脚，1 比 1 的最终结果像是一场心照不宣的苟且。若不是基辅天空突降的那一场倾盆大雨，谁还记得法国队去过乌克兰?

齐达内是法国足球的最后一位铁血男儿。2005 年，没有了齐达内的法国队就连世界杯出线都成了奢望，不忍国家队溃败的齐祖宣布复出，而和他一起退出国家队的马克莱莱和图拉姆也宣布重新回归。灵魂归位，法国终于杀进 2006 年世界杯决赛。但当意大利后卫用粗话侮辱齐祖家女性的时候，齐达内一头顶向身材魁梧的马特拉奇，捍卫了一个男人的尊严和荣誉。他与大力神杯擦肩而过的背影，成为一个令人伤痛的经典画面。

法国队的团结从来都很罕见，他们流淌着不一样的血液。阵中，曼丹达、本泽马、纳斯里等都拥有双重国籍。这些球员尽管代表的是法国比赛，但从每次比赛前奏响《马赛曲》却没有多少球员大声歌唱的情况就能看出，这支球队还缺少应有的凝聚力和认同感。同样的情况，也发生在荷兰、英格兰以及德国等队中，前两者队中，一直存在着黑白肤色对抗的矛盾。

空前团结造就大逆转

就在法国足球再一次走到悬崖边上，当他们在 2013 年 11 月 15 日的附加赛首回合 0 比 2 不敌乌克兰队时，就在他们要自 1998 年世界杯之后首次无缘世界杯之际，所有人都不相信

主帅兵法

德尚

Didier Deschamps

生日：1968.10.15

国籍：法国

2012 年 7 月上任至今

德尚逆转乌克兰队的关键就是从 4231 变阵 433。433 阵型的最大亮点是排出三名后腰：卡巴耶、博格巴和马图伊迪，而且三人都是攻守兼备的球员。实际上，在中场不安排特定的前腰恰恰解决了法国队的一大尴尬：齐达内没有接班人。无论是纳斯里还是瓦尔比埃纳，到中路踢前腰的效果都不好。变阵 433 后，两翼的里贝里和瓦尔布埃纳可以轮流在中路拿球组织，本泽马也可以回撤，进攻反而更流畅。

三后腰的另一个作用，就是减轻了前场球员的防守压力。有了马图伊迪、波巴在中场的不懈防守，里贝里、本泽马和瓦尔布埃纳这三大前锋几乎不需要参与防守，三人可以在前场自由换位、配合和过人，不需要担心丢球后的防守问题，所以表现都非常活跃。最关键之处是，里贝里在这一阵型中被彻底激活，他可以在前场任何位置传出有威胁的传球或者直接射门。

法国队能够在第二回合逆转。在《巴黎人报》的民意调查中，仅有14%的法国球迷相信球队能够在主场逆转，法兰西媒体使用最多的字眼也是“奇迹”。然而在一片哀鸿之中，德尚和弟子们通过一场史诗般的大逆转向人们证明——奇迹就在身边！

1994年世界杯预选赛，法国队在最后一轮只需战平就能晋级的情况下却意外失手，20年过去了，当年以球员身份亲历痛苦的德尚如今已经坐在教练席上。针对球队首回合犯下的错误，法国主帅勇于变阵，将阵型从4231调成433，这不但增强了中场的控制力，里贝里和瓦尔布埃纳在两个边路也更加活跃，尤其是里贝里。当媒体在上场惨败后慨叹法国队“无核”时，拜仁国王在关键时刻站出来证明了自己，本场比赛他共有4次关键传球，如果不是因为误判，他在第30分钟就助攻本泽马将比分锁定为2比0，而在下半场，又是他的突破让对手被罚下一人。3比0，里贝里的刀疤脸总算看出他的狰狞之处，被嘲笑为“猫”的本泽马的奔腾让人难忘，还有吉鲁在赛后激动得领唱《马赛曲》时的豪迈……

大难之后必有后福

世界杯附加赛的历史上，此前从来没有一支球队能在首回合两球落后的情况下上演大翻盘，而德尚和他的弟子们做到了，这不但让全世界的法国球迷欣喜若狂，法国媒体更是掀起了狂欢。就像《队报》赛后评述的那样：“很久以来，法国队都像个被宠坏的孩子，稍有不顺便会一蹶不振，然而今天，德尚和弟子们却上演了置之死地而后生的精彩戏码。”

如此艰险都能跨过的法国队迎来了空前的好运。按照过去几届世界杯的抽签分档原则，欧洲区排名最靠后（2013年10月17日公布的FIFA排名）的球队作为“替补”进入第2档，13支进入世界杯的欧洲球队，排名最靠后的是法国，10月份排名第20位。依照过去的分档方式，法国应该加入到第2档。而在第2档的球队，是最有可能与第1档的四支南美劲旅巴西、阿根廷、乌拉圭以及哥伦比亚相遇。不过在本届世界杯分组抽签规则出台后，引发欧洲不少球队质疑。FIFA将法国归到第4档，使得第4档的欧洲球队成为9支，而在抽签时，率先抽出一支欧洲球队进入第2档，成为组成死亡小组的潜在球队。

结果抽签也如“法国人所愿”，被抽入第2档的球队是意大利，他们也与乌拉圭、英格兰、哥斯达黎加组成死亡小组，而法国与瑞士、厄瓜多尔、洪都拉斯一组，高卢雄鸡抽到了一支上上签。大难之后必有后福，谁又敢保证法国队不会在明年的世界杯上重演2006年杀入决赛，甚至是1998年夺冠的辉煌？

主力阵容

洛里斯
Hugo Lloris

生日：1986.12.06
位置：门将
身高：188CM
所属俱乐部：热刺
国家队履历：54 场
身价：1600 万欧元

评分：7.6

洛里斯在法国国家队最出彩的时刻是南非世界杯欧洲区预选赛的附加赛。在和爱尔兰的两回合比赛中，他打出了令人不可思议的表现，多次化解险球。前国门库佩称他的表现是“现象级”的，法国媒体则称他“圣洛里斯”。目前，乌戈·洛里斯已被视为欧洲的顶级守门员之一。本次世预赛中，洛里斯出场 10 次，失 8 球。

马图伊迪
Blaise Matuidi

生日：1987.04.09
位置：中场
身高：175CM
所属俱乐部：巴黎圣日耳曼
国家队履历：19 场
身价：2000 万欧元

评分：7.6

马图伊迪出生在图卢兹，他的父亲是安哥拉人，母亲是法国人。马泰迪拥有出众的身体素质，在青年队时曾司职防守型中场，但随后被成功改造成为一名组织型后腰。马图伊迪和纳斯里是好友，后者曾向阿森纳主教练温格推荐这名同胞。本次世预赛欧洲区小组赛中，马图伊迪代表法国队出场 9 次。

萨科
Mamadou Sakho

生日：1990.02.13
位置：后卫
身高：187CM
所属俱乐部：利物浦
国家队履历：16 场 2 球
身价：1900 万欧元

评分：7.7

2008—2009 赛季起，萨科逐渐成长为巴黎圣日耳曼的后防中坚，他帮助球队赢得过法甲冠军、法国杯冠军、法国联赛杯冠军和法国超级杯冠军各 1 次。为了保证状态参加 2014 年巴西世界杯，萨科最终选择在今夏离开巴黎，并最终加盟了利物浦。本次世预赛欧洲区小组赛中，萨科代表法国队出场 5 次，贡献 1 个进球。

科斯切尔尼
Laurent Koscielny

生日：1985.09.10
位置：后卫
身高：186CM
所属俱乐部：阿森纳
国家队履历：15 场
身价：1800 万欧元

评分：7.4

科斯切尔尼在世预赛附加赛对阵乌克兰的首轮比赛中犯下大错。他先是在第 81 分钟送给了乌克兰队一粒点球，随后又在第 91 分钟掌击对手染红离场，直接导致法国队走到悬崖边。但是主帅德尚对他依旧信任，在第二轮仍让他首发出战，戴罪立功的他帮助球队完成大逆转。本次世预赛中，科斯切尔尼出场 6 次，贡献 1 次助攻。

他是一个伟大的球星，他带给了我们一种天然的快乐，不光是在场内，还是场外。

——《法国足球》

巨星介绍

里贝里

Franck Ribery

生日：1983.04.07

位置：中场

身高：170CM

所属俱乐部：拜仁

国家队履历：80 场 16 球

身价：4200 万欧元

评分：8.0

2013 年足坛最大的争议，当然是拜仁的三冠王功臣里贝里不敌 C 罗，无缘该年的 FIFA 金球奖。上届世界杯，里贝里的成绩单里只有一次助攻，显然这不能让他和他的球迷满意。德尚已经透露了里贝里的大志："他告诉我，他想要帮助法国队赢得今年夏天的世界杯，然后明年他要拿到金球奖。"本次世预赛中，里贝里出场 10 次，贡献 5 个进球，8 次助攻。

巨星介绍

虽然年纪不大，但本泽马已经展现出过人的才华和舍我其谁的霸气，令世人惊叹不已。

——《队报》

本泽马

Karim Benzema

生日：1987.12.19

位置：前锋

身高：184CM

所属俱乐部：皇马

国家队履历：64场18球

身价：3400万欧元

评分：7.7

同样是阿尔及利亚后裔的本泽马曾被看做齐达内衣钵的继承者，现在他也正在皇马接受齐达内的亲身辅导。良好的控球技术、超快的速度，以及令人畏惧的力量，这是本泽马在足球场上留下的烙印。留给他的空间越大，那他的威胁也就越大。本次世预赛欧洲区附加赛第二回合，本泽马打入关键的第二球，帮助球队将总比分追平乌克兰。

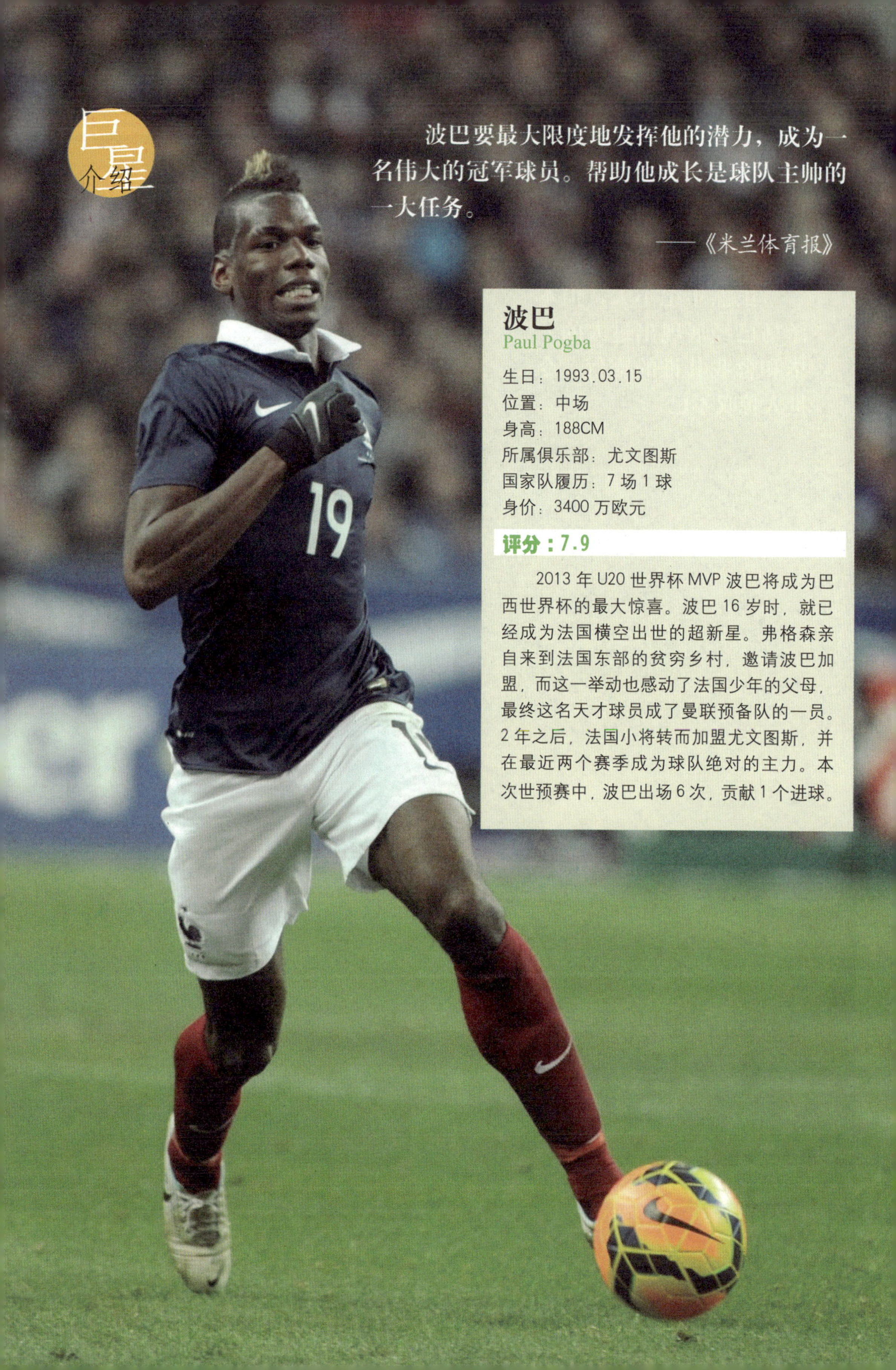

巨星介绍

波巴要最大限度地发挥他的潜力，成为一名伟大的冠军球员。帮助他成长是球队主帅的一大任务。

——《米兰体育报》

波巴

Paul Pogba

生日：1993.03.15

位置：中场

身高：188CM

所属俱乐部：尤文图斯

国家队履历：7 场 1 球

身价：3400 万欧元

评分：7.9

2013 年 U20 世界杯 MVP 波巴将成为巴西世界杯的最大惊喜。波巴 16 岁时，就已经成为法国横空出世的超新星。弗格森亲自来到法国东部的贫穷乡村，邀请波巴加盟，而这一举动也感动了法国少年的父母，最终这名天才球员成了曼联预备队的一员。2 年之后，法国小将转而加盟尤文图斯，并在最近两个赛季成为球队绝对的主力。本次世预赛中，波巴出场 6 次，贡献 1 个进球。

法国队

测 小组出线形势预测

在本届世界杯的8个小组当中，E组是强弱最为分明的小组。两支欧洲球队的实力明显高于两支美洲的球队，两个出线名额似乎已经提前被分配完毕，这在其他小组中很少见。当然，看好两支欧洲球队携手出线还有另外一层原因，法国和瑞士都有强力的靠山，一个是欧足联主席普拉蒂尼，另一个是国际足联主席布拉特。

虽然E组的种子队名义上是瑞士队，但谁都清楚法国才应该算是本组的头号强队。经历了附加赛的惊魂之后，法国人不能奢望能获得比这更好的抽签结果了。6月21日，瑞士VS法国的比赛算是本小组最关键的对决。这场比赛的意义不在于争夺小组出线权，而是关系到谁将以小组第一的身份闯入淘汰赛，因为这场比赛的结果对于两队接下来的比赛有着极为重要的影响。尤其是对于法国队而言，只有战胜瑞士队夺得小组第一，他们才能在1/8决赛中占据有利形势，一举杀入世界杯8强。

权威点评

评 齐达内

（法国足坛名宿）

法国队是世界杯决赛圈不可或缺的一支球队。预选赛发生的一切已经成为过去，最重要的是我们已经获得前往巴西的机会。我相信法国队可以在巴西世界杯上再次夺得冠军。法国队的球员已经很成熟了，他们有很大的机会夺得冠军，他们具备夺冠的所有条件。就像我以前说的，法国队必须在机会到来时做好准备，他们必须一直保持着最佳的状态，法国队在本届世界杯上与瑞士、厄瓜多尔和洪都拉斯分到了一组，我认为世界杯上的任何对手都不会容易对付。

如果某支欧洲球队能够在南美夺魁，无疑是件很棒的事情，但我不认为哪支球队是绝对的热门。世界杯无弱旅，以往顶级强队与其他球队之间会有较大的差距，但目前这种差距已经微乎其微。

欧洲区小组赛

表 法国队预选赛数据表

（5胜2平1负，小组第二进入附加赛）

时间	主/客场	结果	进球者
2012.09.07	客	1比0芬兰	迪亚比20′
2012.09.11	主	3比1白俄罗斯	卡普埃49′、雅莱68′、里贝里80′
2012.10.16	客	1比1西班牙	吉鲁90+4′
2013.03.22	主	3比1格鲁吉亚	吉鲁45+1′、瓦尔比埃纳47′、里贝里61′
2013.03.26	主	0比1西班牙	
2013.09.06	客	0比0格鲁吉亚	
2013.09.10	客	4比2白俄罗斯	里贝里47′64′、纳斯里71′、波巴73′
2013.10.15	主	3比0芬兰	里贝里8′、托伊维奥75′（OG）、本泽马87′

欧洲区附加赛

时间	主/客场	结果	进球者
2013.11.15	客	0比2乌克兰	
2013.11.19	主	3比0乌克兰	萨科22′72′、本泽马34′

洪都拉斯队 Honduras

夺冠赔率：

2501.00

队报

洪都拉斯曾经参加过两届世界杯，2014巴西世界杯将是他们第三次参加世界杯决赛圈比赛。但在之前的两届世界杯征程中，洪都拉斯均没有取得一场胜利，这已成为他们目前为止的最大遗憾。因而在巴西世界杯中，用一场胜利来填补遗憾将成为他们最大的动力。

主场球衣

力争历史第一胜

洪都拉斯队历史上参加过两次世界杯决赛阶段的比赛。1982年他们在小组赛中与东道主西班牙队同分在一个小组，最终取得两平一负的战绩未能出线。虽然没有赢球，但洪都拉斯的首秀堪称惊艳。他们首场比赛就遇到了强大的东道主西班牙队，这支来自中北美洲小国的

球队让世界震惊，他们开赛仅7分钟就打进一球取得领先，西班牙人用了将近一个小时的时间才凭借一个点球扳平比分，最终双方1比1战平。但在后面两场比赛，洪都拉斯没有把握住大好局面，最终未能从小组出线。不过能够逼平西班牙队，这也可以让洪都拉斯笑着离开世界杯了。

28年之后，洪都拉斯再一次重返世界杯的大舞台，巧合的是，他们那一次又与西班牙队分在了同一小组。只可惜，3场小组赛他们只是逼平了瑞士，积1分且1球未进再次遗憾出局。这次巴西世界杯，洪都拉斯队从中北美及加勒比地区预选赛第三阶段开始打，经过6轮角逐他们3胜2平1负积11分位列小组第1进入第四阶段。经过第四阶段10轮角逐，最终洪都拉斯4胜3平3负积15分位列小组第3力压墨西哥，与美国、哥斯达黎加携手晋级。他们希望能够在世界杯的舞台上获得属于自己的第一场胜利。

洪都拉斯的球员拥有出众的个人能力，球队更是拥有稳健的后防线和犀利的锋线尖刀，防守反击正是他们的拿手好戏。由于大多数球员都在洪都拉斯本国的联赛中锤炼，队友间的配合极其默契。

主帅兵法

路易斯·费尔南多·苏亚雷斯

Luis Fernando Suarez

生日：1959.12.23

国籍：哥伦比亚

2011年3月上任至今

再次强调的是，厄瓜尔多队现任主帅鲁埃达曾经带领洪都拉斯队征战2010年南非世界杯，四年后他将带领厄瓜多尔在小组赛中遭遇洪都拉斯。而洪都拉斯现任主帅苏亚雷斯曾经带领厄瓜多尔队征战2006年德国世界杯，八年后他将带领洪都拉斯面对厄瓜尔多。两人对老东家的熟悉将是一柄双刃剑。路易斯·苏亚雷斯1959年出生于哥伦比亚麦德林，曾效力于国内俱乐部，后转行做了教练。洪都拉斯中场非常强大。球队的每次进攻，几乎都由帕拉西奥斯在中场发起，是打中路，还是横传分边，都是这名斯托克城中场说了算。一句话，帕拉西奥斯就是洪都拉斯的攻防转换枢纽。前场的科斯特利身高1.90米，风格类似德罗巴，他与本特松的锋线组合十分强悍。

主力阵容

主力球员

伊萨吉雷
Emilio Izaguirre

生日：1986.05.10
位置：后卫
身高：177CM
所属俱乐部：凯尔特人
国家队履历：65 场 1 球
身价：425 万欧元

评分：7.2

伊萨吉雷参加了南非世界杯，并在世界杯之后加盟凯尔特人，当时他签了一份四年合约。2010—2011 赛季他为凯尔特人在各项赛事中出场 42 次，赛季结束后一个人囊括了四项大奖，包括俱乐部队友评选的年度最佳和苏格兰记者评选的年度最佳。在世预赛中，伊萨吉雷代表洪都拉斯队出场 14 次，贡献 1 次助攻。

安迪·纳哈尔
Andy Najar

生日：1993.03.16
位置：中场
身高：170CM
所属俱乐部：安德莱赫特
国家队履历：65 场 1 球
身价：150 万欧元

评分：7.2

2010 年，年仅 17 岁的安迪·纳哈尔荣获美国职业大联盟最佳新人（刷新了荣获这一奖项的最年轻纪录）。亮相之初，纳哈尔就以其迅疾的脚步和风驰电掣的速度让整个联盟为之震撼。纳哈尔喜欢控球，也喜欢创造进球机会，还热衷回防。在世预赛中，纳哈尔代表洪都拉斯队出场 5 次。

巨星介绍

帕拉西奥斯
Wilson Palacios

生日：1984.07.29
位置：中场
身高：178CM
所属俱乐部：斯托克城
国家队履历：92 场 5 球
身价：150 万欧元

评分：7.2

在曼联传奇主帅弗格森看来，洪都拉斯国脚帕拉西奥斯与切尔西中场悍将埃辛是同属于一个级别的球员，曼联曾一度接近签下这位中场悍将，可惜在最后时刻搁浅。尽管已不复当年之勇，但斯托克城后腰仍是洪都拉斯不可或缺的中场屏障。在世预赛中，帕拉西奥斯代表洪都拉斯队出场 11 次，贡献 1 个进球。

测 洪都拉斯队 小组出线形势预测

洪都拉斯队实力较弱，他们的运气也实在不好，在第四档次居然遭遇了欧洲的“遗珠”法国队。从目前的形势来看，法国与瑞士两大欧洲劲旅携手出线，可能性极大。法国的《队报》就胸有成竹地表示：“高卢军团可以笑了。这是8个小组中最容易出线的吗？”作为一个小国，能够参加世界杯对于洪都拉斯而言已经是一个成就。他们依靠稳定的发挥、坚定的战术执行和顽强的斗志占据了32强的一个名额，可是若想更进一步，他们似乎还缺少一个能够在危难中拯救球队的顶级球星。2010年，洪都拉斯在小组赛中1平2负无缘16强，今年他们仍然很难取得小组出线的席位。

评 权威点评 进球网

Goal.com

幸运降临到了洪都拉斯的身上。虽然本组拥有两支欧洲球队，但他们或许是欧洲区里状态最一般的球队。作为老牌劲旅，法国曾经是当仁不让的种子球队——但1998年的世界杯冠军，最近一段时间却始终跟自己闹着别扭；瑞士则是8支种子队中最弱的一支。基本如此，这也不意味着洪都拉斯可以提前考虑16强的比赛了。但主教练苏亚雷斯应该为创造这一历史性的成绩而做足准备。

表 中北美及加勒比区12强小组赛 洪都拉斯队预选赛数据表

（2胜3平1负，小组第一晋级6强赛）

时间	主/客场	结果	进球者
2012.06.08	主	0比2巴拿马	
2012.06.12	客	0比0加拿大	
2012.09.07	客	3比0古巴	本特松32′、贝纳德斯62′、M·查韦斯90+3′
2012.09.11	主	1比1古巴	本特松33′
2012.10.12	客	0比0巴拿马	
2012.10.16	主	8比1加拿大	本特松7′17′83′、科斯特利29′49′88′、M·马丁内斯33′61′

中北美及加勒比区6强赛

（4胜3平3负，赛区第三晋级决赛圈）

时间	主/客场	结果	进球者
2013.02.06	主	2比1美国	J·加西亚40′、本特松79′
2013.03.22	主	2比2墨西哥	科斯特利77′、本特松80′
2013.03.26	客	0比2巴拿马	
2013.06.07	客	0比1哥斯达黎加	
2013.06.11	主	2比0牙买加	加西亚10′、R·罗哈斯88′
2013.06.18	客	0比1美国	
2013.09.06	客	2比1墨西哥	本特松63′、科斯特利66′
2013.09.10	主	2比2巴拿马	科斯特利28′、W·帕拉西奥斯62′
2013.10.11	主	1比0哥斯达黎加	本特松64′
2013.10.15	客	2比2牙买加	科斯特利2′、菲格罗亚32′

E

瑞士 VS 厄瓜多尔

6月16日 / 星期一 / 北京时间 00:00/ 预计亚洲盘口：让 0/0.5

1. 姜山冷门推荐：厄瓜多尔

2. 投注策略分析： 被贬为巴西世界杯“最弱种子队”的瑞士急需为自己正名，其实他们和厄瓜多尔在实力上应该处于伯仲之间，这从博彩公司开出的小组出线和头名赔率中就可见一斑，所以此战对两队来说至关重要，谁能取胜，则将为小组出线奠定基础。瑞士现在的问题在于进攻不力，弗雷和施特雷勒之后球队锋线青黄不接，挑大梁的德尔迪约克在霍芬海姆也混得不尽如人意；厄瓜多尔的软肋同样在于缺少射手，正印前锋贝尼特斯去年 7 月因心脏病离世对球队打击巨大，凯赛多等人还无法支撑球队攻击线。所以这场比赛最可能出现闷平的结果。

3. 足彩专家推荐

陈涛（《足球大赢家》编辑部副主任）：瑞士
安然（《足球周刊》副总编辑）：瑞士

4. 波胆预测

瑞士 0 比 0 厄瓜多尔

法国 VS 洪都拉斯

6月16日 / 星期一 / 北京时间 03:00/ 预计亚洲盘口：让 1.5

1. 姜山冷门推荐：法国

2. 投注策略分析： 在一场酣畅淋漓的大逆转之后，法国淘汰掉乌克兰进军巴西，但也因此失去了种子队的地位。其实现在法国队中人才济济，里贝里、本泽马、波巴都处于巅峰时期，只不过德尚始终未能给球队带来稳定成熟的战术体系，球队目前的问题在于中前场十分强大，但防守却弱不禁风。三线实力不平衡虽然可能让法国难以走得太远，但对付首战对手洪都拉斯还是够用了。面对这支被公认为 32 强中最差的球队，法国队要考虑的只是如何多抢到净胜球，而厄瓜多尔如果能够攻破法国队的球门，对他们来说就已经是胜利了。

3. 足彩专家推荐

陈涛（《足球大赢家》编辑部副主任）：法国
安然（《足球周刊》副总编辑）：法国

4. 波胆预测

法国 4 比 1 洪都拉斯

瑞士 VS 法国

6 月 21 日 / 星期六 / 北京时间 03:00/ 预计亚洲盘口：受让 0.5

1. 姜山冷门推荐：瑞士

2. 投注策略分析： 尽管E组中瑞士才是种子队，但无论在夺冠赔率，还是小组出线、头名赔率上，法国都领先于瑞士，所以这场比赛必然是法国让球。从两队情况看，瑞士的确一般，该队攻击疲软，但中后场较为稳定，尤其是中场的因勒、贝赫拉米、巴内塔、沙奇里和扎卡等人年龄搭配合理，无论是经验、冲击力还是创造性都不缺乏，这具备了与法国一战的资本。两队最近 3 次在世界杯预选赛或小组赛交手，全部战成了平局，所以风格上瑞士也不怵法国。高卢雄鸡的问题在于缺乏稳定性，在关键的小组赛第二轮中有可能会出事。

3. 足彩专家推荐

陈涛（《足球大赢家》编辑部副主任）：瑞士
安然（《足球周刊》副总编辑）：法国

4. 波胆预测

瑞士 1 比 0 法国

洪都拉斯 VS 厄瓜多尔

6 月 21 日 / 星期六 / 北京时间 06:00/ 预计亚洲盘口：受让 1

1. 姜山冷门推荐：厄瓜多尔

2. 投注策略分析： 这是厄瓜多尔在本届世界杯上最可能全取 3 分的比赛，他们在世预赛中的 7 场胜利全部是在主场取得的，只有阿根廷从厄瓜多尔的高原主场带走了 1 分。虽然巴西不是高原，但对于中北美球队洪都拉斯来说，厄瓜多尔在巴西依然可以占到一些“主场”的便宜。洪都拉斯这次能从世预赛中突围，和美国、墨西哥等传统强队的发挥不佳有很大的关系，但即便是这样他们在中北美及加勒比区世预赛第 4 轮的比赛中还是表现出低迷的客场状态，5 个客场 1 胜 1 平 3 负，在南美大陆恐怕很难从厄瓜多尔身上占到便宜。

3. 足彩专家推荐

陈涛（《足球大赢家》编辑部副主任）：洪都拉斯
安然（《足球周刊》副总编辑）：厄瓜多尔

4. 波胆预测

洪都拉斯 0 比 2 厄瓜多尔

E

洪都拉斯 VS 瑞士

6月26日／星期四／北京时间04:00／预计亚洲盘口：受让1/1.5

1. 姜山冷门推荐：洪都拉斯

2. 投注策略分析： 由于E组第二轮是瑞士和法国两强的火拼，很可能在末轮前形势尚不明朗，所以E组的两场收官战应该从正常的情况去判断。瑞士在2010年世界杯小组赛就曾与洪都拉斯同组，结果两队以0比0互交白卷。比起四年前，现在的瑞士队在攻击力上还有所不如，而洪都拉斯尽管在32强中实力最弱，但本届世界杯他们会力争打破在世界杯历史上还没有取胜的机会，相信最后一场比赛洪都拉斯也不会放弃。所以这场比赛要警惕冷门出现，以瑞士队的攻击力，不要说能拿下1/1.5左右的深盘，即便是能否顺利击败洪都拉斯，也尚是未知数。

3. 足彩专家推荐

陈涛（《足球大赢家》编辑部副主任）：瑞士
安然（《足球周刊》副总编辑）：瑞士

4. 波胆预测

洪都拉斯0比0瑞士

厄瓜多尔 VS 法国

6月26日／星期四／北京时间04:00／预计亚洲盘口：受让1/1.5

1. 姜山冷门推荐：厄瓜多尔

2. 投注策略分析： 法国和厄瓜多尔历史上只交手过1场，2008年5月的一场友谊赛中，法国2比0完胜厄瓜多尔。不过法国对付美洲球队一向不太有心得，最近4场友谊赛他们对南美球队2平2负，分别输给了乌拉圭和巴西，战平乌拉圭和智利。上届世界杯上，法国也正是被乌拉圭逼平，被来自北美的墨西哥击败，最后发生内讧，狼狈出局。小组最后一轮，对法国来说，3分才是最重要的，而不在于能否大胜厄瓜多尔。所以在这场比赛亚盘指数法国让球很可能超过1球的情况下，要谨慎对待上盘，应考虑法国人在最后上演赢球输盘的剧目。

3. 足彩专家推荐

陈涛（《足球大赢家》编辑部副主任）：厄瓜多尔
安然（《足球周刊》副总编辑）：法国

4. 波胆预测

厄瓜多尔1比2法国

F

阿根廷队

波黑队

伊朗队

尼日利亚队

F

阿根廷队 Argentina

夺冠赔率：
5.50

队报

世界杯的历史上，阿根廷队常给人悲壮的感觉。本届世界杯，阿根廷队锋线上依旧人才济济，但中后场的"平民化"给阿根廷的冲冠之路带来隐忧。此外，世界第一球星梅西能否走出世界杯上表现不佳的怪圈，对于阿根廷队来说至关重要。

主场球衣

梅西最后攀登的高峰——世界杯

只因为梅西一人的存在，阿根廷就能变成世界杯夺冠最大热门。以往在国家队表现远不及俱乐部表现的梅球王这次是否能够将阿根廷队带上世界之巅是全世界瞩目的焦点。

梅西的技术和能力是无可争议的。在许多85后的同龄人还在为工作业绩和家庭负担发愁的时候，27岁的梅西却已经让全世界都拜倒在了他的球技之下。他的天赋是如此之高，他领先现役球员的

优势是如此之大，以至于人们希望他成为继贝利和马拉多纳之后，又一个从南美走出来的世界球王。这次世界杯，就是他要征服的最后一个高峰。

欲成真正的球王须拿世界杯

梅西几乎拿到了一个球员能在个人和俱乐部荣誉上拿到的所有锦标，连续三届 FIFA 金球奖、一届世界足球先生、三届欧冠冠军和四届欧洲金靴，这几乎已经是职业球员所能达到的顶峰，称其为“当世球王”实不为过。

然而，梅西没有夺得过世界杯，在世界杯上表现不佳是其最大诟病。世界足坛公认的两代球王贝利和马拉多纳都曾以一己之力率领着各自国家队夺取过世界杯冠军。2006 年初出茅庐的梅西作为替补在阿根廷 6 比 0 大胜塞黑的比赛中打进他的世界杯第一个球，但是没想到这也是梅西目前为止世界杯惟一的一个进球。阿根廷媒体祈祷梅西在世界杯上也能和身穿巴萨球衣时一样出色：“现在摆在莱奥面前还有一道障碍：世界杯。世界杯是他必须要证明自己能力的地方，是他能否真正达到马拉多纳的高度的最好试金石。但愿梅西能晃过这最后一个障碍。”

四年前，人们可以说马拉多纳 25 岁之前在世界杯上也没什么成就，迭戈直到 25 岁才在 1986 年世界杯上爆发。而这次，如果梅西再无法在世界杯赛场证明自己，他就很难成为贝利、马拉多纳那样真正的球王。不过现在的世界杯，已经不像过去那样是个登极加冕的场所了，现在在俱乐部也一样能称王称霸，因为如今的世界杯与其说是一个证明自己能力的地方，倒不如说更像是一个展览场所。

梅西尽管没有代表国家队举起任何奖杯，但也已经可以戴上了王冠，只不过这个王冠和真正的球王王冠还有一些差距，这个差距说白了就是世界杯的表现。马拉多纳尽管在那不勒斯表现出色，但也只有在墨西哥世界杯上表现神奇后，才登上足球之王的宝座。也就是说，梅西要想成为马拉多纳式的球王，还需要去夺得世界杯。

主帅兵法

萨韦利亚

Alejandro Sabella

生日：1954.11.05

国籍：阿根廷

2011 年 7 月上任至今

有梅西这样的球员，是任何一个主帅梦寐以求的事情。然而，如何用好梅西，让他发挥效力，也是萨韦利亚必须解决的问题。按照萨韦利亚的布置，梅西有三个功能。首先，他可以打伪右边锋。在巴萨，如果球队需要，他们会对前场三叉戟作出改变。也就是说，把原本一个尖朝后的三角形，变成顶尖朝前的三角形，梅西退到靠前腰的位置。两名后腰前面是踢前腰的梅西，再前面是三前锋。现在萨韦利亚对梅西的考虑也是如此，中路靠右的前锋或者前腰都可以。然后，萨韦利亚还必须考虑阿根廷队是踢两中卫还是三中卫，尝试建立攻守平衡的球队。

萨韦利亚希望保持各线紧密，攻守平衡，人员精干，不会失去对梅西的保护，能够创造更多进攻的机会。

愿用两届金球奖换取大力神杯

显然梅西要彻底平息关于他的质疑声，他也认定要与球王们平起平坐必须迈过这道坎。梅西自己许愿道：“我愿意放弃接下来两年的金球奖来换取这座世界杯冠军奖杯。”也许真是宿命，2013年的金球奖果然打破了梅西的三连冠，授予了个人表现更出色的葡萄牙球星C罗。这会是一个信号吗？我们不得而知。但是大家不难看出，梅西对世界杯冠军已经极度饥渴，尤其是2014年世界杯将在死敌巴西举办。梅西要想“称王称霸”，还真得需要在世界杯上证明自己的能力。

在巴西世界杯出现在地平线上的时候，巴萨巨星梅西2013-2014赛季的数据呈明显下降的趋势，梅西自己表示，对他来说，世界杯有着特殊的性质，而数据显示，每次世界杯之前，他的数据都会下降，显然阿根廷人已经开始为世界杯留力了。“我们都已经开始想着世界杯了。”在接受国际足联官方网站采访时，梅西如是表示。阿根廷人说得非常明白，尽管为巴萨赢得奖杯仍然是重要的，但巴西世界杯对他来说才是首选。1月份的时候梅西就承认了这一点，而随着比赛的进行，数据也证明，他的首选已经是非常明确了。

本届世界杯在阿根廷队的死敌巴西举办，相比其他参赛球队，阿根廷肯定会受到当地球迷的“特别关注”。如果能在死敌的地盘踢出风采，固然扬眉吐气，但是如果表现不佳，相信阿根廷也会承受比其他球队更大的压力。如果让阿根廷在巴西夺冠，这对于巴西的1.7亿人口而言是很沉重的打击。如果梅西可以在巴西夺冠，意义绝不亚于当初马拉多纳在马岛战争后打入英格兰的世纪进球，甚至也许对于阿根廷人民族自信心和自尊感的增大，还要超过当年马拉多纳率队拿世界杯。

举全队之力配合梅西

再来纵向比较，克鲁伊夫、范巴斯滕、普拉蒂尼，他们都曾经在金球奖上三捧金球，但这三个人谁都没有捧起过世界杯冠军，这仿佛是一种宿命。但同时也说明，能拿起世界杯冠军不是一个人可以决定的，还必须靠队友的帮助。西班牙队能连续三届大赛夺冠，不在于哈维、伊涅斯塔的个人能力，而在于其核心球员大部分来自巴萨，平时配合熟练程度远在其他各队之上。

贝利可以三次捧起世界杯冠军，但在巴西国内，有很多人认为只捧杯过一次的加林查并不见得比贝利逊色。因此这次的萨韦利亚必须尽全队之力配合梅西，让他能发挥如在巴萨那样的水平。在这点，阿根廷队目前也达成了共识，阿圭罗、伊瓜因等人虽然在各自球队都是绝对主力，但他们愿意成为梅西的“绿叶”。“莱奥是国家队中一位非常重要的球员。我们必须帮助像他那样惊人的球员，他的一次突破就可以决定一场比赛，因此有他和我们在一起，我们感到非常快乐。”曼城主力前锋阿圭罗表示。

主力阵容

罗梅罗
Sergio Romero

生日：1987.02.22
位置：守门员
身高：192CM
所属俱乐部：摩纳哥
国家队履历：44 场
身价：200 万欧元

评分：6.8

罗梅罗是 2007 年世青赛冠军队的主力门将，身体条件出色。北京奥运会上乌斯塔里的突然受伤给了罗梅罗表演的舞台，他在门前动作敏捷，处乱不惊，一路护送阿根廷国奥队夺取金牌。从 2009 年开始，他成为阿根廷国家队第一门将，随队先后出战世界杯和美洲杯，迄今已经 44 次为国出战。本次世预赛，罗梅罗出场 13 次，失 12 球。

萨巴莱塔
Pablo Zabaleta

生日：1985.01.16
位置：后卫
身高：176CM
所属俱乐部：曼城
国家队履历：35 场
身价：1900 万欧元

评分：7.8

上赛季曼城表现最好的球员之一，实力当然毋庸置疑，有他镇守阿根廷队的右路让梅西等人大胆放心地在前场飞翔。冲刺右翼的强大爆发力、能打右后卫又能打右前卫，旺盛的斗志与能攻善守的特点令萨巴莱塔成为每位教练喜欢的球员。本次世界杯南美区预选赛，萨巴莱塔代表阿根廷队出场 11 次。

费德里科·费尔南德斯
Federico Fernandez

生日：1989.02.21
位置：后卫
身高：190CM
所属俱乐部：那不勒斯
国家队履历：23 场 2 球
身价：400 万欧元

评分：6.7

身高体壮的费尔南德斯确保了阿根廷队的防空能力，因此备受萨贝拉的器重。但他的状态取决于那不勒斯的主帅贝尼特斯。在 2012–2013 赛季的意甲联赛中，阿根廷国脚仅仅 2 次登场。贝尼特斯是否会保证费尔南德斯一个首发位置，将决定着阿根廷人的未来。本次世预赛，费尔南德斯代表阿根廷队出场 11 次。

马克西·罗德里格斯
Maxi Rodriguez

生日：1981.01.02
位置：中场
身高：173CM
所属俱乐部：纽维尔老男孩
国家队履历：52 场 15 球
身价：200 万欧元

评分：6.9

马克西·罗德里格斯在阿根廷队的位置是右边锋，而且面临着激烈的竞争。不过相对来说，罗德里格斯拥有一些位置上的优势，他除了右路，还可以踢中锋。罗德里格斯脚下技术出色、意识突出，能在球场上担当多个位置。本次世界杯南美区预选赛，罗德里格斯代表阿根廷队出场 7 次，贡献 3 个进球。

巨星介绍

他是个现象级的球员，在如今的足坛中他已经是惟一的异类了。

——阿根廷球王马拉多纳

梅西

Lionel Messi

生日：1987.06.24

位置：前锋

身高：169CM

所属俱乐部：巴塞罗那

国家队履历：83 场 37 球

身价：1.2 亿欧元

评分：8.6

当今世界第一球员绝非浪得虚名，他在巴萨拿到了作为球员所能拿到的所有俱乐部荣誉。梅西刚出道时的射门多为巧射，技术含量极高。被改造成中锋之后，梅西精湛的射术展露无遗。世界杯荣誉成为梅西通往球王之路的最后一个壁垒。本次世界杯南美区预选赛，梅西出场 14 次，贡献 10 个进球，6 次助攻。

马斯切拉诺

Javier Mascherano

生日：1984.06.08
位置：中场
身高：174CM
所属俱乐部：巴塞罗那
国家队履历：95 场 2 球
身价：1500 万欧元

评分：7.8

马斯切拉诺具有很不错的位置感，是当今足坛后腰位置上防守能力最好的球员之一，另外他还能客串中后卫。他是个天生的领袖，是现役阿根廷国家队队长，为后防线筑起一道可靠的屏障。马斯切拉诺抢断能力出色，常能在中场断球，本次世预赛，马斯切拉诺代表阿根廷队出场 11 次。

巴内加

Ever Banega

生日：1988.06.29
位置：中场
身高：174CM
所属俱乐部：瓦伦西亚
国家队履历：25 场 2 球
身价：1200 万欧元

评分：7.3

3 年前，巴内加抓住了少有的几次机会，顶替加戈与马斯切拉诺组成的双后腰牢牢控制住了后场。就像阿根廷媒体说的那样："只要他能够将精力都集中到足球上，他就能够成为像马斯切拉诺一样的伟大中场。"本次世界杯南美区预选赛，巴内加代表阿根廷队出场 8 次，贡献 1 个进球。

伊瓜因

Gonzalo Higuain

生日：1987.12.10
位置：前锋
身高：184CM
所属俱乐部：那不勒斯
国家队履历：36 场 21 球
身价：3800 万欧元

评分：7.9

1.84 米的伊瓜因极有力地补充了阿根廷矮个子攻击群之外的制空能力。他从皇马出走那不勒斯就是希望能在世界杯前多打比赛、保持状态。他也确实用自己的表现证明了自己。意大利媒体普遍认为，伊瓜因的表现要胜过卡瓦尼在那不勒斯的发挥。本次世界杯南美区预选赛，伊瓜因出场 11 次，贡献 9 个进球，2 次助攻。

迪马利亚

Angel Di Maria

生日：1988.02.14
位置：中场
身高：178CM
所属俱乐部：皇马
国家队履历：45 场 10 球
身价：3000 万欧元

评分：8.0

毫无疑问，身材瘦削的迪马利亚是当今这支阿根廷队最有创造天赋的球员。他直接为梅西、阿圭罗等锋线杀手输送炮弹，因此，他的表现将部分决定阿根廷队能在巴西走多远。迪马利亚最为出色的是他的盘带功夫，此外他的速度也非常快。本次世界杯南美区预选赛，迪马利亚出场 12 次，贡献 3 个进球，6 次助攻。

阿圭罗

Kun Aguero

生日：1988.06.02

位置：前锋

身高：172CM

所属俱乐部：曼城

国家队履历：49 场 21 球

身价：4500 万欧元

评分：8.0

在巴西世界杯的金靴赔率上，阿圭罗紧随梅西、C 罗和内马尔之后排名第四。去年年底，在梅西伤停缺阵的情况下，他当仁不让擎起进攻大旗。目前他在曼城状态火热，相信他会把这种好状态带到巴西。本次世界杯南美区预选赛，阿圭罗出场 8 次，贡献 5 个进球，1 次助攻。

爆发力和寻找战机能力很强，和罗马里奥颇为相似。擅长打前场的所有位置，包括前锋、影锋及攻击性中场。

——阿根廷《奥莱报》

测 阿根廷队

小组出线形势预测

阿根廷队是F组当之无愧的种子球队，从实力上看阿根廷可谓一枝独秀，除了波黑队，相信伊朗和尼日利亚两队基本都无法给阿根廷队造成麻烦。

本组首场比赛的较量阿根廷队VS波黑队的比赛就是重头戏。虽然是夺冠热门对上世界杯新军，不过初生牛犊不怕虎，没有任何心理压力的波黑相信有能力给阿根廷制造麻烦。而本组阿根廷和波黑同为出线热门，本场比赛很可能将决定小组第一的归属。要想在淘汰赛阶段占据有利的位置，双方都需要一开始就进入状态，如果还是慢热，那很可能在后面的比赛中陷入被动。可以说本组的对决从一开始就进入了高潮。

有意思的是阿根廷和非洲雄鹰尼日利亚再次分到了一个小组。除了2006年世界杯尼日利亚没能晋级，2002年和2010年世界杯两队均分在了同一小组，两次阿根廷都是以1比0取胜。这次两队再次遭遇，可谓缘分不浅。

评 权威点评

马拉多纳

（阿根廷传奇球王，前阿根廷队主帅）

在1986世界杯中上演的一幕将会重演，阿根廷将会在巴西成为世界杯冠军。不过我们必须与巴西队战斗，他们也非常出色。

自从我离开国家队以后，就很少关注他们的比赛了，对于其他方面我不敢轻易做出评价，但是我惟一想对大家说的是，希望大家不要因为我们没有赢得世界杯而责怪梅西。我知道梅西肯定会竭尽全力帮助国家队的，他也在不断突破自己，我坚信他会有好的发挥。

表 南美区小组赛

阿根廷队预选赛数据表

（9胜5平2负，小组第一晋级）

时间	主/客场	结果	进球者
2011.10.07	主	4比1智利	伊瓜因7′ 51′ 62′、梅西25′
2011.10.11	客	0比1委内瑞拉	
2011.11.11	主	1比1玻利维亚	拉维奇60′
2011.11.15	客	2比1哥伦比亚	梅西61′、阿圭罗84′
2012.06.02	主	4比0厄瓜多尔	阿圭罗20′、伊瓜因30′、梅西32′、迪马利亚76′
2012.09.07	主	3比1巴拉圭	迪马利亚2′、伊瓜因31′、梅西63′
2012.09.11	客	1比1秘鲁	伊瓜因38′
2012.10.12	主	3比0乌拉圭	梅西65′ 79′、阿圭罗75′
2012.10.16	客	2比1智利	梅西28′、伊瓜因31′
2013.03.22	主	3比0委内瑞拉	伊瓜因29′ 59′、梅西45′
2013.03.26	客	1比1玻利维亚	巴内加44′
2013.06.07	主	0比0哥伦比亚	
2013.06.11	客	1比1厄瓜多尔	阿圭罗4′
2013.09.10	客	5比2巴拉圭	梅西12′ 52′、阿圭罗32′、迪马利亚49′、马克西·罗德里格斯90′
2013.10.11	主	3比1秘鲁	拉维奇23′ 35′、帕拉西奥47′
2013.10.15	客	2比3乌拉圭	马克西·罗德里格斯14′ 41′

波黑队 Bosnia and Herzegovina

夺冠赔率：

151.00

队报

位于原南斯拉夫中部的波黑1992年才正式建国，足球发展历程有限，战绩也远不及其他东欧列强，此前各项大赛从未自预选赛中成功晋级过，常年担任配角。近几年随着本国球员在主流联赛拼杀积累得到江湖经验，他们才逐步发展壮大起来，本次世界杯也是波黑首次从预选赛中杀出，在全世界面前亮相。

383万人口的教材

面积5.12万平方公里，人口383万，1992年才正式立国的波黑在欧洲足坛却已成为不可忽视的劲旅。2012年欧洲杯预选赛时，他们仅以1分劣势不敌法国，屈居第二，最终在附加赛中输给葡萄牙无缘决赛圈。本届世预赛，波黑卷土重来，在与希腊、斯洛伐克同

分在一组的情况下，他们踢出了 8 胜 1 平 1 负，进 30 球，仅丢 6 球的惊艳表现。在与小组最强对手希腊的直接交锋中，也以 1 胜 1 平占优，最终凭借净胜球的巨大优势，力压希腊获得小组第一，直接晋级世界杯。

论国土面积和人口数量，中国远远胜过波黑，论国内环境，稳定发展的中国也比结束战乱不久的波黑强得多，但在足球场上的表现，两者却是完全倒了过来，可谓是天壤之别。尽管人口不多，波黑秉承了前南时期注重足球基础的优点，依然培养出了哲科、米西莫维奇、皮亚尼奇等优秀球星，而且多年的战乱反而增加了球员的凝聚力，使他们在球场上更加团结一致。

相比之下，中国空有巨大的人口基数，但却忽视足球运动的基础建设，导致可选之才匮乏，加上国脚们比赛态度也不端正，缺乏拼搏精神和凝聚力，终于导致遇弱也弱的悲剧，回想起当年 17 比 0 横扫马尔代夫的表现，恍若隔世，更让球迷郁闷的是，这种局面何时是个头，还是一个未知数。

主帅兵法

苏西奇

Safet Susic

生日：1955.04.13

国籍：塞尔维亚

2009 年 12 月上任至今

萨费特·苏西奇在球员时代是足坛响当当的人物，他代表南斯拉夫队出场 54 场，打进 21 球。2010 年他被《法国足球》杂志评为巴黎圣日耳曼俱乐部历史最佳球员。作为主教练，苏西奇曾多年在土耳其执教，2009 年开始执教波黑国家队，2013 年，他成为首位带领波黑闯入世界杯决赛圈的教练。苏西奇接手球队后很快就打造出一支战斗力十足的波黑队：门将是贝戈维奇，后防线上勒沃库森老将斯帕伊奇坐镇，萨利霍维奇和拉齐奥的卢利奇搭档左翼；米西莫维奇身后是皮亚尼奇，身前则有哲科和伊比舍维奇两大火枪手。波黑的国脚们分布广，苏西奇则与时俱进，借助因特网聊天软件，时时与球员交流。

主力阵容

主力球员

米西莫维奇
Zvjezdan Misimovic

生日：1982.06.05
位置：中场
身高：180CM
所属俱乐部：贵州人和
国家队履历：79 场 25 球
身价：300 万欧元

评分：7.5

这个在慕尼黑出生、成长并开始职业生涯的小伙子，最终在沃尔夫斯堡正式迈入了德甲一线球星的行列。2013 年 1 月 5 日晚，贵州人和俱乐部正式与波黑队长米西莫维奇签约，双方签订了 3+1 的工作合同，他也毫无疑成为亚冠战场上贵州队最大的亮点。本届世预赛，米西莫维奇代表波黑队上场 9 次，贡献 5 个进球，5 次助攻。

皮亚尼奇
Miralem Pjanic

生日：1990.04.02
位置：中场
身高：180CM
所属俱乐部：罗马
国家队履历：46 场 8 球
身价：2000 万欧元

评分：7.7

米拉勒姆·皮亚尼奇出生在波黑，由于波黑战争的原因，举家迁移至卢森堡。皮亚尼奇是个唯美主义者，身上充满了古典气息。但他踢得却很实际，努力让对手惊慌失措。他的控球在剥夺对手的时间，又提供给队友们足够的空间。本届世界杯欧洲区预选赛中，皮亚尼奇代表波黑队上场 8 次，贡献 3 个进球，6 次助攻。

巨星介绍

哲科
Edin Dzeko

生日：1986.03.17
位置：前锋
身高：192CM
所属俱乐部：曼城
国家队履历：59 场 33 球
身价：2400 万欧元

评分：7.8

作为球队最富知名度的大牌球星，哲科对这支球队意味着进球与荣誉。在曼城长年打不上主力的他，将能量大半留给了国家队。他身材高大但丝毫不显笨拙，擅长前插抢点，同时也可作为站桩中锋投入到阵地战，技术细腻，冲击力强。本届世界杯欧洲区预选赛中，哲科代表波黑队上场 10 次，贡献 10 个进球，6 次助攻。

波黑队

测 小组出线形势预测

只有383万人口的波黑首次打进决赛圈，他们继承了前南足球的传统，队内拥有众多在主流联赛效力的球星，哲科、伊比舍维奇、萨利霍维奇等人早已是家喻户晓。作为中超的代表，米西莫维奇这个名字自然不会被遗忘。有实力，缺经验，波黑的世界杯处子秀着实令人期待。该组除了阿根廷队一枝独秀外，伊朗队和尼日利亚队实力都应在波黑队之下，苏西奇也对球队的前景充满信心："毫无疑问，阿根廷是夺冠热门，想要击败他们并不容易。我们有机会在与其他两个对手的交锋中抢到足够的分数，确保小组出线。"

权威点评

评 进球网

Goal.com

波黑毫无疑问，应该对于分组抽签结果感到满意。阿根廷是F组中当仁不让的最强球队，但与伊朗和尼日利亚进行交锋，波黑人也会有取胜的自信。锋线两大支柱作用突出，中场方面也有皮亚尼奇和米西莫维奇这对双核压阵，定位球专家萨利霍维奇时常得偏安边路，体能出众跑不死的卢利奇也能在侧翼带来活力，未来必定投身豪门的贝戈维奇与队长斯帕希奇则是禁区内最可靠的保障。最近17支第一次参加世界杯的新军里，只有5支球队能够从小组出线。但波黑却可以将自己的巴尔干邻居——克罗地亚作为学习的榜样，1998年该队第一次亮相世界杯就杀入了半决赛。

欧洲区小组赛

表 波黑队预选赛数据表

（8胜1平一负，小组第一晋级）

时间	主/客场	结果	进球者
2012.09.07	客	8比1列支敦士登	米西莫维奇26′ 31′、伊比舍维奇33′ 40′ 83′、哲科46′ 64′ 81′
2012.09.11	主	4比1拉脱维亚	米西莫维奇12′ 54′、皮亚尼奇44′、哲科92′
2012.10.12	客	0比0希腊	
2012.10.16	主	3比0立陶宛	伊比舍维奇28′、哲科35′、皮亚尼奇41′
2013.03.22	主	3比1希腊	哲科29′ 53′、伊比舍维奇36′
2013.06.07	客	5比0拉脱维亚	卢利奇48′、伊比舍维奇53′、曼顿贾宁63′、皮亚尼奇80′、哲科82′
2013.09.06	主	0比1斯洛伐克	
2013.09.10	客	2比1斯洛伐克	比查克契奇70′、哈伊洛维奇78′
2013.10.11	主	4比1列支敦士登	哲科27′ 39′、米西莫维奇34′、伊比舍维奇38′
2013.10.15	客	1比0立陶宛	伊比舍维奇68′

伊朗队 Iran

夺冠赔率：

751.00

队报

伊朗队在亚洲区预选赛中力压韩国以小组第一的身份晋级世界杯，这将是他们的第四次世界杯之旅。在 2006 年的德国世界杯上，伊朗队小组赛 1 平 2 负黯然出局。2010 年世界杯预选赛中，伊朗在与澳大利亚和朝鲜队的争夺中败下阵来，无缘南非。今年的巴西世界杯，他们仍将为荣誉而战。

主场球衣

名帅策铁骑

伊朗队的现任主帅是名帅卡洛斯·奎罗斯。奎罗斯 1989 年开始执教葡萄牙队，带出了菲戈为首的葡萄牙“黄金一代”，此后他还分别担任过皇马的主帅以及曼联队弗格森的助理教练，和葡萄牙巨星 C 罗私交甚好。2011 年 4 月，奎罗斯正式和伊朗足协签约，而他也将一直执教伊朗队到巴西世界杯结束。

主 兵法

正是在奎罗斯的带领下，“波斯铁骑”伊朗队在亚洲区的世界杯预选赛中表现强劲，20强赛中3胜3平从E组以小组第一身份出线，十强赛中与韩国、乌兹别克斯坦、卡塔尔、黎巴嫩等劲旅分在一组，并最终5胜1平2负力压韩国队获得小组第一出线。葡萄牙籍名帅奎罗斯在球队中起着主导作用，老将内科南老当益壮。不过相比以往，伊朗海外效力的球星越来越少，只剩下英超富勒姆的德贾加、德甲升班马布伦瑞克的门将达瓦里、比利时标准列日的前锋戈钱内贾德、俄超喀山红宝石的双星哈吉吉和阿兹莫恩等。

伊朗可以说是盛产优秀球员的地方，亚洲一代球星阿里·代伊暂时还在世界射手榜上领先，还有被称为亚洲马拉多纳的卡里米、在德甲的马达维基亚、阿里·代伊和阿齐兹，他们都曾赢得过亚洲最佳球员的荣誉。但是伊朗队在三次参加世界杯的比赛中一共只取得过一场胜利，所以用“一胜难求”形容伊朗在世界杯的境遇一点都不为过。重返世界杯的伊朗队尽管想出线并不容易，但是他们也要为荣誉而战。

奎罗斯

Carlos Queiroz

生日：1953.03.04

国籍：葡萄牙

2011 年 4 月上任至今

2010 年 8 月 30 日，奎罗斯因为禁药问题被禁赛 6 个月，随后被葡萄牙足协解雇。在低潮期时，伊朗足协向葡萄牙名帅投来橄榄枝。比起星光闪耀的葡萄牙国家队，奎罗斯在伊朗的工作确实不好做，目前效力于富勒姆的德贾加是队内身价最高的球员（300 万欧元）。他既可以担任右前卫，又可以出现在锋线位置，是球队的攻击核心。目前，奎罗斯需要思考的是门将位置的变化，此前 33 岁的老将艾哈迈德是绝对主力，然而伊朗足协刚刚归化来了德甲布伦瑞克队的主力门将达瓦里，他现在需要做一个取舍，是在世界杯之后换门将，还是世界杯时就让达瓦里担当大任。

主力阵容

主力球员

德贾加
Ashkan Dejagah

生日：1986.07.05
位置：中场
身高：181CM
所属俱乐部：富勒姆
国家队履历：10 场 4 球
身价：300 万欧元

评分：7.2

出生在德黑兰、2 岁因为战乱逃至德国的德贾加是伊朗足协继赞迪之后，又一成功归化球员的案例。除了出色的球技，真正让德贾加进入人们视野的是他 2009 年拒绝代表德国 U21 队出战以色列的事件。德贾加在成年后选择为伊朗队效力。本届世界杯亚洲区预选赛中，德贾加为伊朗队出场 4 次，贡献 2 个进球，1 次助攻。

泰穆里安
Andranik Teymourian

生日：1983.03.06
位置：中场
身高：180CM
所属俱乐部：德黑兰独立
国家队履历：76 场 8 球
身价：200 万欧元

评分：7.0

31 岁的泰穆里安能够胜任中场的多个位置，包括防守型前卫、右边前卫、中前卫甚至边锋。值得一提的是，他是现在伊朗国家队中的惟一一名基督徒。不过他与他的穆斯林队友的融洽关系并未因宗教信仰的不同受到影响。本届世界杯亚洲区预选赛中，泰穆里安为伊朗队出场 12 次，贡献 2 个进球，3 次助攻。

巨星介绍

内科南
Javad Nekounam

生日：1980.09.07
位置：中场
身高：186CM
所属俱乐部：德黑兰独立
国家队履历：135 场 37 球
身价：120 万欧元

评分：7.2

2011—2012 赛季后，内科南离开了效力多年的西甲奥萨苏纳队，回到伊朗联赛。上个赛季，他率领德黑兰独立队打进亚冠四强。作为阿里·代伊之后伊朗的领军人物，内科南能够在进攻和防守方面都对这支伊朗队产生重要的影响。本届世界杯亚洲区预选赛中，内科南为伊朗队出场 14 次，贡献 6 个进球。

伊朗队

测 小组出线形势预测

伊朗队同波黑、尼日利亚队和阿根廷队分在了同一小组，这将是他们历史上第四次征战世界杯，此前三次征战均未能小组出线。伊朗队的实力一直让人琢磨不透，但伊朗队在亚洲区十强赛上5胜1平3负排名A组第一，这支神秘之师能够力压韩国队并且在交锋中双杀“太极虎”，足以看出球队的底蕴和实力。他们比较现实的策略应该是打好同尼日利亚的比赛，然后争取同阿根廷队的比赛少输几个。同最大的竞争对手波黑队相比，伊朗队实力要弱于对方，但世界杯比赛的经验要强过对手。只需要一点点的运气，他们或许就能实现本队在世界杯赛场上历史性的突破。

权威点评

评 进球网

Goal.com

虽然他们要与梅西领衔的阿根廷队交锋，还要与波黑队和尼日利亚展开恶战，但这个抽签结果并不是最糟的，我们有理由为如此签位感到开心。波黑是一年级新生，而伊朗队则拥有3届世界杯的参赛经验。尼日利亚队很强，但根据去年夏天联合会杯的表现来看，他们也并非不可战胜。

在缺席了南非世界杯后，伊朗队成功进军巴西。足球对于这个相对封闭的国家有着特殊的魅力，乃至于伊朗教育部门已经计划将学校课程提前近一个月结束，以避免期末考试与巴西足球世界杯撞车。据一位伊朗官员透露，为了避免在5月22日至6月21日举行的期末考试与巴西足球世界杯冲突，计划把考试提前到4月21日至5月21日。

亚洲区资格赛第二轮

表 伊朗队预选赛数据表

时间	主/客场	结果	进球者
2011.07.23	主	4比0马尔代夫	安萨里法德4′ 62′、卡里米67′、达吉吉86′
2011.07.28	客	1比0马尔代夫	卡哈拉特巴里45′

（3胜3平，小组第一晋级十强赛）

亚洲区20强赛

时间	主/客场	结果	进球者
2011.09.02	客	3比0印尼	内科南53′ 74′、泰穆里安87′
2011.09.06	客	1比1卡塔尔	阿吉利46′
2011.10.11	主	6比0巴林	侯赛尼22′、贾巴里34′、阿吉利42′、泰穆里安61′、安萨里法德75′、雷扎伊83′
2011.11.11	主	1比1巴林	贾巴里92′
2011.11.15	客	4比1印尼	梅达瓦迪7′、贾巴里21′、雷扎伊25′、内科南73′
2012.02.29	主	2比2卡塔尔	德贾加4′ 50′

（5胜1平2负，小组第一直接出线）

亚洲区十强赛

时间	主/客场	结果	进球者
2012.06.03	客	1比0乌兹别克斯坦	卡哈拉特巴里90+3′
2012.06.12	主	0比0卡塔尔	
2012.09.11	客	0比1黎巴嫩	
2012.10.16	主	1比0韩国	内科南76′
2012.11.14	主	0比1乌兹别克斯坦	
2013.06.04	客	1比0卡塔尔	戈钱内贾德66′
2013.06.11	主	4比0黎巴嫩	卡哈拉特巴里39′、内科南45′ 86′、戈钱内贾德46′
2013.06.18	客	1比0韩国	戈钱内贾德60′

尼日利亚队 Nigeria

夺冠赔率：

251.00

队报

历史上尼日利亚曾经4次杀进世界杯决赛阶段的比赛，最好成绩分别在1994年的美国世界杯、1998年法国世界杯中创造，在那两届赛事中，“超级雄鹰”都打进了16强。尼日利亚男足在奥运会中战绩出色：1996年该队在亚特兰大奥运会男足比赛中夺得金牌；2008年北京奥运会上，“超级雄鹰”在决赛中负于阿根廷，获得银牌。

主场球衣

有钱就有斗志？

非洲雄鹰近年来在中场核心米克尔的带领下在非洲强势崛起，顺利从非洲区脱颖而出。而世界杯抽签结果对于尼日利亚来说只能算中等的签位，想要晋级十六强，尼日利亚必须战胜实力不俗的波黑队。球队在拥有两个潜力无限的边锋的同时，需要解决状态不佳

时球队整体战术混乱的问题。

欠薪问题引发的国家队与足协的矛盾由来已久，2013 年非洲杯尼日利亚一路过关斩将打进决赛并最终捧杯，但是足协此前许诺的奖金却迟迟未能兑现，最后不了了之，以至于去年巴西联合会杯之前，尼日利亚国家队因此闹出了罢赛丑闻，被传为笑谈。就在世界杯非洲赛区预选赛期间，主教练斯蒂芬・凯希和他的教练组因长达数月拿不到工资，险些与足协闹翻，最后尼日利亚政府介入并直接出资，才勉强维持“超级雄鹰”的运转，最后得以进军巴西。

随后，尼日利亚足协宣布了“超级雄鹰”720 万美元的世界杯夺冠奖金大礼包，希望用重奖激励球员创造佳绩，但是对足协的高调举动球员们却并不感冒。按照计划，世界杯尼日利亚每获得一场小组赛胜利，23 人大名单中的球员每人可以拿到 1 万美金奖励；球队打进 16 强单人奖金将增加到 15000 美元；而一旦打进半决赛或者决赛，个人奖金将分别涨到两万和三万美元。如此算来，一旦尼日利亚历史性地捧得大力神杯，每一位国家队球员最终将分得 10 万美金的奖金。为了备战世界杯，尼日利亚足协似乎是打定主意要下血本，但是尼日利亚国家队员却并不买账。看来，征战世界杯本就是为国效力，钱多钱少是一回事，想不想给那就是态度问题了。

主帅兵法

斯蒂芬・凯希

Stephen Keshi

生日：1962.01.23

国籍：尼日利亚

2011 年 11 月上任至今

斯蒂芬・凯希 1962 年出生，在球员时代曾是尼日利亚国脚，随队夺得过 1994 年非洲杯冠军。2011 年凯希执教尼日利亚国家队，带领球队打入 2013 非洲杯决赛圈，并在决赛中击败布基纳法索夺冠。凯希 2004 年开始执教生涯，令人惊奇的是带领多哥国家队历史性获得 2006 年世界杯参赛资格，但没能带队参加世界杯，因为德国人普菲斯特接替了他。2008 年到 2010 年间，凯希执教马里，但没能打入 2010 年南非世界杯决赛圈。“淡定哥”恩耶亚马继续把守大门。后防线上，切尔西妖人奥梅罗已经得到了足够的历练，可以独当一面。而中场方面，米克尔、摩西一攻一守实力十分均衡。进攻上，出自米兰青训的奥杜安马迪也可以通过自己的努力在球队赢得一席之地。

主力阵容

主力球员

埃梅尼克
Emenike

生日：1987.05.10

位置：前锋

身高：182CM

所属俱乐部：费内巴切

国家队履历：17 场 9 球

身价：1400 万欧元

评分：7.5

埃梅尼克旅欧的第一站是俄超莫斯科斯巴达克，2009 年转会至土耳其卡拉比克队，两赛季出场 51 场比赛攻入 30 球，开始展现星光。2011 年，土超冠军费内巴切队看中其潜质将他引入。2014 世预赛，尼日利亚以 5 胜 3 平的战绩成功出线。现效力费内巴切的前锋埃梅尼克出场 3 次打进 3 球贡献一个助攻，是本届世预赛尼日利亚阵中的最佳射手。

穆萨
Ahmed Musa

生日：1992.10.14

位置：前锋

身高：170CM

所属俱乐部：莫斯科中央陆军

国家队履历：36 场 5 球

身价：1200 万欧元

评分：7.2

穆萨的足球生涯起步于 Aminchi 俱乐部。2010 年夏天，穆萨加盟荷甲文洛俱乐部，但由于他年仅 17 岁无法正式签约，他在当年 10 月 14 日年满 18 岁后正式加盟。2011 年 3 月 8 日，穆萨当选尼日利亚年度足球先生，并击败吉安成为 BBC 当年非洲足球先生。2012 年 1 月 7 日，俄罗斯莫斯科中央陆军确定将穆萨签下。本次世预赛，穆萨出场 8 次，贡献一个进球。

巨星介绍

米克尔
John Obi Mikel

生日：1987.04.22

位置：中场

身高：188CM

所属俱乐部：切尔西

国家队履历：55 场 4 球

身价：2000 万欧元

评分：7.8

刚出道时，约翰 · 奥比 · 米克尔是一名能攻善守的全能型中场。他拥有非洲球员特有的单打独斗能力，不过在他身上完全看不到非洲球员常见的那种缺乏战术头脑的弱点，他的意识可以媲美欧洲球员。本届世界杯非洲区预选赛中，米克尔为尼日利亚队上场 6 次，贡献 3 次助攻。

尼日利亚队

测 小组出线形势预测

F组的波黑、伊朗和尼日利亚实力远逊于种子队阿根廷。今年，对阿根廷来说出线应该不是问题。真正的悬念，就是梅西能不能疯狂刷数据，为自己正名。尼日利亚现实的目标是争取小组另一个出现名额，小组中除阿根廷队外最强的竞争对手应是波黑队。波黑队坐拥射手哲科，实力不在尼日利亚队之下，但不如尼日利亚队的是他们严重缺乏大赛经验，因此，这场比赛尼日利亚队有得一打，这也将是尼日利亚队出线的关键战。至于伊朗队，“非洲雄鹰”只要发挥出自己的正常水平，小胜对手应该问题不大。

权威点评

评 进球网

Goal.com

在阿比让观看抽签的现场，大家都显得非常激动。与阿根廷、伊朗波黑一组，大家都为这一结果感到开心。尤其当欧洲球队确定为波黑的时候，人群中响起了欢呼声。尼日利亚将在世界杯上第4次遭遇阿根廷，前3次我们都已微弱的劣势输掉了比分。目前执教“非洲雄鹰”的主教练凯希曾以球员的身份参加过1994年世界杯，希望他能够带领自己的球队成功复仇。如果尼日利亚期待走得更远，他们就应该击败伊朗队和第一次参加世界杯的波黑队。

非洲区第二阶段小组赛

表 尼日利亚队预选赛数据表

（3胜3平，第一晋级第三轮）

时间	主/客场	结果	进球者
2012.06.03	主	1比0纳米比亚	乌切80′
2012.06.09	客	1比1马拉维	埃格克韦89′
2013.03.23	主	1比1肯尼亚	奥杜安马迪90+4′
2013.06.05	客	1比0肯尼亚	穆萨80′
2013.06.12	客	1比1纳米比亚	奥博亚邦那82′
2013.09.07	主	2比1马拉维	埃梅尼克45′、摩西50′

非洲区第三阶段比赛

时间	主/客场	结果	进球者
2013.10.12	客	2比1埃塞俄比亚	埃梅尼克67′90′
2013.10.19	主	2比0埃塞俄比亚	摩西20′、奥比纳81′

阿根廷 VS 波黑

6月16日／星期一／北京时间06:00／预计亚洲盘口：让1.5/2

1. 姜山冷门推荐：波黑

2. 投注策略分析： 阿根廷本届世界杯能走多远，取决于梅西的状态，但从本赛季联赛的情况看，梅西似乎有了一些倦怠之意，如果将这种状态直接带入世界杯，对阿根廷将是一个灾难。当然，这是基于阿根廷是否能够夺冠所做出的分析，对于小组首战对手波黑，阿根廷取胜的问题应该不大，但能否大胜就尚且难说。波黑拥有哲科、皮亚尼奇、伊比舍维奇、米西莫维奇这样的中前场组合，他们有能力与阿根廷上演一场对攻战。两支头重脚轻球队之间的交手，也许大球才是首选，而在亚盘上，阿根廷让步过大的话，还是建议小敲下盘。

3. 足彩专家推荐

陈涛（《足球大赢家》编辑部副主任）：阿根廷
安然（《足球周刊》副总编辑）：波黑

4. 波胆预测

阿根廷3比2波黑

伊朗 VS 尼日利亚

6月17日／星期二／北京时间03:00／预计亚洲盘口：受让0.5/1

1. 姜山冷门推荐：伊朗

2. 投注策略分析： 伊朗在十强赛上只输给过实力相对一般的黎巴嫩和乌兹别克斯坦，却主客场两次斩落了韩国，球队似乎有不畏强手、却在弱队面前容易犯掉以轻心的毛病。这支球队进攻能力一般但防守却较为稳健，10强赛8场比赛只进8球，却也只丢了2球。尼日利亚目前处在非常年轻的时期，状态飘忽是很正常的事情，而且他们和足协之间的奖金问题一直是个隐形炸弹，去年联合会杯球队就差点因此而弃权。如果奖金问题再次在世界杯上爆发，那么尼日利亚还能剩多少战斗力？所以首轮比赛宁愿选择追捧实力稍逊，但更加团结的伊朗。

3. 足彩专家推荐

陈涛（《足球大赢家》编辑部副主任）：尼日利亚
安然（《足球周刊》副总编辑）：伊朗

4. 波胆预测

伊朗1比1尼日利亚

阿根廷 VS 伊朗

6 月 22 日 / 星期日 / 北京时间 00:00/ 预计亚洲盘口：让 2

1. 姜山冷门推荐：阿根廷

2. 投注策略分析： 由于一些特殊的原因，伊朗与亚洲之外的球队交流并不多，近年来他们只在 2010 年与巴西进行过一次热身赛，结果 0 比 3 惨败。对伊朗来说，小组对手是波黑和尼日利亚，他们并不奢望从强大的阿根廷身上抢到分数。就实力而言，阿根廷这场比赛取胜应该是没有太大的悬念，但如果赛前亚盘指数达到或超过 2 球的话，阿根廷能否赢盘就让人比较踌躇。不过世预赛上阿根廷面对深盘时表现出色，让球 1—2 球区间，盘路表现为 5 胜 3 负，这已经相当不俗。以阿根廷的攻击力，净胜伊朗 2 球以上也不会让人感到惊讶。

3. 足彩专家推荐

陈涛（《足球大赢家》编辑部副主任）：阿根廷
安然（《足球周刊》副总编辑）：伊朗

4. 波胆预测

阿根廷 3 比 0 伊朗

尼日利亚 VS 波黑

6 月 22 日 / 星期日 / 北京时间 06:00/ 预计亚洲盘口：平手

1. 姜山冷门推荐：波黑

2. 投注策略分析： 尼日利亚和波黑应该属于旗鼓相当的对阵。波黑拥有大量在德甲和英超赛场上打拼的球星，尤其是哲科、皮亚尼奇、伊比舍维奇和米西莫维奇组成的四大天王经验丰富，中前场人才鼎盛，后防线虽然名气较小，但领衔的斯帕希奇、比查克契奇都是德甲一线球员，门将贝戈维奇也很具实力。尼日利亚则还是太过年轻，以目前的阵容，他们 16 年来首次打进世界杯淘汰赛的希望并不大。波黑刚刚在 3 月 6 日友谊赛中输给了埃及，应该对非洲足球有了清醒的认识，这可以保证他们不会有轻敌的念头，此战还是看好波黑不败。

3. 足彩专家推荐

陈涛（《足球大赢家》编辑部副主任）：尼日利亚
安然（《足球周刊》副总编辑）：波黑

4. 波胆预测

尼日利亚 0 比 1 波黑

尼日利亚 VS 阿根廷

6月26日／星期四／北京时间00:00／预计亚洲盘口：受让1.5

1. 姜山冷门推荐：尼日利亚

2. 投注策略分析：阿根廷在本轮比赛前应该已经轻松取得了小组出线权，但由于F组第二名将会在1/8决赛中碰到E组第一名（很可能是法国），而F组头名在淘汰赛第一轮的对手则最可能是瑞士和厄瓜多尔。所以为了避免与法国提前火并的情况发生，最后一轮阿根廷肯定也不会轻易放弃，即便他们会让部分主力球员休息，但至少在中后场依然会全遣主力出场，至少也要争取到一场平局。由于同组还有实力不俗的波黑，尼日利亚在末轮前的形势很难估计，最可能的是仍保留一丝晋级希望，这让他们有动力与阿根廷一战，此战要小心下盘开出。

3. 足彩专家推荐

陈涛（《足球大赢家》编辑部副主任）：阿根廷
安然（《足球周刊》副总编辑）：阿根廷

4. 波胆预测

尼日利亚1比2阿根廷

波黑 VS 伊朗

6月26日／星期四／北京时间00:00／预计亚洲盘口：让1

1. 姜山冷门推荐：波黑

2. 投注策略分析：由于实力方面的原因，伊朗在两轮之后提前出局的可能性极大，而波黑应该在最后一轮前将机会掌握在自己手中，本轮只要击败或大胜伊朗，他们就将晋级16强。值得一提的是，波黑与伊朗历史上的交战并不少，两队共有5次交手，伊朗取得4胜1平的战绩，其中近4次交手保持全胜。不过两队最近一次交手也是发生在2009年，这5年间波黑足球的实力有了长足的进步，而伊朗则有些江河日下。鉴于两队在本轮比赛前的心态以及战意问题，这场比赛还是建议仍看好波黑一方，毕竟伊朗在亚洲独树一帜的力量型打法在波黑人面前占不到什么便宜。

3. 足彩专家推荐

陈涛（《足球大赢家》编辑部副主任）：伊朗
安然（《足球周刊》副总编辑）：波黑

4. 波胆预测

波黑3比1伊朗

G

德国队

葡萄牙队

加纳队

美国队

德国队 Germany

夺冠赔率：**6.50**

队报

掌握一个原则：无论何时，只要是德国队参加世界杯，都是夺冠大热门。

德国队是当之无愧的欧洲足球巨人，钢铁般的意志和严明的战术纪律是日耳曼战车数十年来称雄欧洲以及在世界赛场并取得彪炳战绩的最重要因素。

主场球衣

世界杯“专家”

算上巴西此行，德国队共18次参加世界杯赛，竟然12次跻身四强之列！他们获得了3个冠军（1954年、1974年、1990年）、4个亚军、4个季军、1次第四名。德国队在世界杯上的总战绩排名第二，仅次于巴西队，这还是在比巴西少参加两次比赛的情况下取得的。虽然杯赛夺冠次数不及五星巴西和四冠王意大利，但德国队的稳定却居各队之首。参加了全部19届杯赛的巴西队10次杀进四强，意大利队8次，两次夺冠的阿根廷队只有4次。

德国队的稳定还表现在他们自1954年首次夺冠之后，就从未被排除在8强之外，他们也极少成为冷门的制造者。这支稳扎稳打的

球队似乎天生就为世界杯赛而存在，正如英格兰传奇球星莱因克尔所说：“足球就是双方22人在场上奔跑踢球，最后德国人赢得胜利的一种游戏。”尽管90年代中后期开始德国足球整体水平有所滑落，但超强的整体作战能力仍帮助他们夺得了2002世界杯亚军。2002年世界杯夺得亚军之后，钢铁战车改走青春路线。经过10年的更新换代，2006的那批小将拉姆、施魏因斯泰格等人已经成为中流砥柱，而新生代的托马斯·穆勒、厄齐尔等人也在闪耀国际足坛。

照搬无锋阵容？

勒夫变阵为4141后，缩减了后腰人数，同时又学起西班牙队打无锋战术，勒夫的球队已经没有传统中锋的位置。戈麦斯是选择之一，但很可能也坐上替补席。在克洛泽之后，德国队并没有出现一个可以接他班的锋线人选，戈麦斯更像是一个禁区杀手，但是他无法帮助球队回防，他的跑动能力和克洛泽不可同日而语，这或许也是瓜迪奥拉放弃他的原因。在前巴萨主帅的调教下，德甲班霸拜仁都变成无锋阵容，一直以拜仁球队为基石的德国国家队又有何不可。在格策加盟后，瓜帅曾多次在德甲联赛中试验格策突前的无锋阵容，这一打法可能被勒夫照搬到巴西。勒夫说：“我确实很长时间都在考虑，让球员在比赛中轮流出任箭头，这要求他们必须有进球能力，擅长射门。”

此举极大地发挥了德国队在中场攻击群的实力，罗伊斯、厄齐尔、格策、托马斯·穆勒、许尔勒等人都成为受益者。中场之争集中地体现在多特蒙德帮与拜仁帮之间。最近几年，少帅克洛普带领一帮青年军在德甲联赛和欧冠联赛双线强势崛起，德甲已经成为拜仁和多特的“双雄会”。对于这一格局，勒夫显得非常满意，他认为两队的激烈较量会让国家队受益，德国队将不再需要依靠单独一支球队的球员和打法，可以有更多的选择。但随着格策“叛逃”至拜仁，京多安也在寻求转会，“大黄蜂”帮逐渐失势，仅有罗伊斯一人为克洛普球队的荣誉而战。2012年夏天的欧洲杯上，德国队的主

主帅兵法

勒夫

Joachim Loew

生日：1960.02.03

国籍：德国

2006年7月上任至今

勒夫在2006年上任后赢得了极大的认可，德国是七年来惟一没有换帅的足球强国。但是2008年欧洲杯之后，双后腰暴露出的中场轮转问题一直困扰着勒夫。2011年后，勒夫就从4231变阵为更有攻击性的4141，勒夫对此的解释是：“这是德国队迈出的下一步。我们不能再在后卫身前安排两个后腰了，因为假如那么做的话，场上就会有六名防守球员，那实在是太多了。”这么变动的出发点便是“特别在对阵防守型球队时会很有利，因为我们在前场有了更多球员。”但是单后腰的取舍又成为勒夫最头痛的问题，目前赫迪拉、京多安和施魏因斯泰格都可以胜任此位置。此外，勒夫还在赫迪拉和“小猪”缺阵之际与意大利队进行热身赛时临时让队长拉姆客串过后腰，偷师拜仁主帅瓜迪奥拉的这招也取得过不错的效果。目前的情况来看，施魏因斯泰格最近几年伤病不断，京多安在本赛季首轮因伤被换下后缺席至今，赫迪拉则在2013年11月德国对意大利的热身赛中遭遇膝盖十字韧带撕裂重伤，很可能提前告别本赛季剩余比赛。如今拉姆在后腰位置上如鱼得水，或许他正是那个能帮勒夫解决中场难题的人。

力阵容还一度有着7名拜仁球员，多特蒙德只有胡梅尔斯一人可以成为首发。但是在2012年底，多特蒙德小将已经依靠自己的出色发挥赢得了勒夫的信任，成功上位和拜仁分庭抗礼。但是经济状况不佳的多特蒙德留不住当打球员，莱万多夫斯基和格策两位绝对主力都南下加盟拜仁。

不过“多特制造”的球星仍然占据了国家队近半壁江山，而那些曾经在国家队占据整条中轴线的拜仁帮中有不少球员都面临着边缘化的危险。戈麦斯远走佛罗伦萨后，拜仁已无国家队前锋。膝盖遭遇严重伤病的巴德施图贝尔，则将面临赫韦德斯和队友博阿滕的竞争；拜仁前腰托尼·克罗斯已经被格策、罗伊斯挤走了位置。在施魏因斯泰格因伤缺阵的情况下，小将京多安很好地顶替了他的位置，前场罗伊斯、格策、斯文·本德等小将也让德国队踢得更为快速灵活。人们一直称赞多特蒙德是快速版的巴塞罗那，有了这批“多特制造”的球员，勒夫的德国队或许能成为快速版的西班牙队。

拉姆右后卫位置不可动摇，但是他很有可能被勒夫安排去打后腰，那谁能补上这个位置就着实让人头疼了。默德萨克和J·博阿滕这对中卫搭档可能挑起后防守大梁。左后卫一直是德国队的软肋，近几年一直没有出一个和拉姆相匹配的同等水平球员。施梅尔策目前是这个位置上最好的选择，随着去年多特蒙德杀入欧冠决赛，施梅尔策积累了足够多的与世界级边锋对抗的经验，只要下赛季保持状态，那么他欠缺的只是勒夫的信任。扬森、巴德斯图贝尔、韦斯特曼、霍维德斯都可以作为替补。

坚持走自己的路

过去的若干年里，国际足坛因为“宇宙队”巴萨的成功而流行一种弗拉明戈节奏。这支以巴萨为班底、强调细腻的脚下技术、快速的全场逼抢、精准的致命传球和强大的球权的西班牙国家队获得2008年、2012年欧洲杯和2010年世界杯冠军，一度成为世界足坛的无敌球队，而巴萨TIKI-TAKA的打法也成为世界足坛纷纷效仿的模板。在这些岁月里，大家纷纷效仿之，惟有德国足球依然埋头苦干，寻找自己的发展道路。

当斗牛军团一次次战胜他们的模仿者，也只有德国足球才是西班牙足球的最大威胁。欧冠半决赛，无论是拜仁还是多特，在面对巴萨和皇马时所表现出来的无畏精神都让人看到了德国足球的未来。拜仁两回合7比0大胜巴萨的比分也给了西班牙国家队当头棒喝。时代的发展终究会出现新老的更替，淘汰与取代是足球进化论中永恒的话题，所以当西班牙足球老去的那一天，更为先进且年轻的德国足球，或许会乘势加冕。职业联赛是国家足球的基础，这个概念对于任何足球环境和派系来说，同样适用。尽管巴西在欧洲众多博彩公司给出的世界杯夺冠赔率排名上位列第一，但更多的中国球迷们支持德国队夺冠。根据某门户网站在世界杯小组赛抽签之后的预测统计结果分析，30.8%的人选择德国夺冠，28.8%的人选择巴西夺冠。

主力阵容

诺伊尔

Manuel Neuer

生日：1986.03.27
身高：193CM
位置：守门员
所属俱乐部：拜仁慕尼黑
国家队履历：44 场
身价：3000 万欧元

评分：7.0

经过在德甲巨人拜仁的三年锻炼，诺伊尔已经成长为世界上最好的门将之一。上赛季欧冠决赛与多特蒙德的上半场，诺伊尔一人贡献了五次扑救，确保球队城门不失，也刷新自己上半场扑救次数纪录。这次世预赛小组赛，诺伊尔打满了 10 场比赛仅失 9 球，其中 5 场比赛做到零封对手，表现相当不错。今年 28 岁的诺伊尔正享受着自己职业生涯的巅峰。

拉姆

Philipp Lahm

生日：1983.11.11
身高：170CM
位置：后卫 / 中场
所属俱乐部：拜仁慕尼黑
国家队履历：104 场 5 球
身价：3000 万欧元

评分：7.2

个子不高、头脑灵活的拉姆已经是德国队多年的精神领袖，无论把他放在后防哪个位置上，他都能最好地执行主教练勒夫的战术意图。正是因为拉姆太全能了，所以他在巴西踢哪个位置已经成为德国人共同的难题了。这次世预赛小组赛，拉姆作为德国队队长参加了 9 场比赛，贡献了 3 次助攻。

杰罗姆·博阿滕

Jerome Boateng

生日：1988.9.3
位置：守门员
身高：192CM
所属俱乐部：拜仁慕尼黑
国家队履历：36 场
身价：2000 万欧元

评分：7.6

杰罗姆·博阿滕拥有加纳血统，但是从小在柏林长大，在柏林赫塔的青训体系接受训练，从各级梯队逐级成长起来。关于后来加入德国籍的小博阿滕，本届世界杯最大的看点就的小组赛德国队 VS 加纳队时，他与哥哥凯文·博阿滕的直接对话。这次世预赛小组赛，小博阿滕参加了 7 场比赛，贡献了 2 次助攻。

胡梅尔斯

Mats Hummels

生日：1988.12.16
位置：后卫
身高：192CM
所属俱乐部：多特蒙德
国家队履历：28 场 2 球
身价：2600 万欧元

评分：7.3

在世预赛前半段一直打主力中后卫位置的胡梅尔斯最近几个月坐上了板凳，勒夫批评说胡梅尔斯没有上赛季那么稳定。尽管目前德国队的中卫组合是由博阿滕和默特萨克搭档，但是对于胡梅尔斯来说，未来通过出色的表现重回首发也并非不可能。这次世预赛小组赛，胡梅尔斯参加了 3 场比赛，贡献了 1 次助攻。

巨星介绍

厄齐尔已经成为德国队的绝对主力，他是德国队进攻的主要源泉。

——德国《踢球者》

厄齐尔
Mesut Ozil

生日：1988.10.15

身高：181CM

位置：中场

所属俱乐部：阿森纳

国家队履历：52 场 17 球

身价：5000 万欧元

评分：7.1

或许因为是土耳其后裔，厄齐尔与传统的德国球员特点不同，他速度感、方向感以及阅读比赛的能力极佳，射门能力和任意球都很不错，是德国国家队和阿森纳队的中场核心。厄齐尔的脚下技术非常灵活、细腻，护球能力很强，对手很难从他脚下断球，加上超一流的盘带技术和控球技术，每次都能轻松过人摆脱。厄齐尔曾经说过："我是德国人，但我的踢球风格却是土耳其式的。"这究竟是什么意思呢？厄齐尔回答："我拥有土耳其式轻松自如的一面，这来自于我的家族，我的血统；同时我又兼具德国式的纪律，这是完美的融合，各占50%。"他的到来让阿森纳提高了整整一个档次。

托马斯·穆勒
Thomas Muller

生日：1989.9.13
身高：186CM
位置：中场
所属俱乐部：拜仁慕尼黑
国家杯履历：47 场 16 球
身价：4500 万欧元

评分：7.5

4 年前的南非，当时只有 21 岁的托马斯·穆勒初出茅庐，在右边锋的位置上一举获得了金靴奖，现在的他技术更加成熟，得分能力也更强。但由于德国队中场强人林立，托马斯·穆勒必须为一个主力位置奋斗。这次世预赛小组赛，穆勒参加了全部 10 场比赛，贡献了 4 个进球，6 次助攻。

托尼·克罗斯
Toni Kroos

生日：1990.1.4
身高：182CM
位置：中场
所属俱乐部：拜仁慕尼黑
国家队履历：41 场 5 球
身价：3200 万欧元

评分：6.6

德国人都说，托尼·克罗斯是以前拜仁慕尼黑的两大传奇前锋托尼和克洛泽的综合体。他是 2007 年 U17 世界杯的金球奖得主，也是第一名登上德甲赛场的 90 后球员。这届世界杯，将是展现他天赋的舞台。托尼·克罗斯本次世界杯预选赛打入三球，并和厄齐尔一起很好地组织起了德国队的进攻，可谓表现不俗。

罗伊斯
Marco Reus

生日：1989.5.31
身高：180CM
位置：中场／前锋
所属俱乐部：多特蒙德
国家队履历：19 场 7 球
身价：3400 万欧元

评分：6.7

罗伊斯的横空出世让德国队原本人才济济的中场更加星光灿烂。勒夫考虑在世界杯期间将他打造成一名影子前锋，曾多次公开表示：“罗伊斯也可以作为突前的前锋，他有非常全面的技战术能力。”这次世预赛小组赛，罗伊斯参加了 6 场比赛，贡献了 5 个进球 4 次助攻，表现相当不俗。

赫迪拉
Sami Khedira

生日：1987.4.4
身高：189CM
位置：中场
所属俱乐部：皇马
国家队履历：44 场 4 球
身价：2200 万欧元

评分：7.9

皇马后腰赫迪拉在 2013 年 11 月遭遇了一次膝盖十字韧带撕裂的重伤。即使他能在世界杯前复出，也要再度争取主力位置。现在他在国家队的后腰位置上面临京多安、施魏因施泰格和拉姆等多位强手的竞争，每一场比赛的表现都将左右他们的命运。这次世预赛小组赛，赫迪拉参加了德国队的 8 场比赛，贡献了 1 个进球。

主力球员

京多安
Ilkay Gundogan

生日：1990.10.24
身高：181CM
位置：中场
所属俱乐部：多特蒙德
国家队履历：8 场 2 球
身价：2700 万欧元

评分：7.7

去年 8 月那次受伤极大地影响了京多安的状态，幸好他在年初及时复出。京多安是去年表现最为抢眼的年轻中场。他是前腰出身，体力充沛，有着不错的进攻意识，两年的后腰经历也磨练出了他的防守能力。以他的正常发挥，足以影响到施魏因斯泰格的主力位置。这次世预赛小组赛，京多安参加了 2 场比赛，贡献了 1 个进球，1 次助攻。

施魏因斯泰格
Bastian Schweinsteiger

生日：1984.8.1
身高：183CM
位置：中场
所属俱乐部：拜仁慕尼黑
国家队履历：100 场 24 球
身价：4000 万欧元

评分：7.4

施魏因斯泰格随德国队参加 2004、2008、2012 年三届欧洲杯和 2006、2010 年两届世界杯，但是近期这位多朝元老因为脚踝手术多次缺席国家队的比赛，他的位置也一度岌岌可危。好在前德国队队长卡恩极力推荐“小猪”：“施魏因斯泰格正处于他职业生涯的黄金期，和拜仁一起夺得三冠王展现了他出众的实力。”

格策
Mario Goetze

巨星介绍

生日：1992.6.3
身高：176CM
位置：中场
所属俱乐部：拜仁慕尼黑
国家队履历：26 场 6 球
身价：4500 万欧元

评分：6.7

格策在德国队中因为技术细腻，进攻组织能力出众，被称为“德国梅西”。他曾被评为 2011 年欧洲最佳新秀，在该年 8 月 3 比 2 击败巴西队的友谊赛中，当时仅 19 岁的格策以 1 个进球帮助德国队终结了 18 年逢巴西不胜的历史。这次世预赛小组赛，格策参加了 7 场比赛，贡献了 4 个进球 1 次助攻。自从去年底从伤病中复出，3700 万先生的状态一路走高。虽然格策可以胜任前场多个位置，但只有在攻击型中场的位置才能最大程度发挥德国金童的威力。勒夫坐拥让全世界羡慕的中场配置，而前腰位置究竟选择厄齐尔还是格策确实是让人幸福的烦恼。

德国队

测 小组出线形势预测

G小组普遍实力不俗：新晋世界足球先生C罗领军的葡萄牙极难对付，他一人就可以改变比赛结果，这从葡萄牙与瑞典队的世预赛附加赛上就能看出；加纳是上届世界杯德国同组对手，上届世界杯他们就为勒夫的球队制造了足够多的麻烦，而此战也是博阿滕（杰罗姆·博阿滕、凯文·博阿滕）兄弟重聚，看点颇多；本组公认最弱的美国队对于勒夫来说也不好对付，因为他们的主帅是前德国队主帅克林斯曼，“金色轰炸机”对德国战车的了解不比勒夫少，现在的德国队就是由这位现任美国队主帅奠定基础的。

虽然德国队还是本组最有实力拿第一的球队，但几乎每一战都接近生死战，否则德媒不会一再重复：“这是仅次于乌拉圭、意大利和英格兰所在D组的艰难小组！勒夫的担子不轻。”

权威点评

评 马特乌斯

（德国足坛名宿，德国队功勋队长）

德国队夺得今年巴西世界杯冠军的可能性要大于西班牙，而西班牙只是世界杯上的第三热门球队，次于东道主巴西和德国。西班牙连续赢得了过去三届大赛的冠军，但是我不认为他们现在依然具有当初的统治力和稳定性。

这也就是我为什么认为德国队要比西班牙夺冠机会更大的原因。我相信巴西和德国才是今年夺冠的最大热门，西班牙只能排在第三。2013年的联合会杯上，东道主巴西已经展现出了自己能在本土拿到冠军的实力，而德国则是过去几年一直都很强大的球队。但是我忧虑的是，现在的德国队总是在决定胜负的时候缺少了一种必胜的信念，这也是德国队过去几年一直以来和冠军失之交臂的原因。当然，每个人都想赢球，都会付出最大的努力，但是在这种时候，你需要拿出比你能付出的最大努力更多一点的努力才行，你需要展现出让对手意想不到的东西，如果德国队能够从之前的错误中吸取教训，不要再重复，那他们就会是世界冠军。

欧洲区小组赛

表 德国队预选赛数据表

（9胜1平0负，小组第一晋级）

时间	主/客场	结果	进球者
2012.09.07	主	3比0法罗群岛	格策28′、厄齐尔54′、72′
2012.09.11	客	2比1奥地利	罗伊斯44′、厄齐尔52′
2012.10.12	客	6比1爱尔兰	路易斯32′、40′、厄齐尔55′、克洛泽58′、托尼·克罗斯61′、83′
2012.10.16	主	4比4瑞典	克洛泽8′、15′、默德萨克39′、厄齐尔55′
2013.03.22	客	3比0哈萨克斯坦	托马斯·穆勒20′、73′、格策22′
2013.03.26	主	4比1哈萨克斯坦	罗伊斯23′、90′、格策27′、京多安31′
2013.09.06	主	3比0奥地利	克洛泽33′、托尼·克罗斯51′、托马斯·穆勒82′
2013.09.10	客	3比0法罗群岛	默德萨克22′、厄齐尔74′、托马斯·穆勒84′
2013.10.11	主	3比0爱尔兰	赫迪拉11′、许尔勒58′ 厄齐尔91′
2013.10.15	客	5比3瑞典	厄齐尔45′、格策52′、许尔勒57′、66′、76′

葡萄牙队 Portugal

夺冠赔率：

34.00

队报

主场球衣

葡萄牙队总是给人一种“高不成低不就”介于普通球队和传统强队之间的感觉。夸张一点的说法是，如今的葡萄牙队就是C罗一个人的球队，但事实又并非如此，C罗的作用有多大，将很大程度取决于以穆蒂尼奥领衔的中场对他的支持力度。

“C罗独角戏”怎么破?

葡萄牙足球浸着浓郁的拉丁风情，多年以来，葡萄牙一直都被称作是欧洲的巴西。葡萄牙队历史上曾5次参加世界杯，最好成绩是1966年的季军。当年帮助葡萄牙队获得世界杯第三的最大功臣尤西比奥在今年年初因病离世，他的继承人C罗发誓要在世界杯上获得冠军献给葡萄牙人民。

C罗 = 葡萄牙 GDP

身在同说葡语的巴西，葡萄牙队就像来到半个主场作战，语言、

风俗、饮食的无障碍将帮助这支“欧洲巴西队”更好地投入比赛，何况他们还有当今世界上最具竞技和商业价值的球员C罗。C罗是其他队伍必须设法防范的头号杀手，与此同时，葡萄牙队也背上了“C罗独角戏”的恶名。

C罗能夺得2013金球奖，世预赛欧洲区附加赛对阵瑞典队两回合的四个进球帮他拉了不少选票。这四个进球对葡萄牙有多重要？根据葡萄牙市场管理学院（IPAM）的研究，葡萄牙队要进入世界杯决赛圈，将为葡萄牙全国经济带来4.38亿欧元的效益，几乎可以使葡萄牙今年的经济增长率提高一个百分点。相当于C罗的一个进球价值1.1亿欧元，真正的一球万金。据IPAM的研究，如果葡萄牙队有幸在巴西问鼎，带来的经济增长将高达6亿欧元。

2013年的C罗无疑是绝对出色的，他以自然年69球的可怕数据超越梅西和里贝里，加冕当年的FIFA金球奖。C罗的这69球包括10个国家队进球，为他国脚生涯自然年最高产量。但是我们应该看到，C罗在6场世预赛中毫无建树，稳定性还不如12场6球的波斯蒂加。队友们总是习惯由C罗来完成最后一击。因此C罗的表现直接决定了葡萄牙队能在巴西走多远。

世界杯正值巅峰期

29岁是一名进攻型球员从心理到生理都最为成熟的阶段。如今C罗已经从一个边路突击的单车少年，转化成了中前场全能的进球杀手。

从技巧型逐步转变为力量型，每一年C罗身上的肌肉都在增大，强壮的身体也能够对身

主帅兵法

保罗·本托

Paulo Bento

生日：1969.06.20

国籍：葡萄牙

2010年9月上任至今

今年已经是保罗·本托执掌葡萄牙队的第四个年头了。在他的捏合下，这支球队的战斗力越来越强。布鲁诺·阿尔维斯与佩佩将成为葡萄牙后防线上的中坚力量，科恩特朗将胜任左后卫的位置。在中场方面，穆蒂尼奥是真正的中场指挥家，他一脚传球撕开对手防线的能力对葡萄牙至关重要。穆蒂尼奥身旁，维罗索与梅雷莱斯两大好手为其保驾护航，他们都是拼抢有余但灵气不足，对球队更多的贡献是巩固防守，在中场树立起一道屏障，为后防线减轻负担。进攻线方面，本托有C罗、阿尔梅达、纳尼、波斯蒂加等多人可用，但C罗与纳尼更多时候是分居两翼，这样一来谁能胜任球队中锋又成了问题。

主力阵容

体重要关节起到很好的保护作用，减少外界伤害造成冲击。C罗这样的状态还能保持多久？葡萄牙国家队理疗师安东尼奥·加斯帕表示，CR7的巅峰期还能保持5-6年。

如今，葡萄牙队主帅本托也面临如何使用C罗、将其能量最大化释放的课题。他的前任斯科拉里与奎罗斯都试验过C罗踢中锋的法子，与当年他在曼联谏言弗格森一样，但葡萄牙不比曼联、皇马，没有能为他吸引狙击枪的鲁尼、本泽马和迪马利亚，C罗站中路极易被包夹卡死。恢复成左边锋，是沿袭皇马的路数，但波斯蒂加与纳尼、阿尔梅达与其都缺乏默契与灵性的配合。在葡萄牙队C罗单打独斗的镜头远比皇马为多，对近两年风格正趋转型的CR7而言，过分强调他的攻击轴心地位，其实反而不利于他发挥。

越长大越孤单

如今的C罗、梅西亦体会着国家队与俱乐部的巨大反差。而阿根廷好歹前场人才济济，"跳蚤"身侧阿圭罗、特维斯群贤争锋，葡萄牙队呢？近两年值得一提的世界级新人只有科恩特朗以及中生代的梅雷莱斯，从国家队阵容的角度说，C罗其实比梅西更孤单。

巴西世界杯，对于C罗来说是一届需要证明自己的世界杯。这次他作为葡萄牙的核心出征世界杯，也是作为世界足球先生出征世界杯，他要证明他可以像自己的前辈尤西比奥那样具备独力将葡萄牙带进四强的能力。

这还是C罗与梅西两个人之间的战争，当今足坛两大天王的地位依然无人能比，虽然过去几年C罗在个人荣誉和团队荣誉都处在下风。葡萄牙人遭遇了职业生涯中最可怕的对手，梅西的横空出世，让很多人发出"既生罗何生梅"的感慨。梅西连续四年加冕金球奖，除了2010年外，每一年都是以绝对优势胜出而且毫无争议。C罗在四年里有三次做了梅西的配角，谁都知道他的目标就是夺回金球，所以在此前的金球奖评选前C罗会让出自己的国家队队长位置，而且他毫不讳言地表示，自己没有投票给梅西的原因就是因为对方是自己的主要对手。

帕特里西奥
Rui Patricio

生日：1988.02.15
位置：门将
身高：190CM
所属俱乐部：里斯本竞技（葡超）
国家队履历：29场
身价：2000万欧元

评分：6.8

帕特里西奥是踢前锋出身的门将，他11岁时就被里斯本竞技的球探看中并罗至旗下。这位年少成名的门神拥有1.9米的身高，身体条件出色，被看作是里卡多的最好接班人。去年阿森纳曾想花1000万欧元求购他，可是因出价太低被拒绝。他在本次巴西世预赛欧洲区比赛中代表葡萄牙队打满整整12场比赛，仅失11球的稳定表现值得信赖。

布鲁诺·阿尔维斯
Bruno Alves

生日：1981.11.27
位置：后卫
身高：189CM
所属俱乐部：费内巴切（土超）
国家队履历：70场10球
身价：500万欧元

评分：6.9

阿尔维斯在葡萄牙队中后卫的位置相当固定，身高体壮的他是葡萄牙足坛少有的身体条件优秀的后卫。2012年欧洲杯半决赛中，他罚失了一粒关键的点球，导致葡萄牙队在点球大战中负于最后的冠军西班牙队。如今，更成熟、更有担当的阿尔维斯希望在巴西获得更好的成绩。这次世预赛小组赛，阿尔维斯参加了10场比赛，贡献4个进球。

科恩特朗
Fabio Coentrao

生日：1988.03.11
位置：后卫
身高：179CM
所属俱乐部：皇马
国家队履历：42 场 2 球
身价：1400 万欧元

评分：6.6

穆里尼奥对科恩特朗的技术有如下评价：科恩特朗是个多面手，能踢很多位置。但是科恩特朗在安切洛蒂治下的皇马逐渐失去位置，其实自从转会皇马之后，科恩特朗就始终被马德里球迷和媒体质疑。但在葡萄牙帮中的地位使他一直安然无事。这次世预赛小组赛，科恩特朗代表葡萄牙队参加了 10 场比赛，贡献 1 个进球，2 次助攻。

穆蒂尼奥
Joao Moutinho

生日：1986.09.08
位置：中场
身高：170CM
所属俱乐部：摩纳哥
国家队履历：65 场 2 球
身价：3000 万欧元

评分：7.1

穆蒂尼奥由于球风和视野酷似里斯本竞技传奇球星鲁伊·科斯塔而闻名，单看土豪球队摩纳哥以 2500 万欧元将他招募旗下就能想象到他的能力。穆蒂尼奥能够出任中场任何位置，技术出色，还有一定的远射能力。

这次世预赛小组赛，穆蒂尼奥代表葡萄牙队参加了 12 场比赛，贡献了 10 次助攻，表现相当令人惊喜。

波斯蒂加
Helder Postiga

生日：1982.08.02
位置：前锋
身高：182CM
所属俱乐部：瓦伦西亚
国家队履历：66 场 27 球
身价：3500 万欧元

评分：6.6

虽然年过三旬，波斯蒂加仍然是国家队的主力前锋。作为葡萄牙队的单前锋人选，波斯蒂加更主要的作用是牵扯后卫的注意力，为身后的 C 罗制造机会。这次世预赛小组赛，波斯蒂加参加了 10 场比赛，尤其是在小组赛 C 罗哑火的阶段，波斯蒂加用 6 个进球的强劲表现证明了自己的实力。

佩佩
PEPE

生日：1983.02.26
位置：后卫
身高：187CM
所属俱乐部：皇马
国家队履历：57 场 3 球
身价：1800 万欧元

评分：7.2

在葡萄牙球迷眼中佩佩并非一开始就被认可，都认为他是凭借着前葡萄牙主帅斯科拉里的关系才得以入队。但是随着他的发挥日趋稳定，葡萄牙球迷开始接受他那套有些粗野、不华丽但很实用的防守套路。这次世预赛小组赛，佩佩代表葡萄牙队参加了 10 场比赛，贡献 1 个助攻。

巨星介绍

他不仅仅是个足球运动员，他将成为当今足坛的象征之一。无论效力于哪国联赛，无论效力于哪支球队，他都将作出最重要的贡献。

——葡萄牙《新闻报》

C 罗

Cristiano Ronaldo

生日：1985.02.05

身高：186CM

所属俱乐部：皇马

国家队履历：109 场 47 球

身价：1 亿欧元

评分：8.5

谁也没法想象没有 C 罗的葡萄牙队会是什么样子。在对阵瑞典队的世预赛附加赛上，C 罗将个人英雄主义发挥到了极致，他在次回合的帽子戏法直接将葡萄牙队送去了巴西。毫无疑问，C 罗和梅西是世界上个人能力最强的球员，但是他们在国家队总是处于孤立无援的状态。这次世预赛小组赛，C 罗参加了 10 场比赛，贡献了 8 个进球，3 次助攻。

测 葡萄牙队

小组出线形势预测

G组种子队德国队可以说是葡萄牙人的克星。在双方的交锋史上，葡萄牙队丝毫不占便宜，历史上双方共交手9次，葡萄牙人只取得了1场胜利。

两支球队被看作是本小组中出线的最大热门，但由于赛程的安排，两队在小组赛首轮就要碰面，这也使得出线形势越发难以预测。无论哪支球队取胜，都将在小组中占据有利位置。输球的一方则背负巨大压力，之后的小组赛更加困难。如果两队首回合战平的话，那么势必会让另外两队看到希望，德葡之中或许有人会爆冷出局。

葡萄牙媒体普遍认为，这个抽签结果非常不理想，第一场就跟夺冠大热门德国队比赛是把双刃剑：如果赢了，士气会高涨；如果输了，那总会受点影响，而接下来还要与非洲最强的球队加纳以及在克林斯曼带领下进步很快的美国队交锋，要想在这个小组出线绝不会轻松。综合来看，即便葡萄牙队能够出线，恐怕只能以小组第二的身份晋级16强。

评 权威点评

菲戈

（葡萄牙足坛名宿）

世界杯上有世界上最强的球队，没有简单的对手。我们知道会遇到夺冠热门，就目前来说是德国队。和德国一组是个好的开始，对阵强队的时候更能激发我们的斗志，也许会有很好的表现。和他们的比赛是我们的世界杯首战，有好的开始会很重要。每个人都知道德国队的实力，他们被认为是热门，但是我认为最近几次和德国交手很愉快。

另外，在世界杯上不容犯错。我们曾经在对阵美国队时犯过错，成绩并不好，但是现在时间不同了，我们有能力获得好的结果。现在最主要的目标是小组出线，然后一切都有可能发生。葡萄牙有能力打出一片天。

表 欧洲区小组赛

葡萄牙队预选赛数据表

（6胜3平1负，小组第2进入附加赛）

时间	主/客场	结果	进球者
2012.09.07	客	2比1卢森堡	C罗28′、波斯蒂加54′
2012.09.11	主	3比0阿塞拜疆	瓦雷拉63′、波斯蒂加85′、阿尔维斯88′
2012.10.12	客	0比1俄罗斯	
2012.10.16	主	1比1北爱尔兰	波斯蒂加79′
2013.03.22	客	3比3以色列	阿尔维斯2′、波斯蒂加72′、科恩特朗90+3′
2013.03.26	客	2比0阿塞拜疆	阿尔维斯63′、阿尔梅达79′
2013.06.07	主	1比0俄罗斯	波斯蒂加9′
2013.09.06	客	4比2北爱尔兰	阿尔维斯21′、C罗68′、77′、83′
2013.10.11	主	1比1以色列	R·科斯塔28′
2013.10.15	主	3比0卢森堡	瓦雷拉30′、纳尼36′、波斯蒂加78′
欧洲区附加赛			
2013.11.15	主	1比0瑞典	C罗82′
2013.11.19	客	3比2瑞典	C罗50′、77′、79′

加纳队 Ghana

夺冠赔率：

151.00

队报

主场球衣

年轻的加纳队虽然只参加过两次世界杯，但是前两次的表现都让人惊艳。

第三次更神奇？

2006 年德国世界杯是“黑星”加纳队第一次参加世界杯决赛圈的比赛，该队以 23 岁零 352 天的平均年龄成为该届大赛中最年轻的队伍。在小组赛中，加纳队首轮负于意大利队，但后两轮先后击败了捷克队和美国队，得以从小组中出线，成为 2006 年惟一一支闯入淘汰赛的非洲球队。在 1/8 决赛中，加纳遇到了卫冕冠军巴西队，该队在埃辛缺阵的情况下依然大打攻势足球，最终 0 比 3 负于巴西队。

2010 年南非世界杯，加纳足球再度让世界震惊。他们小组赛 1 比 0 绝杀塞尔维亚队，1 比 1 战平澳大利亚队，0 比 1 小负德国队，小组第二出线。1/8 决赛经过 120 分钟激战 2 比 1 力克美国队杀进八强。1/4 决赛同样经过加时赛 1 比 1 战平乌拉圭队，如果不是苏亚雷斯的那次手球，上届世界杯杀进四强的将会是加纳队。奈何吉安最后时

刻踢飞绝杀点球，最终加纳队点球大战 2 比 4 失利无缘四强。这也是非洲球队距离世界杯四强最近的一次，却又如此之远。但年轻的加纳队还是让我们为之喝彩。

虽然连续三届都杀进世界杯决赛圈，成为非洲足坛的骄傲，但加纳队在去年年初举行的非洲杯中未能杀入决赛，最终只获得第四名的成绩，球队也因此誓要在世界杯预选赛赛场上有所作为。相对于绝对核心年事已高的喀麦隆队及科特迪瓦队，中前场人才济济的加纳队似乎最有可能成为本届世界杯非洲球队中的翘楚。但是非洲球星普遍比较散漫，自我意识较强，这需要“黑星”队主教练奎西·阿皮亚的加倍努力。“要管理这些自我意识很强的球员并不容易。”阿皮亚坦言，“但球员们都能在比赛中严于律己,团结一致,最终实现了目标。”然而，加纳队必须先控制住更衣室，老队员蒙塔里、埃辛屡次对主教练重用年轻球员表示不满，或许会在一定程度上影响球队的战斗力。不听话，战术纪律性不强，在队中都想做“老大”，遇到困难时心理承受能力差，彼此指责制造混乱,这似乎是所有非洲球队的统一特质。

当然，与两支欧洲豪强德国队及葡萄牙队同分在一组确实有些不幸，但拥有阿萨莫阿、博阿滕、蒙塔里、埃辛、阿尤等实力派球员的非洲黑星若绽放出璀璨光芒，挤掉德葡其中的一家并非完全不可能。第三次更精彩？加纳的小伙子们需要加倍努力。

主帅兵法

奎西·阿皮亚

Kwesi Appiah

生日：1960.06.30

国籍：加纳

2012 年 4 月上任至今

入围巴西世界杯后，奎西·阿皮亚成为首个带领加纳足球队闯入世界杯的本土教练。阿皮亚面对的难题是过于羸弱的后防线。加纳的几位后防球员都是在非主流联赛效力，大赛经验并不丰富。然而他们的中场星光熠熠，蒙塔里是中场调度器，埃辛则主要负责防守。其他三个位置中，凯文·博阿滕应有一席之地，尤文图斯的新秀阿萨莫阿在左路有很强的突破能力，剩下一个位置的争夺则要看大小阿尤、阿特苏、阿贝耶等人的表现了。本届世预赛，阿皮亚试验单前锋打法，让中场人人参与进攻，成功刷出 8 场 25 球的非洲最强攻击力，改造可谓十分成功。

主力阵容

主力球员

埃辛
Michael Essien

生日：1982.12.03
位置：中场
身高：183CM
所属俱乐部：AC 米兰
国家队履历：55 场 9 球
身价：750 万欧元

评分：7.5

多年来，迈克尔·埃辛一直是加纳足球的骄傲之一。埃辛曾在切尔西俱乐部多年师从穆里尼奥，他身体素质出众、动作敏捷、机动性极强。此外。埃辛的球风甚为凶悍，拼抢和铲球从不含糊，是“狂人”钟爱的中场狂人。这次世预赛非洲区比赛，埃辛共代表加纳队登场 3 次，贡献 1 次助攻。

K·阿萨莫阿
Kwadwo Asamoah

生日：1988.03.06
位置：中场
身高：185CM
所属俱乐部：尤文图斯
国家队履历：10 场 2 球
身价：1500 万欧元

评分：7.8

加纳新一代天才的代表。最近两年的加纳足球先生奖项全被他囊括，目前他已经在尤文图斯坐稳主力位置。K·阿萨莫阿可以打中前卫和左前卫两个位置，攻守较为均衡，他的铲球凶狠，控球能力不错，另外有一定的传球能力。这次世预赛非洲区比赛，K·阿萨莫阿共代表加纳队登场 7 次，贡献 1 个进球。

凯文·博阿滕
Kevin-Prince Boateng

巨星介绍

生日：1987.12.09
位置：中场
身高：178CM
所属俱乐部：沙尔克 04
国家队履历：59 场 4 球
身价：2000 万欧元

评分：7.4

巴西世界杯并不是博阿滕兄弟第一次在世界杯同室操戈，2010 年南非世界杯赛前德国队主教练勒夫说，他不会将凯文·博阿滕选入德国队，后者一怒之下选择了自己的祖国加纳。作为全能型中场，凯文·博阿滕不仅能踢后腰，还能胜任前腰。这次世预赛非洲区比赛，凯文·博阿滕登场 1 次，贡献 1 个进球。

加纳队

测 小组出线形势预测

G组种子德国队和加纳队可以说是相当熟悉的对手了，在2010年的南非世界杯上，德国队就和加纳分在了D小组。最终德国队3战2胜，最后一场凭借厄齐尔的进球1比0小胜加纳队，顺利挺进十六强。而加纳队也顺利和德国队携手出线。这次，加纳队希望鸳梦重温。加纳已经连续3次被和美国队分在同一小组，而非洲球队在战绩上处于上风，这可能是对他们晋级来说最有利的一点，因此和美国队的交手将是加纳能否晋级的关键。

权威点评

评 马哈马

（加纳总统）

今年世界杯加纳队将再度震惊世界，即使有人曾经质疑他们的能力，这些勇敢的小伙子们还是一次又一次地出现在了世界大赛上。2014年巴西世界杯分组形势于去年12月7日揭晓，加纳队落入G组，该组拥有夺冠热门德国队、实力强大的葡萄牙队以及中北美及加勒比地区金杯赛冠军美国队。这个小组令人生畏，但加纳队同样是一支令人生畏的球队。有句老话叫，危急关头方显英雄本色。我相信，加纳队将在巴西世界杯上再次闪光，震惊世界，成为我们的骄傲。

非洲区第二轮

表 加纳队预选赛数据表

（5胜1负，小组第1进入第三轮）

时间	主/客场	结果	进球者
2012.06.01	主	7比0莱索托	蒙塔里15′、阿迪耶24′49′、J·阿尤45′89′、阿特苏89′、阿卡明科90+1′
2012.06.09	客	0比1赞比亚	
2013.03.24	主	4比0苏丹	吉安19′、穆巴拉克38′、瓦利斯80′、巴杜83′
2013.06.07	客	3比1苏丹	吉安20′57′、蒙塔里83′
2013.06.16	客	2比0莱索托	博耶45′、吉安82′
2013.09.06	主	2比1赞比亚	瓦利斯17′、阿萨莫阿60′

非洲区第三轮

时间	主/客场	结果	进球者
2013.10.15	主	6比1埃及	C罗4′53′、戈马23′（O.G）、瓦利斯44′、蒙塔里72′、阿特苏88′
2013.11.19	客	1比2埃及	凯文·博阿滕88′

美国队 United States

夺冠赔率：

201.00

队报

已经连续7届（队史上第10次）打入世界杯决赛圈的美国队从来都不是一支惹眼的球队。但是自2002年打入世界杯八强后，美国队至今已经是世界足坛中一股不可忽视的力量。

主场球衣

廿年拓荒终成器

今年，恰好是美国世界杯举办20周年。1994年，为了开拓北美这块足球最后的荒原，国际足联将世界杯的举办权交给美国。众所周知，篮球、棒球、冰球以及橄榄球是美国人所热衷的体育运动，在1994年美国世界杯以前没有多少美国人对这项世界第一运动感兴趣。然而从上世纪90年代中期以后美国足球取得了突飞猛进的发展，这次他们又是以中北美第一名的身份直接进军巴西世界杯，其实力实在不容小视。美国足坛第一球星多诺万曾说过这么一句话：“巴西国家队一个人的工资，就可以养活我们这样的三个队！”美国足球是小本生意，勤俭

起家。这样的模式，在世界可谓独树一帜。

美国人的足球生意经

1994年世界杯是美国举行的第一次世界杯，善于经商的美国人将它成功地操作成了一届竞技、经济双丰收的大赛。美国人吸取了1984年洛杉矶奥运会的经验，用体育与商业结合的策略，通过拍卖世界杯独家转播权，指定世界杯产品赞助商、推广门票、纪念品市场等多种手段，让世界杯的经济效应最大化。足球成了一笔大生意，世界杯从吸睛大赛演变成为吸金利器。世界杯的影响力与日俱增，生意越做越大，美国人居功至伟。

20年后再看美国足球本身，也是另一番模样。从贝克汉姆到亨利、内斯塔，大批的球星都在自己的职业生涯暮年选择了美国，这绝不是偶然，而他们来到美国职业大联盟，也绝不仅仅是为了钱。自2004年标准提高的限薪协议签署后，每个赛季大联盟已经能从电视转播协议中获得1400万美元的收入。这些钱在欧洲足坛来说简直不足挂齿，要知道，英超升班马一个赛季的电视转播受益都高达8000万美元，但这些钱对于大联盟来说，具有相当大的意义。类似于NBA，大联盟刚刚创办时，其比赛的电视转播不仅没有收入，而且要倒贴钱给电视网。如今，电视网要花钱购买足球的电视转播权，说明足球已经是卖得出去的产品了。

普及之路越走越宽

早在1930年乌拉圭世界杯上，美国队就

主帅兵法

克林斯曼

Juergen Klinsmann

生日：1964.07.30

国籍：德国

2011年7月上任至今

克林斯曼向来崇尚简单的传递配合，借此创造机会。他希望凭借球员们充沛的体力和积极的跑动把对方阵型冲乱，进攻多采用后场的长传冲吊。为了训练球员们的体能，克林斯曼从美国聘请了三位体能教练，为每一个球员建立起体能档案。这是他从美式橄榄球中学来的。即使同为体能教练，也会分工负责力量、速度、弹跳等方面的训练。在他的战术表中，阿尔蒂多雷和E·约翰逊都拥有强大的冲击能力，登普西和多诺万则可以利用他们丰富的大赛经验掌握整个球队的节拍。美国队的弱点在于欠缺整体的组织，同时，队员的个人能力也并不算突出。

主力阵容

是13支参赛球队之一，而恐怕更令人惊奇的是那支美国队打入了世界杯半决赛。在回忆那个遥远年代的历史的时候，很多人还是愿意猜测美国足球当时的强大得益于他们吸收了很多的英国球员。当时的美国队一路杀进半决赛，不过在最后大比分输给阿根廷队。在20年代，美国就拥有了自己的足球职业联赛，开始了职业化进程。一个从20年代就拥有职业足球的地方，一个在第一届世界杯就打进半决赛的国家，绝不应该被称为足球的荒漠。美国世界杯的举办又极大地促进了美国足球的发展。根据数据统计显示，1980年19岁以下青年登记踢足球的人数是88.8705万，而到2001年，该登记数字是390万，增长约4.4倍。

根据运动产品制造商协会于2004年进行的一项调查，自1987年以来，足球是所有主要体育运动中唯一一个在美国普及程度提高的项目。这项调查显示，2004年有将近1600万美国人踢足球。根据该协会17年来的统计资料，只有两个集体体育项目的参与人数出现了净增长，而足球就是其中之一。

游戏精神的胜利

丘吉尔说过："美国人总能做对事情，因为他们总是把所有事情的所有做法都先尝试一遍。"归根结底，这就是美国队彰显出来的游戏精神。美国队从1990年开始（如果1980年19岁以下，那么从1990年开始算较为合理），入围世界杯就成了家常便饭，除了上一届的意外之外。而且在2002年的时候，其虽然止步八强，但已经是让人刮目相看，并且创造了美国队近半个世纪以来的最好的世界杯战绩了。话说美国队的最好成绩是1930年首届世界杯，可惜在半决赛中1比6惨败给阿根廷队。

目前的美国队中有多名球员在欧洲高水平联赛中效力：雷纳、麦克布莱德、奥尔布赖恩以及霍华德个个都能独当一面；新老两代"美国金童"多诺万和阿杜更是他们取得优异成绩的有力保证。只要正常发挥水平，小组赛中的对手应该阻挡不住美国队前进的脚步。

主力球员

霍华德
Tim Howard

生日：1979.03.06
位置：门将
身高：191CM
所属俱乐部：埃弗顿
国家队履历：96场
身价：200万欧元

评分：6.3

作为美国队多年的主力门将，霍华德的优缺点都很明显。他反应很快，常有令人惊叹的神奇扑救，不过霍华德也偶尔会出现低级失误，最著名的一次是2003–2004赛季欧冠曼联对波尔图，他在最后时刻的扑球脱手令对方补射成功。本次世预赛，他登场13次，丢了12球。

布拉德利
Michael Bradley

生日：1987.07.31
位置：中场
身高：186CM
所属俱乐部：多伦多FC
国家队履历：82场11球
身价：650万欧元

评分：7.2

迈克尔·布拉德利的父亲鲍勃·布拉德利是前任美国男足的主教练，但他用实力证明自己不是关系户。布拉德利擅长防守，同时又有精准的远射技术，是美国国家队的绝对主力。本次世预赛北美及加勒比区的比赛中，布拉德利代表美国队参加了10场比赛，贡献1次助攻。

贝多亚
Alejandro Bedoya

生日：1987.04.29
位置：中场
身高：182CM
所属俱乐部：南特
国家队履历：25 场 1 球
身价：225 万欧元

评分：6.9

贝多亚是哥伦比亚后裔，他将南美人出众的足球技术带到了美国。在美国国家队中，贝多亚能凭借自己的速度优势积极插上助攻，利用自己在边路的突破为队友创造机会。本次世预赛中北美及加勒比区的比赛中，贝多亚参加了 3 场比赛，贡献 1 次助攻。

阿尔蒂多雷
Jozy Altidore

生日：1989.11.06
位置：前锋
身高：185CM
所属俱乐部：桑德兰
国家队履历：66 场 21 球
身价：600 万欧元

评分：7.2

阿尔蒂多雷年少成名，近年一直辗转于荷甲、西甲和英超联赛，虽然不能成为绝对主力，但是他在欧洲学到的经验也能给美国队带来宝贵的财富。本次世预赛中北美及加勒比区的比赛中，阿尔蒂多雷代表美国队参加了 13 场比赛，贡献 4 个进球。

多诺万
Landon Donovan

生日：1982.03.04
位置：中场
身高：173CM
所属俱乐部：洛杉矶银河（美国）
国家队履历：154 场 57 球
身价：250 万欧元

评分：7.4

多诺万是多年的“美国偶像”，他代表美国队连续参加了四届世界杯。如果不出意外，这次巴西之行将是他最后一次世界杯之旅，多诺万希望能给自己的职业生涯收个豹尾。本次世预赛中北美及加勒比区的比赛中，多诺万参加了 5 场比赛，贡献 1 个进球，1 次助攻。

巨星介绍

登普西是美国足球近年来的杰作之一，他将美国人的足球精神带到了英超，是一笔十分完美的出口。

——美国“足球网络”电台

登普西

Clint Dempsey

生日：1983.03.09

位置：中场

身高：187CM

所属俱乐部：富勒姆

国家队履历：101 场 36 球

身价：700 万欧元

评分：7.0

登普西是美国队最有危胁的进攻球员。他是英超进球最多的美国球员，也是现任美国国家足球队队长。登普西是中前场的多面手，可以踢攻击型前卫、边前卫或者前锋。本次世预赛中北美及加勒比区的比赛中，登普西代表美国队参加了 14 场比赛，贡献 8 个进球，1 次助攻。

美国队

测 小组出线形势预测

过去两届世界杯，美国队都被加纳队淘汰，这次他们将在首场比赛得到复仇机会。由于接着的对手是葡萄牙和德国，美国人至少需要在加纳身上取得一分。进一步说，他们要出线，最后一轮对阵德国之前得拿到四分。美国也许不是出线热门，但他们有充当黑马的本领在。

美国队主帅克林斯曼，恰好是前德国主帅，也正是他奠定了德国队有冲击力的打法。他昔日的助手勒夫将带领德国队争取获得世界杯冠军。这场比赛也将成为昔日主帅和助手之间的对决，两位崇尚进攻足球的教练有望为球迷们献上一场精彩的表演。在去年6月份的友谊赛中，德国队客场3比4不敌美国，但那场比赛德国队是以年轻球员和新晋国脚为主，并没有派出全部主力。对于美国队，曾经担任过克林斯曼助理的德国主帅勒夫也感觉比较复杂，他表示自己与克林斯曼一直保持着友好的联络，但在世界杯之前这样的友好恐怕要“中断”了。美国队官方则对他们的主教练非常有信心，美国足协主席古拉蒂就说：“我可以保证，克林斯曼要比勒夫更了解德国队。”

权威点评

评 进球网

Goal.com

这次的分组结果可能是美国队能想象得到的最艰难的局面。美国和小组赛的3支球队之间都有过交手记录。出线对于美国队来说将异常艰难。在小组赛首轮比赛中，他们将对阵相对最弱的对手加纳，这就迫使他们不得不在首战中就全力争取胜利。而在第三轮才对阵德国对美国队来说则比较有利，因为到时候德国队很可能已经提前出线。总体来说，美国队依然有希望晋级淘汰赛阶段的比赛。

中北美及加勒比区12强小组赛

表 美国队预选赛数据表

（4胜1平1负，小组第一晋级6强赛）

时间	主/客场	结果	进球者
2012.06.08	主	3比1安提瓜和巴布达	博卡内格拉8′、登普西44′、H·戈麦斯72′
2012.06.12	客	1比1危地马拉	登普西39′
2012.09.07	客	1比2牙买加	登普西1′
2012.09.11	主	1比0牙买加	H·戈麦斯55′
2012.10.12	客	2比1安提瓜和巴布达	E·约翰逊20′ 90′
2012.10.16	主	3比1危地马拉	博卡内格拉10′、登普西18′ 36′

中北美及加勒比区6强赛

（6强赛第一晋级）

时间	主/客场	结果	进球者
2013.02.06	客	1比2洪都拉斯	登普西36′
2013.03.22	主	1比0哥斯达黎加	登普西16′
2013.03.26	客	0比0墨西哥	
2013.06.07	客	2比1牙买加	阿尔蒂多雷30′、B·埃文斯90+2′
2013.06.11	主	2比0巴拿马	阿尔蒂多雷36′、E·约翰逊53′
2013.06.18	主	1比0洪都拉斯	阿尔蒂多雷74′
2013.09.06	客	1比3哥斯达黎加	登普西43′
2013.09.10	主	2比0墨西哥	E·约翰逊49′、多诺万78′
2013.10.11	主	2比0牙买加	苏西77′、阿尔蒂多雷80′
2013.10.15	客	3比2巴拿马	奥罗斯科64′、苏西90+2′、约翰松90+3′

G

德国 VS 葡萄牙

6月17日／星期二／北京时间 00:00／预计亚洲盘口：让 0/0.5

1. 姜山冷门推荐：葡萄牙

2. 投注策略分析： 德国首轮遭遇葡萄牙，这也是小组赛第一轮仅次于西荷的较量。现在德国的攻击力空前强大，预选赛 10 战 36 球位居预选赛各队之首，目前该队中前场可谓人才济济，但防守上却不尽如人意，预选赛 10 战丢 10 球，场均失球率在欧洲区 13 支出线队中是最高的。所以与葡萄牙一战，德国的进攻不用担心，但防守能否经受得住 C 罗的冲击，还是未知数。C 罗近年在国家队实现了质的飞跃，得益于中场能够为他提供强大的火力支援，穆蒂尼奥、维罗索和梅雷莱斯三名后腰攻守兼备。德葡两队实力相当，此战握手言和的可能性更大。

3. 足彩专家推荐

陈涛（《足球大赢家》编辑部副主任）：德国
安然（《足球周刊》副总编辑）：葡萄牙

4. 波胆预测

德国 2 比 2 葡萄牙

加纳 VS 美国

6月17日／星期二／北京时间 06:00／预计亚洲盘口：平手

1. 姜山冷门推荐：加纳

2. 投注策略分析： 本组中加纳和美国在出线赔率和小组头名赔率上旗鼓相当，说明博彩公司认为两者实力在伯仲之间。但实际上加纳目前处于黄金时期，普林斯·博阿滕、蒙塔里、阿尤、吉安正值壮年，埃辛也廉颇未老，该队攻击力相当强悍，预选赛附加赛两回合 7 比 3 淘汰了埃及就是明证，只是防守方面有所逊色。美国现在拿得出手的球星并不多，登普西、多诺万都已回归美国发展，在美国职业大联盟这样水平不高的联赛中效力，他们的竞技水平也会受到一定的影响，面对强悍的“非洲黑星”，美国应该没有什么机会。

3. 足彩专家推荐

陈涛（《足球大赢家》编辑部副主任）：加纳
安然（《足球周刊》副总编辑）：加纳

4. 波胆预测

加纳 3 比 1 美国

德国 VS 加纳

6 月 22 日 / 星期日 / 北京时间 03:00/ 预计亚洲盘口：让 1/1.5

1. 姜山冷门推荐：加纳

2. 投注策略分析： 上届世界杯德国和加纳就分在同一小组，两队在末轮相遇，结果德国凭借厄齐尔在第 60 分钟的远射艰难地击败了加纳，以小组第一的身份出线，而加纳则获得小组次名。在那场比赛中出场的普林斯 · 博阿滕、阿萨莫阿、阿尤、吉安、蒙塔里等加纳球员在 4 年后更加成熟，这支加纳队也更加不好对付，在身体上他们甚至比德国人更强，而在技术和速度上也不逊色于对手，差的也许只是一点整体实力。所以这场比赛在德国让步较大的情况下，要谨慎介入上盘，预计本场比赛德国队小胜或平局的可能性最大，亚洲指数上可看加纳。

3. 足彩专家推荐

陈涛（《足球大赢家》编辑部副主任）：加纳
安然（《足球周刊》副总编辑）：德国

4. 波胆预测

德国 1 比 1 加纳

美国 VS 葡萄牙

6 月 23 日 / 星期一 / 北京时间 03:00/ 预计亚洲盘口：受让 1

1. 姜山冷门推荐：葡萄牙

2. 投注策略分析： 葡萄牙历史上与美国队交手没占到什么便宜，5 次交手双方 2 胜 1 平 2 负平分秋色。惟一一次正式比赛相遇是 2002 年世界杯，当时美国队 3 比 2 力克黄金一代领衔的葡萄牙，爆出大冷。不过现在这支美国队想要再在葡萄牙身上爆冷可谓难于上青天，门将霍华德身前的那条防线是美国队最大的软肋和隐患，他们很难抵挡葡萄牙强大的进攻火力，即便 C 罗被美国后卫用人数优势包围，他身后的穆蒂尼奥、维罗索和梅雷莱斯也可以得到极大的空间后排插上威胁美国队球门，而美国队老迈的锋线则难以对葡萄牙后防构成威胁。

3. 足彩专家推荐

陈涛（《足球大赢家》编辑部副主任）：葡萄牙
安然（《足球周刊》副总编辑）：美国

4. 波胆预测

美国 0 比 4 葡萄牙

美国 VS 德国

6 月 27 日 / 星期五 / 北京时间 00:00/ 预计亚洲盘口：受让 1/1.5

1. 姜山冷门推荐：德国

2. 投注策略分析：这场比赛最大的看点在于美国队主帅克林斯曼将率队迎战来自祖国的球队，虽然克林斯曼对德国队了若指掌，但作为他曾经的助手，德国队主帅勒夫对克林斯曼的执教风格以及战术打法同样知根知底，因而这是一场没有什么秘密的比赛，胜负结果全看两队的实力。前两轮比赛之后，德国 1 胜 1 平或两战全胜的几率极大，而美国则很可能在前两轮遭遇全败或只积 1 分，所以在动力上，美国可能会有所缺失。德国和美国在世界杯上曾有过 2 次交手记录，结果 1998 年德国 2 比 0 胜，2002 年 1 比 0 胜。如今两队实力差距更大，德国赢球赢盘不在话下。

3. 足彩专家推荐

陈涛（《足球大赢家》编辑部副主任）：德国
安然（《足球周刊》副总编辑）：德国

4. 波胆预测

美国 0 比 4 德国

葡萄牙 VS 加纳

6 月 27 日 / 星期五 / 北京时间 00:00/ 预计亚洲盘口：让 0.5/1

1. 姜山冷门推荐：葡萄牙

2. 投注策略分析：根据 G 组各队的实力，葡萄牙在前两轮战平或输给德国、击败美国的可能性最大；而加纳拿下美国也没有太大悬念，但对德国应该讨不到便宜。也就是说，在末轮之前他们应该都还没有确定出线，但也都有机会，所以此战堪称一场生死对决。两队在历史上没有交手记录，不过今年 3 月的友谊赛上葡萄牙 5 比 1 大胜喀麦隆，会为葡萄牙队迎战非洲球队增添不少的信心，事实上葡萄牙自 2009 年以来对非洲球队还从未输球。而加纳对欧洲技术流的战绩则很一般，2010 年曾 1 比 4 惨败于荷兰，今年 3 月的友谊赛上也是 0 比 1 输给了黑山，此战前景堪忧。

3. 足彩专家推荐

陈涛（《足球大赢家》编辑部副主任）：加纳
安然（《足球周刊》副总编辑）：葡萄牙

4. 波胆预测

葡萄牙 2 比 0 加纳

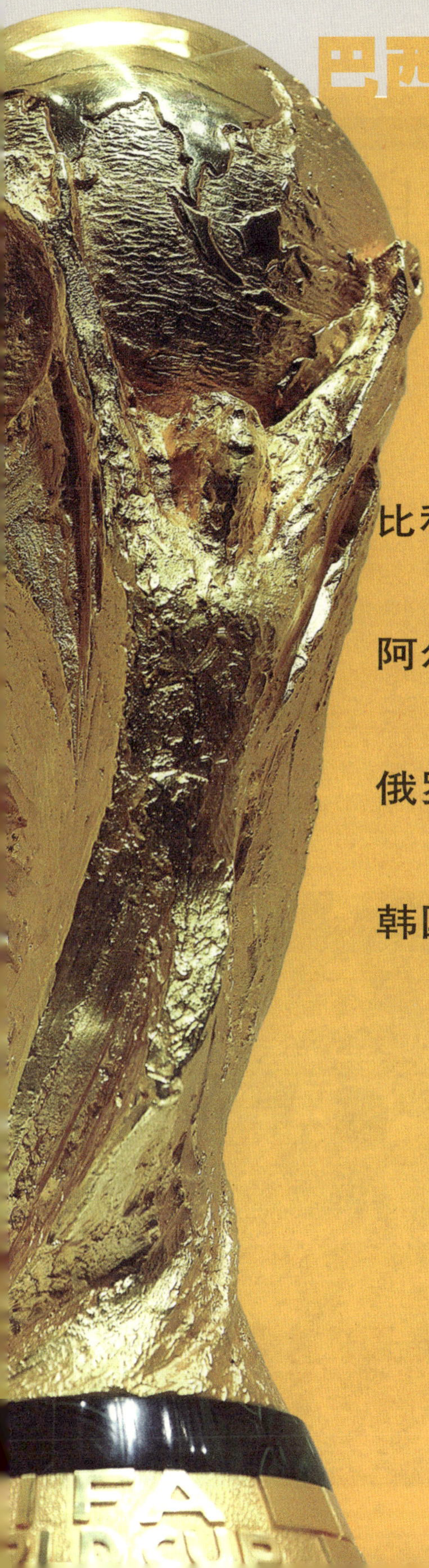

H

比利时队

阿尔及利亚队

俄罗斯队

韩国队

比利时队 Belgium

夺冠赔率：

15.00

“欧洲红魔”上次参加世界杯时还是2002年。如今，比利时迎来球星井喷的“黄金一代”，他们也被誉为本届世界杯最具黑马相的球队。

队报

“黄金一代”大热必死？

在3年前，比利时国家队都并不算是超级强队。近10年无缘国际大赛，让他们的排名跌至世界第30位，甚至在2007年年初，比利时的国际排名跌至第71位，沦落到和中国男足一个级别。但是突然之间，比利时迎来了球星井喷，阿扎尔、卢卡库、维采尔、费莱尼、孔帕尼等一干年轻球员都是欧洲豪门的当打球星。

世预赛倒数第二轮比利时2比1战胜克罗地亚队提前锁定了小组第一，当时比利时队的首发11人总身价高达2.71亿英镑。如果算上球队所有的23人，该队的总身价将接近4亿英镑。放眼整个欧洲，首发11人总身价也只有德国的2.745亿英镑和西班牙的2.735亿英镑排在他们之上。一时之间，比利时阵中猛将如云，已经被外界视

主场球衣

为“欧洲第一妖队”。然而，比利时队真的有在世界杯上与传统豪强扳手腕的实力吗？

内讧传统如定时炸弹

如今的比利时，就像 1998 年夺取世界杯的多种族法国队，多种文化的交融令比利时获益匪浅。但是比利时是一支常年被内讧影响的球队。长时间以来，比利时国内一直分成弗莱芒人和瓦隆人，前者说荷兰语，后者讲法语，两派对彼此都颇有微词。位于弗莱芒地区的布鲁塞尔，由于历史发展的原因，其市中心多讲法语，所有的标示都用法语和荷兰语分别标注，成为欧洲中心的一大独特风景。 比利时老帅蒂斯曾说过说，自己的国家队坚决不召入瓦隆人。弗莱芒人和瓦隆人都出现了优秀的球星，然而却难以团结。

“很多人以前都会说，比利时的南北是两个国家。”威尔莫茨说，“就像海宁和克里斯特尔斯，比利时人自己的玩笑是，除了护照，她俩没有共同之处。我们这支球队如果从父辈祖辈源流上，要比网球那两个姑娘差别更大，当然也会有一些沟通和交流上的挑战。”比利时足协要选择威尔莫茨这样的更衣室老大担任主教练，就是只有他这样的名宿才能镇得住来自各个种族、各个流派的球员们。

年龄结构失衡

牌面实力上看，比利时确实只比巴西、阿根廷、德国和西班牙差，比意大利、荷兰、

主帅兵法

威尔莫茨

Marc Wilmots

生日：1969.02.22

国籍：比利时

2012 年 5 月上任至今

威尔莫茨以 4231 阵型为主力架构。库尔图瓦获得 1 号，费尔马伦和阿尔德韦雷尔德各司两闸，孔帕尼、费尔通亨和范比滕竞争中卫搭档。比利时的中场球星云集，维采尔、费莱尼、登贝莱、德富尔为双后腰提供保障。世预赛上贡献 4 个进球 4 次助攻的德布劳内虽然最近在俱乐部坐上了冷板凳，但是只要调整好状态，将会成为比利时队的一大杀器。梅尔滕斯、沙兹利、米拉拉斯等人在边翼辅佐 10 号阿扎尔。卢卡库本赛季在埃弗顿如鱼得水，他和本特克谁将成为比利时队的首发中锋还真不好说，不过两人都是身高体壮、冲击力强的前锋，无论是谁出场，都会给对手造成极大的压力。

主力阵容

英格兰等都更出色。因此进入半决赛甚至决赛，确实是一个看上去夸张，但存在可行性的野望。只是这支年轻的球队切忌被自我超越的欲望冲昏头脑，毕竟球队还存在习惯在最后时刻丢球的短板，且绝大部分球员都缺乏国家队的大赛经验——经历过 2002 年世界杯洗礼，至今仍在队内的只有范比滕和蒂米·西蒙斯二老，分别已是 35 和 36 岁高龄。

球队中有经验丰富的老将固然是好，但作为整体的比利时队并没有丰富的大赛经验。比利时的后防阵容正值当打之年，不过攻击线上却是一堆 20 岁出头的小伙儿，卢卡库，阿扎尔和本特克虽然都显示出了妖人属性，但他们的巅峰期远远未到。大家都还记得 2010 年世界杯那支充满朝气和活力的德国队，他们的表现堪称大赛上的亮点，不过青春风暴终究还是止步于半决赛。

现在的比利时队拥有令人嫉妒的妖人攻击阵，但并不意味着，他们因此会成为巴西世界杯的主角。西班牙、德国、意大利、法国和英格兰等诸多豪门都希望通过今年的世界杯守住荣誉或者有新的突破，被媒体视为黑马的比利时自然成为各队心中的试金石。

他不是教练而是大哥

2012 年，比利时前国脚威尔莫茨成为比利时国家队主帅，比利时需要像威尔莫茨这样有威望、有干劲的少帅来执教。威尔莫茨凭借多年在球队中的影响力很容易成为带头大哥似的主教练，但是作为教练他毕竟年资尚浅，他作为主帅仅在沙尔克执教 8 场，在圣特隆德执教 3 场，好在他在国家队期间赢得的尊重和他高尚的人品让球员热爱他，也因为他允许球员们踢更有观赏性的足球。

有着“战猪”绰号的威尔莫茨对球员的鞭策、鼓动能力超群，他曾表态“我可以与球队同生共死”。但遇上世界杯这样短时间、高强度、极度考验主帅资源调配能力和技战术经验的大赛，“大哥威”是否能一战成名，还是步上届世界杯马拉多纳的后尘，还不得而知。

主力球员

费尔马伦
Thomas Vermaelen

生日：1985.11.14
位置：后卫
身高：182CM
所属俱乐部：阿森纳
国家队履历：46 场 1 球
身价：1400 万欧元

评分：7.6

作为中后卫，费尔马伦的正面防守能力出色，虽然身高并不突出，但弹跳和落点判断出色，头球不逊于任何对手。去年夏天阿森纳罕见地没有出售队长，然而枪手队长费尔马伦由于板凳坐穿，已经明确要求在今夏离队。本赛季费尔马伦只出场 11 次，世界杯主力位置很可能不保。本次世预赛欧洲区小组赛中，费尔马伦代表比利时队出场 7 次。

维采尔
Axel Witsel

生日：1989.01.12
位置：中场
身高：183CM
所属俱乐部：泽尼特
国家队履历：45 场 5 球
身价：3500 万欧元

评分：7.7

虽然此前维采尔曾创造过 4000 万欧元转会费的天价，但由于常年在俄超效力，球迷们并没有真正见识过他的实力。目前比利时队拥有多名防守型中场，因此 24 岁的他很有可能被主帅威尔莫茨赋予更多进攻的重任。在时隔 12 年重返世界杯之后，比利时队有望在一干年轻人的努力下成功从小组赛突围，维采尔也很有可能在巴西上演新版“一球成名”。本次世预赛，维采尔出场 10 次。

德布劳内
Kevin de Bruyne

生日：1991.06.28
位置：中场
身高：180CM
所属俱乐部：沃尔夫斯堡
国家队履历：19 场 4 球
身价：1700 万欧元

评分：7.7

绰号“狂飙魔鬼”的德布劳内盘带技术十分出色，在过往打边锋的时候喜欢内切后用右脚射门。威尔莫茨十分器重他，给了他通常只有经验丰富的老球员才会有的战术地位。从 17 岁起德布劳内就被惯以“未来之星”的头衔，两年后便带领根克拿到比甲冠军，看上去现在已经是时候让他的职业生涯踏上一个新台阶了。本次世预赛，德布劳内出场 10 次，贡献 4 个进球，4 次助攻。

费莱尼
Marouane Fellaini

生日：1987.11.22
位置：中场
身高：194CM
所属俱乐部：曼联
国家队履历：47 场 7 球
身价：2300 万欧元

评分：7.6

埃弗顿时期的费莱尼就成功地扮演了中场组织者的角色，他利用空中力量和脚下技术为自己的球队提供了很多进攻选择。与曼联目前的许多中场球员相比，身材高大的他在空中对抗的数据上明显高出一个档次。他既能在防守时利用身高的优势抢夺第一点，又能够利用这种优势进球。本次世预赛，费莱尼出场 7 次，贡献 1 个进球。

孔帕尼
Vincent Kompany

生日：1986.04.10
位置：后卫
身高：193CM
所属俱乐部：曼城
国家队履历：56 场 4 球
身价：3500 万欧元

评分：7.9

孔帕尼身材高大而且身体素质出众，是当今世上的顶级后卫之一。作为曼城俱乐部和比利时国家队的双料队长，孔帕尼的实力有目共睹。在曼城的 5 年来，尽管球星和教练走马灯似的换来换去，但他始终是“蓝月亮”的领袖球员，领导力和感召力可见一斑。本次世预赛中，孔帕尼代表比利时队出场 6 次，贡献 2 个进球。

卢卡库
Romelu Lukaku

生日：1993.05.13
位置：前锋
身高：191CM
所属俱乐部：埃弗顿
国家队履历：26 场 5 球
身价：2500 万欧元

评分：7.9

在所有效力过的青年队中，卢卡库的进球数往往比他的出场次数还要多。比利时妖锋卢卡库早已成为全球公认的新德罗巴，年方 20，就已经在顶级赛事攻入近 100 球。2014 世界杯上，卢卡库是金靴赔率前十名里仅有的两个 90 后球员之一，另一位是内马尔。克鲁伊夫表示，他是近几年来最棒的苗子，具有成功的一切条件，也许只有奇迹能阻止他成功吧。

阿扎尔厌倦了媒体无休止地拿自己和梅西、C 罗相提并论，他不止一次强调，自己更愿意用“阿扎尔方式”来赢得尊敬。

——英国《每日电讯报》

阿扎尔

Eden Hazard

生日：1991.01.07

位置：中场

身高：170CM

所属俱乐部：切尔西

国家队履历：42 场 5 球

身价：4500 万欧元

评分：8.2

阿扎尔在场上司职前腰或边锋，以厉害的创造力、速度还有控球技术而闻名。目前，广大媒体一致推测阿扎尔在将来有机会比肩 C 罗，但如果除去身材体格强健的条件差异之后，阿扎尔将来的真正学习和模仿目标有可能会是梅西。在比利时国家队中场，他也是自由度最大的球员，是全队当之无愧的中场核心。本次世预赛欧洲区小组赛，阿扎尔代表比利时队出场 9 次，贡献 2 个进球，2 次助攻。。

比利时队

测 小组出线形势预测

从理论牌面上看，本就贵为种子队的比利时无疑是小组出线头号热门。该队在世预赛A组10轮战绩是8胜2平，进18球仅失4球，与德国一起成为第二批提前出线的欧洲球队。在连续缺席了2004欧洲杯、2006世界杯、2008欧洲杯、2010世界杯、2012欧洲杯五届世界大赛之后，比利时终于重返世界足球舞台的中心。

比利时首轮就会碰到阿尔及利亚，这对第4次参加世界杯的后者来说绝对不是好事。要论能跟比利时直接掰手腕的，那还得算是卡佩罗领军的俄罗斯。意大利金牌教练的能力无需赘述，纵然2010年世界杯率英格兰止步于16强，但那场对阵德国的比赛却存在很大争议，兰帕德的有效进球被抹杀。时隔4年，卡佩罗又一次站到了世界杯的舞台上，这一回他率领的是在世预赛F组力压葡萄牙并取得小组第一的俄罗斯。

在本小组中，韩国肯定不会陪太子读书，韩国队有一个优势就是末轮才会对阵实力最为强大的比利时，若前两轮拿到足够的积分，加之比利时提前锁定出线，两队末轮就极有可能战平携手晋级16强。

权威点评

评 普法夫

（比利时足坛名宿、1986年世界杯比利时队主力门将）

“欧洲红魔”比利时队正在渐入佳境，巴西世界杯比利时队的表现可期。在巴西世界杯欧洲区预选赛上，比利时队8胜2平，以不败战绩强势入围决赛圈。而“欧洲红魔”上一次在世界杯舞台上露面还是2002年的韩日世界杯。如今的这支比利时队拥有孔帕尼、卢卡库、费莱尼等一大批被欧洲媒体誉为比利时“黄金一代”的优秀球员，在国际足联最新一期排行榜上，比利时队也达到史无前例的第五位。这一次，在巴西，对于其他参加世界杯的球队来说，比利时将成为一支十分难以对付的球队。

欧洲区小组赛

表 比利时队预选赛数据表

（8胜2平0负，小组第一晋级）

时间	主/客场	结果	进球者
2012.09.07	客	2比0威尔士	孔帕尼42′、费尔通亨83′
2012.09.11	主	1比1克罗地亚	吉莱45′
2012.10.12	主	3比0塞尔维亚	本特克34′、德布劳内68′、米拉拉斯90+1′
2012.10.17	客	2比0苏格兰	本特克68′、孔帕尼71′
2013.03.22	客	2比0马其顿	德布劳内26′、阿扎尔62′
2013.03.26	客	1比0马其顿	阿扎尔62′
2013.09.06	主	2比1塞尔维亚	德布劳内13′、费莱尼60′
2013.09.10	客	2比0苏格兰	德富尔34′、米拉拉斯89′
2013.10.11	主	2比1克罗地亚	卢卡库16′38′
2013.10.15	主	1比1威尔士	德布劳内64′

阿尔及利亚队 Algeria

夺冠赔率：

1001.00

队报

阿尔及利亚虽然对中国球迷来说非常陌生，但巴西世界杯将是他们第四次参加世界杯决赛圈比赛，这也是他们连续两次参加世界杯。在经历了一届表现平平的 2010 世界杯和糟糕的 2013 非洲杯之后，阿尔及利亚在 2014 巴西世界杯预选赛中表现强劲。本届世界杯阿尔及利亚希望冲击 16 强席位，一改之前世界杯小组赛均不曾出线的窘境。

主场球衣

“法国二队”期待突破

绰号“沙漠之狐”的阿尔及利亚队被很多人又起了一个别称“法国二队”，因为这支队伍里很多人都是在法国出生或长大。不过实际上阿尔及利亚队与其说是和法国队“抢人”还不如说是“捡剩”，这些人的实力十之八九确实并不具备在法国队立足的水平。所以总

的来看，阿尔及利亚队在很多人看来仍然是“打酱油”的角色，整体实力未必比四年前更强。

这个国家最引以为傲的就是名震天下的齐达内，因为齐达内的祖籍就是阿尔及利亚。过去的 20 年里，阿尔及利亚战绩奇差，甚至连最近两次的非洲杯预选赛都未能出线。然而 2009 年在传奇主帅萨达尼的带领下，他们于附加赛击败强敌埃及出线。世预赛附加赛上，“沙漠之狐”面对去年非洲杯大黑马、绰号“野马”的布基纳法索队，尽管很多人对阿尔及利亚队的晋级前景担忧，但两回合下来，阿尔及利亚人还是以一个客场进球的微弱优势险胜对手，有惊无险地进军世界杯。在 2010 年南非世界杯上，他们曾逼平了强大的英格兰队，今年的巴西世界杯，他们将会为取得一场胜利而努力。

由于过去曾经有 132 年的殖民地历史，阿尔及利亚国家队大名单中，大部分的球员都拥有法国血统，甚至在法国出生，参加过法国青年队的比赛。这批人大部分都是无法打进法国国家队才转而投奔阿尔及利亚的。这样，法国派和本土派球员的纷争，是这支球队中最难预估的副作用。

主帅

哈利霍季奇
Vahid Halihodzic

生日：1952.10.15
国籍：波黑
2011 年 7 月上任至今

“沙漠之狐”的波黑教头哈利霍季奇曾长期以攻势足球著称，但在来到阿尔及利亚后也入乡随俗，改走务实路线，使得这支球队防守扎实、进攻有序。门将方面，主力门将姆布利上届世界杯取代查奥奇之后表现不错，只要不伤就绝对是主力。防守位置上布格拉和迈贾尼经验丰富，打主力问题不大，前者擅长拖后卡位和前插，后者长于上抢。中场四人组中，穆斯塔法是偏防守的联系型中场，善于长传和补位；拉桑和泰德也有不错的传递能力；费古利善于盘带和前插进攻。两个前锋苏莱曼尼和苏达尼也有一定的实力，他们把握机会的能力都不太差。和黑非洲球队相比，阿尔及利亚这类北非球队的组织纪律性一般来说要好一些。

主力阵容

主力球员

苏莱曼尼
Islam Slimani

生日：1988.06.18
位置：前锋
身高：186CM
所属俱乐部：里斯本竞技（葡萄牙）
国家队履历：17 场 9 球
身价：200 万欧元

评分：7.1

作为球队的主力前锋，苏莱曼尼是球队世预赛的最佳射手，7 次出场交出 5 球 2 助攻的答卷。目前效力葡超里斯本竞技的他在俱乐部同样是不可或缺的人物。

泰德
Saphir Taider

生日：1992.02.29
位置：中场
身高：180CM
所属俱乐部：国际米兰
国家队履历：8 场 2 球
身价：1000 万欧元

评分：7.3

22 岁的泰德非常全面，他认为只要主帅觉得有必要，他乐意出现在任何需要他的位置。泰德在自己在国际米兰的官方亮相上说道：“我在中场并没有特别中意的位置。我只是思考如何帮助球队并且奉献我的一切，就像我一直做得那样，然后这一切都由主教练决定。”本届世界杯非洲区预选赛中，泰德为阿尔及利亚队出场 6 次，贡献 2 个进球，2 次助攻。

巨星介绍

费古利
Sofiane Feghouli

生日：1989.12.26
位置：中场
身高：178CM
所属俱乐部：瓦伦西亚
国家队履历：17 场 5 球
身价：1200 万欧元

评分：7.4

攻击型中场费古利擅长创造助攻。在法甲兰斯俱乐部的几个赛季里，这位阿尔及利亚后裔获得了“新齐达内”的称号。突破能力出色，在边路和中路都能发挥作用的他是球队防守反击战术中最关键的一环。本届世界杯非洲区预选赛中，费古利为阿尔及利亚队出场 7 次，贡献 3 个进球，1 次助攻。

阿尔及利亚队

测 小组出线形势预测

虽然没有传统强队处在H组，但是实力相对较弱的阿尔及利亚想实现在世界杯首次出线仍然比较困难。他们在最新的世界杯夺冠赔率上以1赔1501垫底。美国体育专业媒体ESPN预测，H组中的4支球队进入16强的可能性分别是：比利时队79.2%、俄罗斯队73%、韩国队36.7%以及阿尔及利亚队11%。H组的比利时队、俄罗斯队水平都比阿尔及利亚队高出一截，只有与韩国队的比赛有得一拼，所以阿尔及利亚足协在抽签结果出来不久就约同样来自东亚的中国队在世界杯前热身。国际足联官网在分析H组实力的文章中指出：“和其他组相比，H组所属球队的实力不相上下，比利时队和俄罗斯队略显优势，但韩国队和阿尔及利亚队的世界杯经验也很丰富，16强候选队伍不容易确定。”

权威点评

评 《法国足球》

阿尔及利亚队参加世界杯次数不多，和比利时、韩国、俄罗斯都没有太多交集，特别是世界杯上一次也没碰到这三个对手。然而翻看历史交手战绩，很多人都会对阿尔及利亚的前景感到悲观，他们与这三队的历史交锋居然无一胜绩！不过也正是这种神秘性也可能使对手们犯下大意麻痹的错误，如果阿尔及利亚能偷到1—3分的话，也算完成任务了，小组出线则更是超额完成任务。

非洲区第二阶段小组赛

表 阿尔及利亚队预选赛数据表

（5胜1负，第一晋级第三轮）

时间	主/客场	结果	进球者
2012.06.02	主	4比0卢旺达	费古利26′、苏达尼32′ 82′、苏莱曼尼79′
2012.06.10	客	1比2马里	苏莱曼尼6′
2013.03.26	主	3比1贝宁	费古利10′、泰德59′、苏莱马尼90+2′
2013.06.09	客	3比1贝宁	苏莱曼尼38′ 42′、吉拉78′
2013.06.16	客	1比0卢旺达	泰德51′
2013.09.10	主	1比0马里	苏达尼50′

非洲区第三阶段比赛

时间	主/客场	结果	进球者
2013.10.12	客	2比3布基纳法索	费古利50′、迈贾尼68′
2013.10.19	主	1比0布基纳法索	布格拉49′

俄罗斯队 Russia

夺冠赔率：

67.00

队报

俄罗斯队的前身苏联队就是世界杯的常客，曾经参加过 1958、1962、1966、1970、1982、1986、1990 等多届世界杯赛。苏联队解体后，俄罗斯又参加了 1994 和 2002 两届世界杯赛，但这两届大赛球队的表现相当一般，都是止步于小组赛。

主场球衣

战斗的民族 铁血的教练

在卡佩罗之前，俄罗斯队选用的是两位荷兰籍名帅希丁克和艾德沃卡特，温文尔雅的两人都率队在欧洲杯上有不错的表现，但也都无缘带队杀进世界杯。卡佩罗是冷酷铁血的，一山不容二虎，他敢于拿下“沙皇”阿尔沙文，就是为了在队伍中树立绝对的权威。俄罗斯足协放权的结果让他们满意。卡佩罗在 2012 年接任俄罗斯国家队主帅后，率领着连续无缘两届世界杯的俄罗斯队晋级 2014 年巴西世界杯决赛圈，这让俄罗斯球迷对这位前英格兰队主帅续任抱以更多期待。

拿下“沙皇”

因为立场和态度的截然不同，2012 年欧洲杯之前，英足总和卡佩罗合作破裂，英足坛不少人幸灾乐祸，觉得甩掉了一个世界杯成绩糟糕且昂贵的进口“包袱”。该年 5 月，媒体专访卡佩罗，后者还在苦等心仪的下家。两个月后，俄罗斯带着聘礼上门求贤了。卡佩罗在俄罗斯队的年薪是 350 万英镑，仅仅是他在英格兰执教的一半。当时并不是没有英超球队邀请他，但他还是来到了寒冷而遥远的俄罗斯，学习着与他的母语意大利语完全不同的俄语。

在他上任前，阿尔沙文是那个拥有 1.43 亿人口的泱泱大国的国家队队长，但是意大利战术大师依然决定放弃阿尔沙文。卡佩罗率领球队征战巴西世预赛欧洲区第一战时，就拿下了队长阿尔沙文和艾德沃卡特时的宠儿帕夫柳琴科。“阿尔沙文非常有天赋，但是如今的他已经开始走下坡路。”他的理由很简单：我要征召一个能发挥作用的球员，而不是一个镀上金的名字。从此，双头鹰队伍里再也没有“沙皇”的名字。

媒体问及卡佩罗拿下队长阿尔沙文是否合适时，俄罗斯足协发言人立马回答：“俄罗斯不是英格兰。他想让谁当队长，谁就是队长。”卡佩罗希望球员们明白，俄罗斯有很多好球员，但“明星”只有他一人。

“集体不是羊群”

“集体非常重要，但集体不是羊群。”卡佩罗强调集体技战术，不需要个人英雄主义。

主帅

卡佩罗

Fabio Capello

生日：1946.06.18

国籍：意大利

2012 年 7 月上任至今

卡佩罗将俄罗斯队很快烙上自己的印记，球队踢的是整体足球，意大利式的在坚固防守情况下的整体足球，而不是突出球员个人的能力。卡佩罗沿袭了艾德沃卡特的 433 阵型，并加入了很多自己的标签：稳固防守、快速反击、全面的边后卫。圣彼得堡泽尼特球员科尔扎科夫在前锋位置上善于捕捉战机，已经 31 岁的他依然在这支球队中扮演着重要角色，本届预选赛中他打进 5 球，是俄罗斯队的头号射手。卡佩罗希望这位老将能为科科林、久巴等年轻球员提供帮助。世预赛上，卡佩罗的首发阵容最多选择了 6 名泽尼特球员，并且中场 4 人都来自同胞斯帕莱蒂的球队。

主力阵容

卡佩罗向来以铁腕治军著称，他对队员要求非常严格。他曾经的弟子、意大利国门布冯就曾经说过："他是一个暴君。"还在执教英格兰队时，卡佩罗就推出了"卡佩罗指数"。这是他的创举，利用公式用原始统计数据去客观地评价那些无法用直觉衡量的地方。这就是卡佩罗，性格极端而独特，从古力特、巴乔、托蒂、皮耶罗到罗纳尔多，他执教过的球队里从不缺乏敌人。

恐怕再难找出一支比俄罗斯更适合卡佩罗军训的国家队，俄罗斯球员挨骂是家常便饭，从进体校起一直挨骂进国家队。早年洛巴诺夫斯基带苏联队，去基辅科学院找专家分析球员数据，制定场上配合模式，谁不按方案踢，洛巴会在场边问候他家人，后来这些国脚留洋，大部分人不习惯海外生活——场上场下没人骂。卡佩罗解释："这无非是民族特性。就像西班牙人喜欢 10 点吃晚饭，意大利人比赛完了爱携家带口聚餐，英格兰人则集体去喝一杯。"

铁腕而勤奋

与他的前任希丁克和艾德沃卡特相比，卡佩罗的敬业态度让人感动。希丁克拿着俄罗斯足协的钱却跑到切尔西去打短工，艾德沃卡特则基本住在荷兰，很少"移驾"俄罗斯。卡佩罗则长期住在俄罗斯，几乎每轮俄超的比赛——不管球场是在格罗兹尼还是圣彼得堡，他都要来到现场观看和记录。他观看俄超比赛的数量甚至超过了许多俄罗斯足坛人士。这也是他能发掘很多俄超球星的最大原因。

在他治下，杰尼索夫、阿金费耶夫、科尔扎科夫、法伊祖林等边缘国脚得到重用，原因是他觉得"他们有着铁一般的意志，能够帮助球队取得胜利"。看似古板的卡佩罗不再迷信旅欧（五大联赛）球员，而是重用俄超本身的势力，一年内，他麾下已经有 10 位俄超球星得到国家队首秀机会。俄罗斯队已经阔别世界杯舞台 12 年，但谁也不敢小瞧这些看起来不是很大牌的球员，因为他们的背后是——法比奥·卡佩罗。

主力球员

伊格纳舍维奇
Sergey Ignashevich

生日：1979.07.14
位置：后卫
身高：186CM
所属俱乐部：莫斯科中央陆军
国家队履历：93 场 5 球
身价：200 万欧元

评分：7.3

伊格纳舍维奇被认为是俄超联赛技术最出色的中卫。他从苏维埃之翼俱乐部出道，辗转于莫斯科两大俱乐部火车头和中央陆军之间。他身高体壮、经验丰富，是俄罗斯队的后方绝对核心。本次世预赛欧洲区预选赛，伊格纳舍维奇代表俄罗斯队上场 9 次，贡献 1 次助攻。

法伊祖林
Viktor Faizulin

生日：1986.04.22
位置：中场
身高：176CM
所属俱乐部：泽尼特
国家队履历：15 场 4 球
身价：900 万欧元

评分：7.4

维克多·法伊祖林曾是俄罗斯国奥队球员，2008 年欧洲杯后入选希丁克的国家队。法伊祖林的球风类似于西班牙队的蒂亚戈，朴实之中暗藏杀机！除了佛罗伦萨，埃弗顿、热刺和圣彼得堡都想得到这名脚下灵活的俄罗斯中场球员。本次世预赛欧洲区预选赛，法伊祖林代表俄罗斯队上场 10 次，贡献 3 个进球、1 次助攻。

扎戈耶夫

Alan Dzagoev

生日：1990.06.17
位置：中场
身高：179CM
所属俱乐部：莫斯科中央陆军
国家队履历：29 场 8 球
身价：2300 万欧元

评分：7.7

当他 16 岁的时候，莫斯科中央陆军将他从苏维埃之翼带到莫斯科豪门。经过这几年的锻炼，扎戈耶夫已经成为中央陆军的顶级球星。扎戈耶夫身为一名攻击性中场，拥有令人惊讶的速度、对球的处理能力和洞察能力。但是卡佩罗不是很喜欢扎戈耶夫的风格，所以他在国家队上场时间不多。本次世预赛，扎戈耶夫代表俄罗斯队上场 4 次。

科尔扎科夫

Aleksandr Kerzhakov

生日：1982.11.27
位置：前锋
身高：175CM
所属俱乐部：泽尼特
国家队履历：77 场 24 球
身价：700 万欧元

评分：7.4

科尔扎科夫曾经有过两个赛季留洋西甲塞维利亚的履历，欧洲媒体对他的表现毁誉参半。备受卡佩罗器重的科尔扎科夫是一个局限性很大的射手：他的启动和冲刺能力不弱，加上敦实的体型，在反击的时候往往能挤开后卫获得打门的机会；空中能力一般，头球只能依靠冲抢。本次世预赛，科尔扎科夫代表俄罗斯队上场 10 次，贡献 5 个进球，2 次助攻。

科科林

Aleksandr Kokorin

巨星介绍

生日：1991.03.19
位置：前锋
身高：182CM
所属俱乐部：莫斯科迪纳摩
国家队履历：18 场 4 球
身价：1800 万欧元

评分：7.8

出自于莫斯科火车头青训系统的科科林，上赛季在效力莫斯科迪纳摩期间代表球队出场 26 次，打入 13 球并贡献 5 次助攻。为了得到这位俄罗斯超级新星，莫斯科迪纳摩可是出了血本。传闻中科科林的年薪达到了 400 万欧元，如此高额的薪酬令人咋舌。本次世预赛，科科林代表俄罗斯队上场 8 次，贡献 4 个进球，1 次助攻。

巨星介绍

阿金费耶夫

Igor Akinfeev

生日：1986.04.08

位置：守门员

身高：186CM

所属俱乐部：莫斯科中央陆军

国家队履历：65 场

身价：2000 万欧元

评分：7.8

俄罗斯产门将一点也不假。伊戈尔·阿金费耶夫第一次代表国家队出场时仅 18 岁零 20 天，成为俄罗斯足球历史上最年轻的国脚。阿金费耶夫 1.86 米的身材在守门员中算不上非常高大，但他那著名的前辈达萨耶夫也只有 1．85 米，甚至有人把他与更加著名的门神“八爪鱼”雅辛相提并论。本次世预赛，阿金费耶夫代表俄罗斯队上场 10 次，仅失 5 球。

俄罗斯男足门将阿金费耶夫是俄罗斯最性感的男运动员，清秀的面容加上修长的身材令他成为全世界体育迷的宠儿。

——俄罗斯《共青团真理报》

测 俄罗斯队 小组出线形势预测

相比于其他几个小组而言，H组则显得波澜不惊。比利时、阿尔及利亚、俄罗斯以及韩国同在这个小组，既无传统强队压阵，也无超级球星，堪称8个小组中的“屌丝之最”。没有传统强队压阵，欧洲双雄俄罗斯与比利时无疑是本小组出线的最大热门。

俄罗斯队首战将迎战韩国队，去年年底2比1击败过对手的经验无疑会给球队带来很大的信心。比利时队无疑是这个小组的出线热门，但是与欧洲红魔相比俄罗斯队最近的大赛经验（主要在欧洲杯赛场上）要丰富得多。阿尔及利亚队可能没办法给俄罗斯队制造太多威胁，这是一场卡佩罗必须拿下的比赛。总体来说，俄罗斯晋级的机会非常大。

评 权威点评 俄罗斯足协

国际足联官网引述俄罗斯足协发言人的话说：“这是我们时隔12年后再次回到世界杯的赛场，俄罗斯人将无比重视这次世界杯。2018年世界杯将在俄罗斯举行，我们的队伍应用好的表现为下一届世界杯启航。从目前来看，我们的团队和其他小组一样复杂，像B组（荷兰、西班牙、智利、澳大利亚）和G组（德国、葡萄牙、加纳、美国）。每一个团队都可能对我们的晋级之路造成影响，虽然比利时在资格赛中的成绩最好，但是我们仍然打算排在小组的首位。”俄体育部长穆特科曾表示，希望能将卡佩罗留任至2018年俄罗斯世界杯，因为俄罗斯还没有充分利用卡佩罗的所有潜力，应该给予他“对青年队组成产生影响”的职权。

卡佩罗表示这个抽签结果称作正常，他说：“我认为抽签的结果很正常，我们抽到了很有趣的对手。其中我们对韩国人了解很多。我们最近还跟他们踢了一场热身赛。比利时在我看来是现在欧洲最好的球队之一。然而，阿尔及利亚队最不为我们所知，但是我们为了胜利会好好地检视自己。”

表 欧洲区小组赛 俄罗斯队预选赛数据表

（7胜1平2负，小组第一晋级）

时间	主/客场	结果	进球者
2012.09.07	主	2比0北爱尔兰	法伊祖林30′、希罗科夫78′
2012.09.11	客	4比0以色列	科尔扎科夫7′64′、科科林18′、法伊祖林78′
2012.10.12	主	1比0葡萄牙	科尔扎科夫6′
2012.10.17	主	1比0阿塞拜疆	希罗科夫84′
2013.03.22	客	0比1葡萄牙	
2013.03.26	客	0比1北爱尔兰	
2013.09.06	主	4比1卢森堡	科科林1′36′、科尔扎科夫59′、萨梅多夫90+3′
2013.09.10	主	3比1以色列	别列祖茨基49′、科科林52′、格卢沙科夫74′
2013.10.11	客	4比0卢森堡	萨梅多夫9′、法伊祖林39′、格卢沙科夫45+2′、科尔扎科夫73′
2013.10.15	客	1比1阿塞拜疆	希罗科夫16′

韩国队 South Korea

夺冠赔率：
501.00

自 1954 年首次参加世界杯以来，本次世界杯是韩国队第 9 次出战世界杯正赛，也是连续第 8 次出战。韩国队世界杯最佳战绩是 2002 年世界杯的第四名，但那次韩国队作为东道主陷入了巨大的争议。除那次世界杯之外，韩国队最佳战绩是杀入 16 强。

队报

主场球衣

“太极虎”换血期难有大作为

绰号“太极虎”的韩国队对今年的世界杯期望也颇高，尽管复制 2002 年本土闯进四强的奇迹不太可能，韩国人还是希望能够小组出线，争取晋级八强。

韩国人此前的 5 次世界杯之旅不过落下“伐木工”美名，2002 年在家门口跻身四强，全世界都不太买账，但谁能否认韩国足球的

飞速进步？2010 年依然跑不死打不垮，南非四战也没什么可挑剔的，不停奔跑的“红魔”摧毁“希腊神话”、战平“非洲雄鹰”，对阿根廷队一战下半场甚至一度牢牢压住梅西身后空当……

不过目前韩国队正处于换血期。老一批明星球员朴智星、李东国、薛琦铉等人淡出国家队后，韩国队正处于新老换血的阵痛期，寄诚庸、池东沅、孙兴民等年轻人尚需时日才能成熟，因此在过去这个世界杯周期里，韩国队的实力和状态都较之以往有所下滑。然而这支韩国队常备阵容里，仍有九名效力于德甲、英超等主流联赛的旅欧明星，韩国队仍然有一定的战斗力。不过韩国队在亚洲区十强赛上先后两次不敌伊朗队也暴露出球队的不少问题，好在他们在对阵其他 3 支球队的 6 场比赛中保持不败。上一届世界杯上他们在淘汰赛上被乌拉圭淘汰，今年的世界杯他们想有所突破难度同样不小。

在博彩公司看来，韩国队的夺冠赔率仅列在 32 强的倒数第五，韩国队也被欧洲各大媒体认为是一支很难在出线竞争里有所作为的鱼腩球队。

主帅兵法

洪明甫

Hong Myung—Bo

生日：1969.02.12

国籍：韩国

2013 年 6 月上任至今

韩国队的现任国家队主帅是韩国男足的传奇球星洪明甫。2004 年洪明甫宣布正式挂靴，2005 年进入韩国国家队教练组担任助理教练、国奥队主教练，2013 年夏天，他被任命为韩国国家队主教练。洪明甫鼓励队员保持积极奔跑的优秀传统，他采用平衡的 4231 阵型，让球队的中场厚度不逊欧洲强队。不过在世界杯抽签结果出来后，洪明甫一改往常韩国人傲慢自大的性格特征，表示球队很可能会在世界杯上不能出线，他表示：“韩国队正在变得越来越好，但是坦率来讲，我们很可能最终位列 H 小组的第 3 或者第 4 位，无缘小组出线。”

主力阵容

主力球员

金英权
Young-Gwon Kim

生日：1990.02.27
位置：后卫
身高：184CM
所属俱乐部：广州恒大
国家队履历：18 场 1 球
身价：150 万欧元

评分：7.2

2012 年，经过里皮的多次考察，恒大以 250 万美元的转会费将金英权从日本 J 联赛大宫松鼠队引进，签约四年。2013 年，广州恒大夺取亚冠冠军，金英权作为主力后卫功劳不小。作为擅长左脚的球员，金英权能打中后卫及边后卫位置，是后防线上的全能球员。本届世界杯亚洲区预选赛中，金英权代表韩国队上场 3 次。

寄诚庸
Sung-Yong Ki

生日：1989.01.24
位置：中场
身高：187CM
所属俱乐部：桑德兰
国家队履历：55 场 5 球
身价：650 万欧元

评分：7.5

司职后腰的寄诚庸不仅继承了韩国球员跑不死的特点，在中场调度和斜长传转移上，他已经做到了韩国第一位。而这也使得他牢牢地占据洪明甫国家队主力中场的位置。韩国媒体更是把他戏称为“亚洲的杰拉德”。本届世界杯亚洲区预选赛中，寄诚庸代表韩国队上场 9 次，贡献 1 次助攻。

巨星介绍

孙兴民
Heung-Min Son

生日：1992.07.08
位置：中场
身高：183CM
所属俱乐部：勒沃库森
国家队履历：22 场 5 球
身价：1400 万欧元

评分：7.6

孙兴民曾经 3 次绝杀欧洲豪门多特蒙德，成为多特蒙德的德甲克星。从孙兴民的个人特点来看，他是那种难得的同时具备出众身高和出色速度的优秀球员，这让他在和防守球员对抗时不落下风，而更难能可贵的还是他面对对方防守时冷静的判断。本届世界杯亚洲区预选赛中，孙兴民代表韩国队上场 9 次，贡献 1 个进球。

测 韩国队 小组出线形势预测

作为曾经的世界杯四强，韩国队肯定不愿意陪太子读书。4 年前的南非，韩国就以小组第二出线；8 年前的德国，虽说没能晋级 16 强，但却也做到了平法国胜多哥，只是末轮负瑞士后才遗憾出局。韩国有一个巨大的赛程优势："太极虎"末轮才会对阵实力最为强大的比利时队，若前两轮拿到足够的积分，加之比利时队提前锁定出线，两队末轮就极有可能战平携手晋级 16 强。反观俄罗斯队，首轮对阵韩国队必须得赢，次轮跟比利时队交手亦是死磕，万一这两场比赛打不好，末轮就算大胜阿尔及利亚也有可能出局，就像 1994 年世界组小组赛时那样。至于比利时与阿尔及利亚，前者稳扎稳打应该可以确保晋级，后者首轮战比利时，前景不太乐观，除非出现奇迹，否则阿尔及利亚恐怕得在小组赛后打道回府。

评 权威点评 进球网

Goal.com

韩国队的运气非常不错，他们抽到了一个相对容易的小组，但是对于战胜另外三个对手，韩国依然没有十足的把握。韩国曾在 1998 年世界杯上和比利时分在了同一小组，双方在当时曾经战成 1 比 1 平，韩国队在那场比赛的表现让人印象深刻，不过两支球队都已经今非昔比。俄罗斯最近和韩国也曾有过交手，虽然卡佩罗的球队 2 比 1 取胜，但从比赛过程来看，双方都曾经有获胜的机会。阿尔及利亚对韩国来说则是一个陌生的对手，但韩国队丰富的世界杯经验使他们处于更有利的位置。首场对俄罗斯的比赛至关重要，获胜的一方基本上可以保证晋级。由于阿尔及利亚实力较弱，本组很可能出现 5 分仍然无法晋级淘汰赛的情况。

表 亚洲区 20 强赛 韩国队预选赛数据表

（4 胜 1 平 1 负，小组第一晋级十强赛）

时间	主/客场	结果	进球者
2011.09.02	主	6比0黎巴嫩	朴周永8′ 45′ 67′、池东沅66′ 85′、金正友82′
2011.09.06	客	1比1科威特	朴周永9′
2011.10.11	主	2比1阿联酋	朴周永55′、卡马利64′（OG）
2011.11.11	客	2比0阿联酋	李根镐88′、朴周永90+3′
2011.11.15	客	1比2黎巴嫩	具滋哲20′
2012.02.29	主	2比0科威特	李东国65′、李根镐71′

亚洲区十强赛

（5 胜 1 平 2 负，小组第 2 晋级决赛圈）

时间	主/客场	结果	进球者
2012.06.08	客	4比1卡塔尔	李根镐26′ 80′、郭泰辉55′、金信煜64′
2012.06.12	主	3比0黎巴嫩	金甫灵30′ 48′、具滋哲90′
2012.09.11	客	2比2乌兹别克斯坦	菲利波相44′（OG）、李东国57′
2012.10.16	客	0比1伊朗	
2013.03.26	主	2比1卡塔尔	李根镐60′、孙兴民90+6′
2013.06.04	客	1比1黎巴嫩	金致佑90+6′
2013.06.11	主	1比0乌兹别克斯坦	绍拉赫梅多夫43′（OG）
2013.06.18	主	0比1伊朗	

比利时 VS 阿尔及利亚

6月18日／星期三／北京时间00:00／预计亚洲盘口：让1/1.5

1. 姜山冷门推荐：比利时

2. 投注策略分析：比利时是巴西世界杯上最让人期待的一支球队，总身价接近3亿欧元的比利时队中强手云集，阿扎尔已经加冕“切尔西之王”，卢卡库则在埃弗顿风生水起，孔帕尼是曼城防线的支柱，费莱尼虽然在曼联不太如意，但实力仍不容低估，此外还有登贝莱、维特塞尔、库尔图瓦等悍将，主帅威尔莫茨也用自己的人格魅力将这支经常因民族原因而产生隔阂的球队凝聚在了一起。面对实力平平的阿尔及利亚，比利时首战只要发挥正常，取胜不在话下，锋线欠缺火力的阿尔及利亚很难在三线实力均衡的比利时面前爆出冷门。

3. 足彩专家推荐

陈涛（《足球大赢家》编辑部副主任）：比利时
安然（《足球周刊》副总编辑）：比利时

4. 波胆预测

比利时3比0阿尔及利亚

俄罗斯 VS 韩国

6月18日／星期三／北京时间06:00／预计亚洲盘口：让1

1. 姜山冷门推荐：俄罗斯

2. 投注策略分析：目前卡佩罗统率的这支俄罗斯队拥有严明的战术纪律，但在阿尔沙文被弃用后，球队创造力显得不足，不过意大利名帅调教出的防线异常稳定，虽然这是在牺牲了一定攻击力的情况下取得的。韩国同样是以严谨、自律、拼劲十足著称，这让俄韩两国交手，场面上可能会较为乏味。现在这支韩国队以年轻人为主打，但缺少了朴智星、李荣杓等老将的韩国队实力上应该不如南非世界杯，而且他们在亚洲优势较为明显的身体条件和体能优势，到了俄罗斯面前就不值一提，去年底两队进行的热身赛上，俄罗斯就以2比1取胜。

3. 足彩专家推荐

陈涛（《足球大赢家》编辑部副主任）：俄罗斯
安然（《足球周刊》副总编辑）：俄罗斯

4. 波胆预测

俄罗斯2比0韩国

韩国 VS 阿尔及利亚

6月23日 / 星期一 / 北京时间 00:00/ 预计亚洲盘口：让 0/0.5

1. 姜山冷门推荐：韩国

2. 投注策略分析： 这是两支球队能否取得出线希望的决定性一战。值得一提的是，韩国在南非世界杯后在友谊赛上对阵非洲球队的成绩相当不错——四战全胜，对手包括马里、尼日利亚、赞比亚、科特迪瓦等非洲劲旅。上届世界杯小组赛他们也2比2逼平了尼日利亚。历史上惟一一次与阿尔及利亚交手，韩国也是2比0完胜。而阿尔及利亚与亚洲球队交往并不多，近年来只在2010年友谊赛1比0击败过阿联酋，而后者与韩国在风格上迥异。所以在两队实力接近的情况下，从对对手的熟悉程度而言，韩国队本场的希望应该更大一些。

3. 足彩专家推荐

陈涛（《足球大赢家》编辑部副主任）：韩国
安然（《足球周刊》副总编辑）：韩国

4. 波胆预测

韩国2比1阿尔及利亚

比利时 VS 俄罗斯

6月23日 / 星期一 / 北京时间 06:00/ 预计亚洲盘口：让 0/0.5

1. 姜山冷门推荐：俄罗斯

2. 投注策略分析： H组的头号看点赛事，才华横溢的比利时对阵拥有严明战术纪律的俄罗斯，这是风格完全不同球队的交锋。两队在2002年世界杯上曾有过一次较量，当时尚未复兴的比利时就曾3比2力克俄罗斯，2010年的友谊赛上，俄罗斯也是0比2不敌比利时。从整体实力看，比利时队更强，但在主帅的经验上，比利时少帅威尔莫茨明显不如俄罗斯主帅卡佩罗老辣。在世界杯这样的大赛中，主帅的经验是至关重要的。所以这场比赛对比利时会是一个严峻的考验，面对身体力量占优又擅长反击的俄罗斯，比利时未必能够全取3分。

3. 足彩专家推荐

陈涛（《足球大赢家》编辑部副主任）：比利时
安然（《足球周刊》副总编辑）：俄罗斯

4. 波胆预测

比利时2比2俄罗斯

韩国 VS 比利时

6月27日 / 星期五 / 北京时间 04:00/ 预计亚洲盘口：受让 0.5/1

1. 姜山冷门推荐：比利时

2. 投注策略分析： H组比利时和俄罗斯实力占优，韩国也有搅局的优势，鉴于比利时和俄罗斯在前两轮就要相遇，因此本组应该在末轮之前还很难产生全部的出线球队，所以最后一轮也可以用正常思维去预测比赛。比利时和韩国在1990年和1998年世界杯上曾有两次交手记录，结果比利时1胜1平保持不败。1999年的友谊赛上，比利时也曾客场2比1击败韩国。近来韩国频频与欧洲球队热身，但只击败了擅长力量型打法且年迈的希腊，此前与和比利时球风较为接近的克罗地亚两次交手都是完败，所以这场比赛也没有什么悬念，比利时将在轻松取胜后晋级16强。

3、足彩专家推荐

陈涛（《足球大赢家》编辑部副主任）：比利时
安然（《足球周刊》副总编辑）：比利时

4、波胆预测

韩国1比3比利时

阿尔及利亚 VS 俄罗斯

6月27日 / 星期五 / 北京时间 04:00/ 预计亚洲盘口：受让 1/1.5

1. 姜山冷门推荐：阿尔及利亚

2. 投注策略分析： 以阿尔及利亚的实力，他们在俄罗斯面前很难有什么值得期望的地方，而且前两轮该队很有可能两战全败后提前出局，战意和动力也会很成问题。不过，俄罗斯能否在本场比赛中赢球赢盘却尚未可知，毕竟目前的俄罗斯更擅长防守反击，球队虽然作风顽强、战术纪律严谨，但却缺乏必要的创造性。这样一支球队在世界杯这样的赛会制比赛中也会显得十分功利，付出最小的代价取得想要的结果，才是卡佩罗的球队最看重的一点。因此，这场比赛俄罗斯大胜的机会应该不高，1球小胜最为可能，如果本场俄罗斯让球超过1球的话，建议谨慎。

3. 足彩专家推荐

陈涛（《足球大赢家》编辑部副主任）：俄罗斯
安然（《足球周刊》副总编辑）：俄罗斯

4. 波胆预测

阿尔及利亚0比1俄罗斯

2014 巴西世界杯

赛程表

小组赛赛程表

场次	比赛日期	时间	对阵	组别	比赛地
1	06月13日 星期五	4:00	巴西 VS 克罗地亚	A1—A2	圣保罗
2	06月14日 星期六	0:00	墨西哥 VS 喀麦隆	A3—A4	纳塔尔
3		3:00	西班牙 VS 荷兰	B1—B2	萨尔瓦多
4		6:00	智利 VS 澳大利亚	B3—B4	库亚巴
5	06月15日 星期日	0:00	哥伦比亚 VS 希腊	C1—C2	贝洛奥里藏特
6		3:00	乌拉圭 VS 哥斯达黎加	D1—D2	福塔莱萨
7		6:00	英格兰 VS 意大利	D3—D4	马瑙斯
8		9:00	科特迪瓦 VS 日本	C3—C4	累西腓
9	06月16日 星期一	0:00	瑞士 VS 厄瓜多尔	E1—E2	巴西利亚
10		3:00	法国 VS 洪都拉斯	E3—E4	阿雷格里港
11		6:00	阿根廷 VS 波黑	F1—F2	里约热内卢
12	06月17日 星期二	0:00	德国 VS 葡萄牙	G1—G2	萨尔瓦多
13		3:00	伊朗 VS 尼日利亚	F3—F4	库里奇巴
14		6:00	加纳 VS 美国	G3—G4	纳塔尔
15	06月18日 星期三	0:00	比利时 VS 阿尔及利亚	H1—H2	贝洛奥里藏特
16		3:00	巴西 VS 墨西哥	A1—A3	福塔莱萨
17		6:00	俄罗斯 VS 韩国	H3—H4	库亚巴
18	06月19日 星期四	0:00	澳大利亚 VS 荷兰	B4—B2	阿雷格里港
19		3:00	西班牙 VS 智利	B1—B3	里约热内卢
20		6:00	喀麦隆 VS 克罗地亚	A4—A2	马瑙斯
21	06月20日 星期五	0:00	哥伦比亚 VS 科特迪瓦	C1—C3	巴西利亚
22		3:00	乌拉圭 VS 英格兰	D1—D3	圣保罗
23		9:00	日本 VS 希腊	C4—C2	纳塔尔
24	06月21日 星期六	0:00	意大利 VS 哥斯达黎加	D4—D2	累西腓

小组赛赛程表

续表

场次	比赛日期	时间	对阵	组别	比赛地
25	06月21日 星期六	3:00	瑞士 VS 法国	E1—E3	萨尔瓦多
26		6:00	洪都拉斯 VS 厄瓜多尔	E4—E2	库里奇巴
27	06月22日 星期日	0:00	阿根廷 VS 伊朗	F1—F3	贝洛奥里藏特
28		3:00	德国 VS 加纳	G1—G3	福塔莱萨
29		6:00	尼日利亚 VS 波黑	F4—F2	库亚巴
30		9:00	比利时 VS 俄罗斯	H1—H3	里约热内卢
31	06月23日 星期一	0:00	韩国 VS 阿尔及利亚	H4—H2	阿雷格里港
32		3:00	美国 VS 葡萄牙	G4—G2	马瑙斯
33	06月24日 星期二	0:00	澳大利亚 VS 西班牙	B4—B1	库里奇巴
34		0:00	荷兰 VS 智利	B2—B3	圣保罗
35		4:00	喀麦隆 VS 巴西	A4—A1	巴西利亚
36		4:00	克罗地亚 VS 墨西哥	A2—A3	累西腓
37	06月25日 星期三	0:00	意大利 VS 乌拉圭	D4—D1	纳塔尔
38		0:00	哥斯达黎加 VS 英格兰	D2—D3	贝洛奥里藏特
39		4:00	日本 VS 哥伦比亚	C4—C1	库亚巴
40		4:00	希腊 VS 科特迪瓦	C2—C3	福塔莱萨
41	06月26日 星期四	0:00	尼日利亚 VS 阿根廷	F4—F1	阿雷格里港
42		0:00	波黑 VS 伊朗	F2—F3	萨尔瓦多
43		4:00	洪都拉斯 VS 瑞士	E4—E1	马瑙斯
44		4:00	厄瓜多尔 VS 法国	E2—E3	里约热内卢
45	06月27日 星期五	0:00	美国 VS 德国	G4—G1	累西腓
46		0:00	葡萄牙 VS 加纳	G2—G3	巴西利亚
47		4:00	韩国 VS 比利时	H4—H1	圣保罗
48		4:00	阿尔及利亚 VS 俄罗斯	H2—H3	库里奇巴

1/8 决赛赛程表

场次	比赛日期	时间	对阵	比赛地
49	06月29日 星期日	0:00	1A VS 2B	贝洛奥里藏特
50		4:00	1C VS 2D	里约热内卢
51	06月30日 星期一	0:00	1B VS 2A	福塔莱萨
52		4:00	1D VS 2C	累西腓
53	07月01日 星期二	0:00	1E VS 2F	巴西利亚
54		4:00	1G VS 2H	阿雷格里港
55	07月02日 星期三	0:00	1F VS 2E	圣保罗
56		4:00	1H VS 2G	萨尔瓦多

1/4 决赛赛程表

场次	比赛日期	时间	对阵	比赛地
57	07月05日 星期六	0:00	53场胜者VS54场胜者	里约热内卢
58		4:00	49场胜者VS50场胜者	福塔莱萨
59	07月06日 星期日	0:00	55场胜者VS56场胜者	巴西利亚
60		4:00	51场胜者VS52场胜者	萨尔瓦多

半决赛赛程表

场次	比赛日期	时间	对阵	比赛地
61	07月09日 星期三	4:00	57场胜者VS58场胜者	贝洛奥里藏特
62	07月10日 星期四	4:00	59场胜者VS60场胜者	圣保罗

季军赛赛程表

场次	比赛日期	时间	对阵	比赛地
63	7月13日 星期日	4:00	61场负者VS62场负者	巴西利亚

决赛赛程表

场次	比赛日期	时间	对阵	比赛地
64	7月14日 星期一	3:00	61场胜者VS62场胜者	里约热内卢

(CCTV5、风云足球、CCTV5+ 全程直播)

1. 马拉卡纳球场
Estadio do Maracana

所在城市： 里约热内卢
兴建日期： 1948.08.02
容　　量： 78838 人
球队主场： 弗拉门戈
2013 年翻修

马拉卡纳球场是里约热内卢的心脏，它与基督像隔海相望，旁边就是著名的里约狂欢节会场。再往上看，你可以看到山上密密麻麻的贫民窟。在马拉卡纳球场的入口处，巴西著名球星都留下了他们的脚印。马拉卡纳球场在 2012 年联合会杯前完成翻修，从原来接近20万人的容量缩减为不到8万人。今夏，马拉卡纳球场将成为世界上第二座两次承办世界杯决赛的球场（第一座为墨西哥阿兹台克球场）。

比赛场次：

比赛场次	时间	对阵	组别
2014.06.16	06:00	阿根廷 VS 波黑	F组
2014.06.19	03:00	西班牙 VS 智利	B组
2014.06.23	00:00	比利时 VS 俄罗斯	H组
2014.06.26	04:00	厄瓜多尔 VS 法国	E组
2014.06.29	04:00	1C VS 2D	1/8决赛
2014.07.05	00:00	1E/2F VS 1G/2H	1/4决赛
2014.07.14	03:00	决赛	

2. 国家体育场
Estadio Nacional de Brasilia

所在城市： 巴西利亚
兴建日期： 1974.03.10
容　　量： 70064 人
球队主场： 无
2013 年翻修

壮观的国家体育场（原名加林查国家体育场）是 2014 巴西世界杯中第二大的球场，能容纳 70064 名观众。经过翻修后，国家体育场有新的外观，金属顶棚和看台，以及更低的场地，使得每个座位都能有无障碍的视角。建立碳平衡，资源回收都通过公关交通设施，这个环保建设项目巩固了巴西利亚的世界可持续城市规划地位，为当地其他经济领域创造了良好的示范。

比赛场次：

比赛场次	时间	对阵	组别
2014.06.16	00:00	瑞士 VS 厄瓜多尔	E组
2014.06.20	00:00	哥伦比亚 VS 科特迪瓦	C组
2014.06.24	04:00	喀麦隆 VS 巴西	A组
2014.06.27	00:00	葡萄牙 VS 加纳	G组
2014.07.01	00:00	1E VS 2F	1/8决赛
2014.07.06	00:00	1F/2E VS 1H/2G	1/4决赛
2014.07.13	04:00	季军争夺战	

3. 科林蒂安竞技场 Arena Corinthians

所在城市： 圣保罗
兴建日期： 2011.05.30
容　　量： 48234 人
球队主场： 科林蒂安
2011 年新建

科林蒂安竞技场（又名圣保罗竞技场）将是 2014 巴西世界杯开幕式球场，能容纳 65000 人，但其中有接近 20000 个座位是临时座位。在 2013 年 11 月底，该球场发生过事故，有 3 人死亡并出现球场损坏情况。作为圣保罗的三大俱乐部之一，只有拥有最多支持者的科林蒂安俱乐部没有一座符合必须规格的自己的体育场。科林蒂安的梦想终于随着 2014 年巴西世界杯的开幕式球场科林蒂安竞技场的建设而实现。

比赛场次：

比赛场次	时间	对阵	组别
2014.06.13	04:00	巴西 VS 克罗地亚	A组
2014.06.20	03:00	乌拉圭 VS 英格兰	D组
2014.06.24	00:00	荷兰 VS 智利	B组
2014.06.27	04:00	韩国 VS 比利时	H组
2014.07.02	00:00	1F VS 2E	1/8决赛
2014.07.10	04:00	半决赛	

4. 大城堡球场 Estadio Placido Aderaldo Castelo

所在城市： 福塔莱萨
兴建日期： 1969 年
容　　量： 67037 人
球队主场： 塞阿拉竞技、福塔莱萨
2012 年翻修

大城堡球场（又名卡斯特劳球场）是巴西世界杯全部 12 座球场中第一座落成的球场。在巴西其余世界杯球场工程进度存在不同程度滞后的情况下，大城堡球场施工进展顺利，获得国际足联好评，也因此为福塔莱萨市争取到了 2013 年联合会杯赛的承办权。

比赛场次：

比赛场次	时间	对阵	组别
2014.06.15	03:00	乌拉圭 VS 哥斯达黎加	D组
2014.06.18	03:00	巴西 VS 墨西哥	A组
2014.06.20	03:00	德国 VS 加纳	G组
2014.06.25	04:00	希腊 VS 科特迪瓦	C组
2014.06.30	00:00	1B VS 2A	1/8决赛
2014.07.05	04:00	1A/2B VS 1C/2D	1/4决赛

5. 米内朗球场
Estadio Mineirao

所在城市： 贝洛奥里藏特
兴建日期： 1959 年
容　　量： 62170 人
球队主场： 米内罗竞技、克鲁塞罗
2012 年翻修

米内朗体育场是巴西足球最历史悠久的球场之一，在这样一个"全员足球"的国度，孕育着巴西两大豪门克鲁塞罗和米内罗竞技的球场绝对是一个人人向往的地点。从这座球场走出过罗纳尔多、托斯唐、雷纳尔多、达里奥等足球巨星，现在罗纳尔迪尼奥也效力于米内罗竞技。

比赛场次：

比赛场次	时间	对阵	组别
2014.06.15	00:00	哥伦比亚 VS 希腊	C组
2014.06.18	00:00	比利时 VS 阿尔及利亚	H组
2014.06.22	00:00	阿根廷 VS 伊朗	F组
2014.06.25	00:00	哥斯达黎加 VS 英格兰	D组
2014.06.29	00:00	1A VS 2B	1/8决赛
2014.07.09	04:00	半决赛	

6. 河岸球场
Estadio Beira-Rio

所在城市： 阿雷格里港
兴建日期： 1956.09.12
容　　量： 51300 人
球队主场： 巴西国际
2013 年翻修

河岸体育场（又名贝拉里奥体育场），贝拉里奥在葡萄牙语里是水边的意思。球场之所以如此命名，是因为这座 1969 年建成的体育场坐落在瓜伊巴河岸。河岸球场是巴西球迷的圣殿，修建这座球场足足花了 10 年时间，期间因为经费紧张数次停工。巴西国际队的球迷们为了让球场完工，捐赠了砖块、水泥、金属等材料。

比赛场次：

比赛场次	时间	对阵	组别
2014.06.16	03:00	法国 VS 洪都拉斯	E组
2014.06.19	00:00	澳大利亚 VS 荷兰	B组
2014.06.23	03:00	韩国 VS 阿尔及利亚	H组
2014.06.26	00:00	尼日利亚 VS 阿根廷	F组
2014.07.01	00:00	1G VS 2H	1/8决赛

7. 新能源竞技场
Arena Fonte Nova

所在城市： 萨尔瓦多
兴建日期： 2010 年
容　　量： 56000 人
球队主场： 无
2010 年新建

作为巴西历史上的第一个首都，萨尔瓦多将迎来 2014 巴西世界杯。特别建造的新的新能源竞技场能容纳 56000 人，将举办 6 场比赛。这座新建的专业足球场除了举办世界杯的比赛，还将举办 2016 年里约奥运会的足球比赛。但是它的专业性却饱受批评，在新能源竞技场的揭幕战中，一些观众甚至无法看到整块草皮，因为他们的位置处在设计缺陷的盲区里。

比赛场次：

比赛场次	时间	对阵	组别
2014.06.14	03:00	西班牙 VS 荷兰	B组
2014.06.17	00:00	德国 VS 葡萄牙	G组
2014.06.21	03:00	瑞士 VS 法国	E组
2014.06.26	00:00	波黑 VS 伊朗	F组
2014.07.02	04:00	1H VS 2G	1/8决赛
2014.07.06	04:00	1B/2A VS 1D/2C	1/4决赛

8. 伯南布哥竞技场
Arena Pernambuco

所在城市： 累西腓
兴建日期： 2010 年 10 月
容　　量： 46154 人
球队主场： 累西腓航海
2010 年新建

巴西东部名城累西腓是伯南布哥州的州府，它在巴西足球版图中占据一席之地，代表人物为前世界足球先生里瓦尔多和知名球星小儒尼尼奥。为世界杯新建的伯南布哥球场是一座堪称综合型娱乐中心的球场，它配备有餐厅、购物中心以及电影院。

比赛场次：

比赛场次	时间	对阵	组别
2014.06.15	09:00	科特迪瓦 VS 日本	C组
2014.06.21	00:00	意大利 VS 哥斯达黎加	D组
2014.06.24	04:00	克罗地亚 VS 墨西哥	A组
2014.06.27	00:00	美国 VS 德国	G组
2014.06.30	04:00	1D VS 2C	1/8决赛

9. 潘塔纳尔竞技场
Arena Pantanal

所在城市： 库亚巴
兴建日期： 2010 年 5 月
容　　量： 43500 人
球队主场： 无
2010 年新建

库亚巴目前并没有一支顶级联赛的足球队，不过他们有一支著名的橄榄球队，这样球场在没有足球比赛的日子里还可作为橄榄球场。潘塔纳尔球场建设还有一个特殊之处：在建设球场的 1600 多名建筑工人中，大部分都是来自海地的难民。

比赛场次：

比赛场次	时间	对阵	组别
2014.06.14	06:00	智利 VS 澳大利亚	B组
2014.06.18	06:00	俄罗斯 VS 韩国	H组
2014.06.22	06:00	尼日利亚 VS 波黑	F组
2014.06.25	04:00	日本 VS 哥伦比亚	C组

10. 亚马逊竞技场
Arena da Amazonia

所在城市： 马瑙斯
兴建日期： 2011 年
容　　量： 46000 人
球队主场： 无
2011 年新建

马瑙斯市坐落在世界上最大的热带雨林——亚马逊雨林的中心。这座以亚马逊命名的球场被金属结构包围，外形像一个草篮，此灵感来自该地著名的特产。英格兰队霍奇森曾批评过亚马逊竞技场的选址，认为球员们在这里踢球会被热死。

比赛场次：

比赛场次	时间	对阵	组别
2014.06.15	06:00	英格兰 VS 意大利	D组
2014.06.19	06:00	喀麦隆 VS 克罗地亚	A组
2014.06.23	06:00	美国 VS 葡萄牙	G组
2014.06.26	04:00	洪都拉斯 VS 瑞士	E组

11. 沙丘竞技场
Arena das Dunas

所在城市： 纳塔尔
兴建日期： 2011 年
容　　量： 45000 人
球队主场： 无
2011 年新建

沙丘竞技场是所有 12 座世界杯球场中得到国际足联表扬最多的球场。这归功于它时尚而充满现代感的外形，球场高低起伏的结构是模仿了沙丘。为了修建沙丘竞技场，巴西政府拆除了原来纳塔尔的两座球场。“沙丘”这个名字源自纳塔尔一处最吸引人的自然景观，沙滩上的沙丘。

比赛场次：

比赛场次	时间	对阵	组别
2014.06.14	00:00	墨西哥 VS 喀麦隆	A组
2014.06.17	06:00	加纳 VS 美国	G组
2014.06.20	06:00	日本 VS 希腊	C组
2014.06.25	04:00	意大利 VS 乌拉圭	D组

12. 拜沙达球场
Arena da Baixada

所在城市： 库里奇巴
兴建日期： 1997.12.01
容　　量： 43981 人
球队主场： 帕拉尼恩斯
2012 年翻修

巴西巴拉那州库里奇巴的拜沙达球场是巴西最古老的体育场之一，1914 年修建，之后因为老化的关系在 1970 年关闭。之后在 1984 年重开；1997 年新的，也就现在的这个拜沙达竞技场动工，1999 年完工。这次世界杯翻修球场工作，库里奇巴市政府的工作拖沓受到了国际足联的指责，主席布拉特甚至威胁要取消库里奇巴的世界杯举办权。

比赛场次：

比赛场次	时间	对阵	组别
2014.06.17	03:00	伊朗 VS 尼日利亚	F组
2014.06.21	06:00	洪都拉斯 VS 厄瓜多尔	E组
2014.06.24	00:00	澳大利亚 VS 西班牙	B组
2014.06.27	04:00	阿尔及利亚 VS 俄罗斯	H组

2014 巴西世界杯名哨简介

今年1月，国际足联公布了今年巴西世界杯的25名主裁判与50名助理裁判，以及8名替补主裁判及8名助理裁判的名单。25名主裁判和50名助理裁判来自6大洲足联的43个国家，由2013年国际足球历史与统计协会年度最佳主裁判霍华德·韦伯领衔，他执法了上届世界杯西班牙队与荷兰队的决赛。

5名主裁判中，欧足联人数最多，一共多达9人。第二大足联南美足联输出了5位主裁判，亚足联贡献了4名主裁判。遗憾的是，这一次，中国足球没有贡献一名裁判。根据国际足联官网的公告，FIFA选择这些裁判的标准是个性，以及通过阅读比赛获得的对足球的理解度，以及对球队战术的理解度。从现在开始到世界杯开始后，这些被选上的裁判将参加3次国际足联的研习班。第一次是在今年二月份，第二次会在三四月份，最后一次则是世界杯开始前的10天。

2014年巴西世界杯主裁判名单

欧足联：菲利克斯·布吕希（德国）、卡基尔（土耳其）、乔纳斯·埃里克森（瑞典）、库佩尔斯（荷兰）、马季奇（塞尔维亚）、普罗恩卡（葡萄牙）、里佐利（意大利）、贝拉斯科（西班牙）、霍华德·韦伯（英格兰）

南美足联：恩里克·罗伯托·岑科维奇（智利）、内斯托尔·法比安·皮塔纳（阿根廷）、罗尔丹·佩雷斯（哥伦比亚）、桑德罗·梅拉·里奇（巴西）、贝拉·罗德里格斯（厄瓜多尔）

亚足联：伊尔马托夫（乌兹别克斯坦）、西村雄一（日本）、本杰明·琼·威廉姆斯（澳大利亚）、舒克拉拉（巴林）

非洲足联：努曼迪耶斯·多维（科特迪瓦）、巴卡里·帕帕·加萨马（冈比亚）、贾梅尔·哈伊穆迪（阿尔及利亚）

北美及加勒比足联：阿吉拉尔·奇卡斯（萨尔瓦多）、马克·吉格尔（美国）、罗德里格斯·莫雷诺（墨西哥）

大洋洲足联：彼得·奥莱利（新西兰）

霍华德·韦伯（英格兰）

韦伯在上届世界杯曾执法了西班牙对荷兰的决赛，那场比赛韦伯共出示了14张黄牌和1张红牌，而最有争议的一幕是在比赛第28分钟，荷兰后腰德容飞踹阿隆索，但韦伯却没有向做出这个恶劣犯规动作的德容出示红牌。

伊尔马诺夫（乌兹别克斯坦）

亚洲足球的骄傲。2010年南非世界杯，年仅33岁的伊尔马诺夫执法了南非对墨西哥的揭幕战，他在这场关键比赛中展现出了自己的执法水平，赛后获得了国际足联的认可。

桑德罗·梅拉·里奇（巴西）

作为东道主巴西裁判界的代表，里奇直到2011年才晋升为国际级裁判，他此前没有执法过国际级大赛。不过在2010年解放者杯桑托斯输给巴西维多利亚后，内马尔曾在推特上批评当场主裁判里奇执法不公，随后里奇将内马尔告上法庭，要求对方赔偿自己6000美元的名誉损失费。

罗尔丹·佩雷斯（哥伦比亚）

出生于1980年的佩雷斯是巴西世界杯上最年轻的主裁判。他从23岁起就在哥伦比亚联赛执法，2008年成为国际级裁判，2011年美洲杯他执法了两场小组赛和三四名决赛，此后还曾执法2012年奥运会和2014年世界杯预选赛。

西村雄一（日本）

在2010年南非世界杯上，西村雄一一共吹罚了乌拉圭VS法国、西班牙VS洪都拉斯、巴拉圭VS新西兰、巴西VS荷兰4场比赛。让中国球迷印象更深的是在2005年中国队对韩国队的东亚四强赛中，在李玮锋犯规后西村雄一却把犯规者错认作是郜林，并将郜林红牌罚下，事后西村雄一还为此向郜林道歉。

里佐利（意大利）

在光头裁判科里纳退休后，意大利裁判界又一代表人物。2012—2013赛季的欧冠决赛拜仁VS多特蒙德一役就是由里佐利执法。

莫雷诺（墨西哥）

裁判界的老前辈，他在2006年德国世界杯就曾担任主裁，吹罚了英格兰队对巴拉圭队和科特迪瓦队对塞黑队的两场比赛。2010年南非世界杯他依然是国际足联指定的主裁判之一。今年巴西世界杯将是莫雷诺执法的第3届世界杯。

2014巴西世界杯

你不能错过的
10大看点

1 金靴之争

进球数能否超过 2002 年的罗纳尔多？

最近两届世界杯进球不少，但是却难有哪一位神射手脱颖而出。2006 年德国世界杯和 2010 年南非世界杯的金靴奖都是只有 5 个进球，南非甚至差点出现“火锅奖”，托马斯·穆勒（德国）、比利亚（西班牙）、福兰（乌拉圭）和斯内德（荷兰）四人都攻入了 5 球，最后穆勒仅仅因为助攻次数多而拿走金靴。翻阅国际足联金靴资料，我们发现最近数十年世界杯金靴都是低产户，1978 年到 1998 年连续 7 届世界杯都是只要攻入 6 球就能当金靴，只有 2002 年的罗纳尔多略高，攻入 8 球的他已经是近 40 年金靴的纪录了。

本届世界杯，足坛双子星 C 罗和梅西状态正值巅峰期，他们能否在世界杯上上演精彩个人演出，打破 2002 年罗纳尔多 8 球的纪录？著名博彩公司 Bwin 开出了世界杯最佳射手（金靴）的赔率。梅西以 1 赔 10 的赔率高居首位，这是因为阿根廷队被分到了一个整体实力相对较弱的小组，面对伊朗、尼日利亚和波黑，“小跳蚤”有了大开杀戒的机会。与之相同的还有梅西的国家队队友阿奎罗与伊瓜因，他们以 1 赔 17 和 1 赔 23 的赔率分别位居并列第 4 和第 7 位。

C 罗与内马尔以 1 赔 15 的赔率并列第二。对于“内球王”来说，克罗地亚、喀麦隆和墨西哥的城门并非难以攻破，刷数据的可能性不小。不过 C 罗的对手相对更强大，若想穿上金靴，德国、美国和加纳都是葡萄牙人需要攻克的强敌。在效力于欧洲五大联赛的其他著名射手中，摩纳哥的法尔考以 1 赔 17 排名第 4，苏亚雷斯以 1 赔 21 排名第 6，范佩西和托马斯·穆勒以 1 赔 26 的赔率并列第 8，本泽马以 1 赔 29 的赔率排在第 10 位。赔率榜的前 10 名都是名头响当当的世界顶级射手。世界足坛传统强队的头号射手中，最不被看好的是英格兰球星鲁尼，他问鼎金靴的赔率仅是 1 赔 51，甚至和司职边锋的罗伊斯与许尔勒一样，这恐怕与英格兰深陷死亡之组有很大的关系。

2 欧洲球队能否打破魔咒
第一次在南美大陆抢得大力神杯？

这仿佛是一个魔咒，欧洲球队从未在美洲夺得过世界杯。世界杯曾7次去到西半球，其中南美4次：1930乌拉圭（乌拉圭夺冠）、1950巴西（乌拉圭夺冠）、1962智利（巴西夺冠）、1978阿根廷（阿根廷夺冠）；北美3次：1970墨西哥（巴西夺冠）、1986墨西哥（阿根廷夺冠）、1994美国（巴西夺冠）。2014巴西世界杯将有13支欧洲球队参赛，他们能否打破这一宿命？

自从1978年南美最后一次主办世界杯后，南美球队在淘汰赛的集团优势也就荡然无存。从1982年西班牙世界杯迄今，32个世界杯4强席位，南美球队只得到了6个。而此前11届世界杯的44个半决赛席位，南美球队却拿到了14个！显然，对于过去32年已习惯了在拥有世界杯上垄断地位的欧洲足球而言，2014年将是他们不得不面对南美球队重围的残酷现实。而对于同样已习惯了在世界杯上被欧洲球队围剿的南美，总算再次等到了围剿欧洲球队的机会。

从整体分析，欧洲有至少7支球队有实力夺得冠军，而美洲仅有巴西和阿根廷两队有望。所以，单纯从理论上分析，欧洲夺冠的希望更大些，但这一次世界杯分组形势对他们极为不利：西班牙、德国、荷兰、意大利、英格兰、葡萄牙和法国7支公认的欧洲传统强队中，竟然多支在小组赛中就要两两厮杀，殊死搏斗。西班牙与荷兰、德国与葡萄牙、英格兰与意大利这三对球队两两分在了同一小组。也就是说，在小组赛阶段，稍有不慎，就会有球队连小组都出线不了！

3 C罗梅西里贝里之争谁是最大赢家？
内马尔能否后来居上成功抢戏？

2013年的足坛无疑是C罗梅西和里贝里的三人擂台，在最终的FIFA金球奖评选中，个人表现更为出色的C罗击败多年蝉联的梅西和带领拜仁登顶欧冠冠军的里贝里，也成了国际足坛一大争议。这届世界杯，在同一个平台上，三人无疑将用成绩再次一分高下。巴西咨询公司Pluri近日列举了世界杯32强球队中身价最贵的前20名球星，梅西以1.396亿欧元领衔，C罗以1.042亿欧元紧随其后。只有这两人的身价过亿，第三名是巴西人内马尔，6740 万欧元，甚至不及他巴萨队友梅西身价的一半。世界杯卫冕冠军有 4 名球员进入前 20，德国队也有 3 人入围。同为金球奖热门的里贝里，以 4680 万欧元位居第 10。

毫无疑问，在各自的俱乐部中，C 罗和梅西这对当世球王已经取得了竞技和经济的巨大成功。这次世界杯，是对 C 罗和梅西两位当今足坛最出色的进攻队员一次重大考验。他们能否带领各自的国家创造辉煌将决定两人的历史地位。不过巴西球王贝利认为，这次在巴西将是本国天才内马尔的加冕秀，他认为内马尔将超越梅西跟 C 罗，“我认为内马尔将是世界第一。内马尔现在还是非常的年轻，但是非常具备天赋。”不过贝利素有“乌鸦嘴”之称，这次内马尔能否成功抢戏，尚待答案最终揭晓。

4 小组赛巅峰对决多多多

看看这最好的世界杯开局演出吧：第一天，世界杯揭幕战巴西队 VS 克罗地亚队；第二天，上届世界杯冠亚军交锋西班牙队 VS 荷兰队；第三天，欧洲传统豪门对决英格兰队 VS 意大利队；第五天，德国队 VS 葡萄牙队……这就是明年巴西世界杯开局就高潮迭起的节奏！

分组抽签揭晓后，落位而出的对阵令人大吃一惊。三个拥有两大超级强队的小组，强强对话无一例外全都在第一轮上演，B 组西班牙对荷兰、D 组英格兰打意大利、G 组德国碰葡萄牙，都安排在小组赛首轮。再加上揭幕战五星巴西遭遇格子军团克罗地亚，这样华丽的开篇拉升了世界杯的关注热度。宿敌的碰撞，往往会迸发出格外悦目的火花，会让比赛在精彩之余，多增添几分紧张与激烈，更会特别吸引球迷及媒体关注的目光。多支豪强在小组赛中提前相遇也注定了本届世界杯的小组赛不会平淡。从一开始就进入高潮，也保证了世界杯比赛的观赏性。

5 既得罪国际足联又得罪欧足联的英格兰队会不会遭到裁判的暗算？

就像上届的拉里昂达事件？

在错失2018年世界杯举办权后，英国媒体仿佛与国际足坛两大权威国际足联和欧足联卯上了，《每日电讯报》《太阳报》《每日邮报》等轮番曝光国际足联主席和执委受贿丑闻，又在欧冠赛场上多次抨击欧足联裁判问题。两大组织在媒体范畴无从发泄，或许只能在英格兰队的世界杯之旅上给他们添点堵了。

早在世界杯抽签仪式前，英国著名的

《太阳报》爆出猛料，称一群不明身份的黑客入侵了国际足联总部的电脑后发现：FIFA已经“内定”了一个超级死亡之组：那就是巴西、英格兰、法国与墨西哥同组！不过抽签结果证明这纯属臆测，符合《太阳报》的一贯风格。尽管英格兰不像此前媒体炒作的那样，被“内定”分进超级死亡组，然而最终他们与乌拉圭、意大利同组，也绝对不是什么上签。参照英格兰此前在大赛的惨淡经历，加上他们在最近的热身赛，主场连负与乌拉圭同来自南美的智利以及死敌德国，三狮军团的出线前景依旧被外界唱衰。有媒体更是报道了一个趣闻，出席抽签仪式的英足总主席雷格·戴克，在现场做出了一个类似抹脖子的“自刎”动作。外界解读为，戴克此举预示英格兰小组赛提前死亡的厄运，同时也猜测戴克是在质疑FIFA故意暗算英格兰。上届世界杯1/8决赛英德大战中，兰帕德攻进门线的球被主裁拉里昂达“无视”，成为著名的门线冤案。四年过去了，双方的梁子越结越深，这次在巴西，英格兰队是否还会遭到“暗算”呢？

6 历史首次使用门线技术和喷雾技术，效果究竟如何？

足球场上，因“球进与否”而引起的争论就没有停息过。其中影响最大的，远的有1966年世界杯决赛中赫斯特的那一粒“世纪悬疑”；近的则是2010年世界杯英德大战中兰帕德那一个“越过门线一米”却被判无效的球。正是因为兰帕德那个进球被判无效，使得国际足联终于直面门线悬案的问题，采用机器智能取代肉眼，在2014年世界杯采用门线技术。

笔者曾在2013年现场采访联合会杯时见证过门线技术的使用，这套名为“GoalControl”系统是德国公司制造，它是一项4D技术，他们在每座球场上安装了14台高速照相机，全方位拍摄皮球越过门线的那一刻。皮球经过球门线不到一秒钟，该系统就能发出是否越线的结论，继而通过无线信号发送到主裁判的手表上。但是联合会杯并没有出现过门线悬案，所以这套系统并无太大用武之地。2013年底的国际足联世俱杯上，当笔者将这个问题抛给德国GoalControl公司巴西分部负责人克劳迪恩·弗兰托雷时，他给出的答案是：“在世界杯这样的赛场上，球迷们不希望有一点点遗憾留下，所以即便是只有1%的可能，我们也要付出100%的努力。所以我们的系统能够最正确地得出是否进球的结论，然后彻底杜绝门线悬案，给所有球队一个公正的舞台。”德国队一号门将诺伊尔认为“引入门线技术将使比赛结果显得更公平”，但德国队内也有少数反对的声音，南非世界杯金靴奖得主、拜仁球星托马斯·穆勒说道：“错判、误判是足球的一部分，如果引入门线技术每一场比赛将变得非常乏味、让人昏昏欲睡。”

此外，看过世俱杯比赛的球迷一定注意到了裁判裤腰上的喷雾罐，这在美洲杯和南美联赛的赛场早已经使用。2007年，阿根廷体育记者席尔瓦发明了一种任意球喷雾器，很好地解决了人墙距离的难题，而且这种喷雾喷在草皮上1分钟后会自动消失，不会影响比赛。阿根廷当年春季联赛采用此技术后，很快在南美及美国等地足球赛事中广泛使用。国际足联主席布拉特已证实，巴西世界杯将采用这项新技术。此外，意大利队主帅普兰德利提出在高温比赛中设立“技术暂停”的建议，也有可能在巴西世界杯上实现。

7 谁是最大黑马?

在《现代汉语词典》里，“黑马”一词的注释是：“比喻实力难测的竞争者或出人意料的优胜者”。在强队云集的世界杯舞台，我们自然无法期待丹麦童话或希腊神话的再度上演，不过有些不被人关注的球队一路杀进八强或四强还是很有可能的，1974年的波兰队、1994年的保加利亚队、1998年的克罗地亚队、2002年的塞内加尔队都曾经用自己的发挥震惊世界。

明年的巴西世界杯的32强当中，哪些球队最具备黑马的潜质呢？欧洲红魔比利时和南美劲旅哥伦比亚自然是最被看好的两支球队。根据德国转会市场网的估价，比利时队目前的总身价达到3.56亿欧元，甚至超过英格兰队（3.48亿）。孔帕尼、维尔马伦、阿扎尔、费莱尼、卢卡库等一干悍将均在英超担当主力。本届世界杯小组赛，作为种子队的他们抽到好签，与俄罗斯、韩国以及阿尔及利亚同组，轻松突围的可能性较高。而以南美第二身份晋级的哥伦比亚队也不容小觑，法尔考一旦能在世界杯前火速伤愈归队，他们就有绝对实力占据C组头名。此外，亚洲老大日本队也是杀进淘汰赛的常客，目前全欧班出战的东瀛军团论整体实力，在出赛的4支亚洲区球队当中最为出众，跻身前八完全是可望又可及的目标。

8 西班牙队能否完成史无前例的大赛四连冠

超越1970年的巴西成为史上最佳国家队？

2008年欧洲杯冠军、2010年世界杯冠军、2012年欧洲杯冠军，哈维、卡西利亚斯们的西班牙队已经实现了4年内夺得3次世界大赛冠军的奇迹。近11届欧青赛，西班牙7次杀入决赛，6次(2002、2004、2006、2007、2011、2012)夺得冠军。无论是青年队还是成年队，西班牙足球都在欧洲乃至全世界展现出惊人的统治力。健全的青训体系，一脉相承的战术打法，成就了西班牙足球的辉煌和盛世。

但是在去年联合会杯决赛上，西班牙队却3球完败于东道主巴西队，世界冠军西班牙队颜面尽失，“斗牛士”上一次在国际大赛中“净吞三蛋”，已不知是多久之前。领跑者与身后追赶者的差距在不断缩小，战术打法逐步被对手吃透。目前，以西班牙国家队为班底的巴塞罗那队也不在其最佳状态，哈维、伊涅斯塔、巴尔德斯等人逐渐老去，拉马西亚的新生势力又未能完全接班。与此同时，对手们却在不断“进化”，击败西班牙队的巴西队和在2012-2013赛季欧冠两回合7比0横扫巴萨的拜仁阵容中有很大的相似性，二者都具备一道稳固的防线、一个运动能力强并能完成调度的中场（保利尼奥和施魏因斯泰格）以及一个高效的锋线（弗雷德和曼朱基奇）。这使得他们能够在抵挡住西班牙队的攻势后，可以立即发动有效的反击。

西班牙队虽然希望完成四连冠的神迹，但是比起前几年来说，目前这个目标实现起来无疑是困难重重。

9 4231 阵型风靡?

4231 这个阵型首先是在职业俱乐部中风行的，2010 年穆里尼奥率国际米兰夺取欧冠冠军时展示出在 4231 阵型里每个球员能有多高效；海因克斯的拜仁也充分利用了 4231 阵型，并且加以改造至具有了新亮点。4231 阵型最大的特点是在防线前面放上两名拖后的中场球员。以双后腰、防守为主的 4231 是临场变数最大的阵型，在不破坏球队整体技战术的情况下，可调整程度乃阵型之最。

2010 年南非世界杯，前四名球队中，西班牙、荷兰、德国、乌拉圭无一例外的举起 4231 的大旗。此阵型的魅力在于能让一场实力不均衡的比赛朝更弱的一方倾斜，达到以弱胜强的目的。同时实力强大的球队也不会因为使用 4231 而削弱本方的实力，因为他们所配备的往往是全能型后腰，具备很强的攻击力，如西班牙的阿隆索、德国的施魏因斯泰格。在球队全面占优的情况下，还是不能打开局面，教练有时候会希望撤下中前卫换上一名前锋，转变成另类攻击型 442 阵型，加强禁区前沿的突破拉扯，硬生生地“钻进”对方禁区。

再回到今年世界杯舞台上，夺冠大热门巴西队、黑马大热门比利时、哥伦比亚都是此阵型的忠实拥趸。这个阵式在非洲也是极其流行的。包括科特迪瓦、尼日利亚（如果他们的疯狂教练不阵前变卦）和阿尔及利亚都在使用这个阵型。所以从目前来看，这个阵容将会风靡巴西。

10 全球博彩业成交量是否将创纪录?

哪家博彩公司将成业界大鳄?

关于“赌球”和“博彩”之间的概念差别虽然十分模糊，但不可否认的是“博彩”早已经成为了足球产业不可或缺的一部分。因此，可以肯定地说，每个“世界杯年”全球的博彩业都将迎来空前的热销，世界杯将注定成为全球博彩业扩大繁荣的催化剂。

相关统计显示南非世界杯期间，据保守估计，全球与足球博彩相关的网站有大约 2300 多个，在为时一个月的世界杯期间，将有几千万人直接或者间接参与“博彩”，全球博彩公司的赌球金额达到 100 亿欧元。比 2006 年的 4 亿销量，翻了数番。“所有人都渴望通过博彩来改善生活、实现理想。”这是很多德国人在 2006 年世界杯期间共同的心声。而一向以严谨沉稳著称的德国，其博彩业在 2006 年世界杯期间也变得风生水起，德国本土博彩公司 Oddset 堂而皇之地成为世界杯的赞助商，实现了博彩行业在世界杯上的突破。威廉希尔公司的新闻发言人兴奋地预测说，单单是英国市场预计世界杯赛的博彩营业额就会达到空前的15亿英镑，是历史规模最大的单项投注事件，众多日常远离博彩的人们这个夏天都会出手一“博”。而在 2014 年世界杯里，这个数据预计还将翻番。必赢、威廉希尔、金宝博等博彩巨头都在秣马厉兵，准备一场大战的到来。

笔者参观基督山

2014巴西世界杯

举办城市旅游指南

6大玩点

1 巴西烤肉

所在地：巴西各地都有

消费：自助形式，30雷亚尔至300雷亚尔不等

烤肉在巴西相当于北京烤鸭之于北京或四川火锅之于四川，是地地道道的本地美食且享誉全球。真正的巴西烤肉源于18世纪末的巴西牛仔，他们闲暇时常以长剑串肉，以猛火烤制，然后用短匕首切肉。自助形式的烤肉实在太需要大肚囊的准备，所以不妨先进食一些开胃食品。所谓的开胃食品就是一碟酸橄榄果配一大盘接着一大盘生的叶子菜和类似于草的各种植物。

烤肉的种类很多，但一定要记住一个原则：鸡心好于香肠，鸡肉好于鸡心，羊肉好于鸡肉，猪大排好于羊肉，牛肉则好于一切。因为巴西的牛肉和日本的神户牛肉一样，美味和营养性在全球堪称顶尖。巴西牛肉中最好的要算驼峰上的那一坨肉，这几乎是巴西所特有的，因为巴西的食用牛最好的是白牛，它耸立着其他肉牛所没有的可食用的驼峰。只用撒上一点点盐巴，放在炭火上慢慢烧烤，就能烤出最美味的牛峰肉，鲜美、细嫩，堪称肉中极品。吃饱之后，要将桌子上的绿色翻至背面、写着“不要了，谢谢”的红色那面，因为一直让这个牌子停留在绿色背面的话，那就永远不停地会有人给你切肉。

2 基督山

所在地：里约热内卢

消费：基督山门票30雷亚尔

巴西人说：“上帝花了六天时间创造世界，第七天创造了里约热内卢。”而里约人也用一座基督巨像来答谢上天的馈赠。在里约城的任何一个角落往上看，都能看到怀抱四海的基督像。你也可以选择上山，和这座基督巨像来个亲密接触。

非凡之物都在高处，要去看基督像，游客们得经过漫长盘山公路的煎熬。巴西的山都陡，在一圈接着一圈的急速旋转后，任何人都会油然生出一种朝圣者的虔诚之感。在换乘了汽车、火车和电梯三种交通工具后，人们才能登顶了710米海拔的基督山山峰。不身临其境，你无论如何也难以想象那座傲立山顶，自身高约40米、肃穆地守望着这山、山脚下的海湾和城市的耶稣基督雕像所展现的端庄和强烈的震撼感。不得不赞叹上帝创造的这座城市是赐予巴西人民的一个礼物。不远处，还有里约另一胜景面包山。这两座山的名字似乎解决了人们的全部问题：面包象征着富足的物质生活，而基督则代表着充裕的精神生活。

从基督山的另一面下山，随处可见巴西另一著名特色——贫民窟。这些各色的矮旧小楼大没有封顶，据当时陪同笔者游览基督山的留学生小陈介绍，这是因为上面可能还会加盖楼层，以供更多的人居住。尽管因为《上帝之城》等电影臭名昭著，但很多贫民窟居民都是良民。还有大批年轻人无所事事，在家里过着悠闲但穷苦的日子。

3 伊瓜苏瀑布

所在地：佛斯伊瓜苏市

消费：伊瓜苏国家公园门票：24雷亚尔；到达伊瓜苏瀑布的船费：66雷亚尔

发源于巴西境内的伊瓜苏河在汇入巴拉那河之前水流渐缓，水往前流陡然遇到一个峡谷，河水顺着倒 U 形峡谷的顶部和两边向下直泻，凸出的岩石将奔腾而下的河水切割成大大小小 270 多个瀑布，形成世界上最大的瀑布群，伊瓜苏瀑布总宽度 3000 米至 4000 米，平均落差 80 米。1984 年，伊瓜苏瀑布被联合国教科文组织列为世界自然遗产。2011 年 11 月 12 日“世界新七大自然奇观”公布，伊瓜苏大瀑布榜上有名。

伊瓜苏有 25% 在巴西一侧，75% 在阿根廷一侧，如果有签证，建议两边都去。巴西国内陆地交通不便，去伊瓜苏瀑布游览都要坐飞机。在里约、圣保罗等地都有直飞佛斯伊瓜苏市的航班。观赏伊瓜苏瀑布最好计划两天时间，可以住在当家居民的家里，提前订的话价格大约在每房每天 150 雷亚尔左右。伊瓜苏瀑布与众不同之处在于观赏点多，从不同地点、不同方向、不同高度，看到的景象不同。峡谷顶部是瀑布的中心，水流最大最猛，人称魔鬼喉。到阿根廷境内的伊瓜苏国家公园就是为了走到峡谷顶部近距离地观赏魔鬼喉瀑布。

4 亚马逊丛林

所在地：马瑙斯附近

消费：跟团费用 500—1000 雷亚尔

亚马逊河发源于秘鲁中部的科迪勒拉山脉，全长 6751 公里，在巴西境内 3165 公里，流域和流量均居世界第一。由亚马逊河冲击而成的亚马逊平原面积 705 万平方公里，大多位于巴西境内。亚马逊流域适合植物生长，盛产优质木材，并被誉为“地球之肺”。亚马逊丛林至今仍有许多让人捉摸不透的秘密。在亚马逊流域生活的大约 1.5 万个生物品种中，还有上千种鸟类和哺乳动物尚未进行详细的分类。

这里昆虫的种类也相当多，有 1800 多种蝴蝶和 200 多种蚊子。鱼类数量多得惊人，当中包括食人鱼、土库丽鱼、巨骨舌鱼、安努纳鱼、皮莱巴鱼和电鳗，种类复杂得连生物学家都无法识别。亚马逊旅游有些项目就围绕这些生物展开，比如找凯门鳄、抓毒蜘蛛、钓食人鱼等，让人大开眼界。虽然马瑙斯市不是最好的出发点，但人人都习惯把这里当成亚马逊行的起点。亚马逊里上千条河流岔道，没有地图可以导航，所以千万不要轻易选择丛林探险，跟团是最安全的游览方法。

5 圣保罗

所在地：圣保罗市

消费：无

圣保罗给人的感觉是表面上的“南美纽约”，骨子里的“南美中国”。摩天大楼是上世纪巴西大跃进时代的产物，然而淘金潮结束后，贫富分化加剧，富人开着直升机往来于各个大楼之间，穷人衣不蔽体，蜷缩在破纸壳搭成的房子里。

当笔者来到圣保罗著名的3月25日大街时，放眼望去是各色的批发市场，里面全是质量低劣的小商品和各种肤色的商人们，更多的是店里浓妆艳抹、满身香水味的女孩……店里的商品价格便宜到你不敢想象：一包丝袜只需要1.9雷亚尔（约合5元人民币），恐怕连劫匪都不敢用这样的丝袜当面具。不止是3月25日大街，整个圣保罗市区范围内都是这样的批发市场，灯具、装修材料、数码产品等等，仿佛整个城市就是一个巨大的廉价商品交流中心。

圣保罗最早是印第安人的村落。1554年1月25日，葡萄牙殖民者来到这里，发现其地理位置理想，便大兴土木兴建城镇，因这一天恰好是天主教纪念圣徒圣保罗的日子，便将这座城镇命名为圣保罗。然而，如今的这里到处都是杂乱无章的建筑，贫民窟和高楼大厦令人窒息地混合在一起，在一座有着3万名百万富翁和300万赤贫阶层的城市，一座

图书在编目（CIP）数据

桑巴荣耀：2014年巴西世界杯观赛竞彩指南 / 胡敏娟，姜山编著. - 北京 ：中国发展出版社，2014.3
ISBN 978-7-80234-732-8

I. ①桑… II. ①胡… ②姜… III. ①足球运动—世界杯—介绍—2014 IV. ① G843.732

中国版本图书馆CIP数据核字（2014）第036096号

书　　　名：桑巴荣耀：2014年巴西世界杯观赛竞彩指南
著作责任者：胡敏娟　姜山
出 版 发 行：中国发展出版社
（北京市西城区百万庄大街16号8层　100037）
标 准 书 号：ISBN 978-7-80234-732-8
经　销　者：各地新华书店
印　刷　者：北京尚唐印刷包装有限公司
开　　　本：710×1000mm　16/1
印　　　张：15.25
字　　　数：350千字
版　　　次：2014年4月第1次版
印　　　次：2014年4月第1次印刷
定　　　价：39.80元

联 系 电 话：(010)68990630　68990692
购 书 热 线：(010)84604601
网　　　址：http:/www.develpress.com.cn
电 子 邮 件：bianjibu16@vip.sohu.com

世界上基尼系数最高的城市，其夸张的贫富对比随处可见。也正因为贫富差距过大，圣保罗犯罪率常年居南美第一，不仅几乎每天都有抢劫事件发生，就连市法院和市税务局大楼也被炸弹所炸。巴西有句出名的谚语：“你在圣保罗还没被抢过，那说明你在圣保罗的时间还不够久”

6 街头涂鸦

所在地：巴西各城市街头

消费：无

巴西政府不但不遏制街头涂鸦的发展，反而出资鼓励民间艺术家在马路边的围墙上进行艺术创作，所以在巴西各个城市的街头，你都能看到各种夸张、幻想、幽默的涂鸦。这些涂鸦给路人的眼球带来不少的冲击，成为了街头艺术的一个组成部分。

在里约、在圣保罗、在累西腓、在巴西利亚，巴西最出名城市的街头随处可见足球文化涂鸦墙，贝贝托的摇篮舞、罗纳尔多的阿福头等等巴西足球的经典瞬间都成为了艺术家们创作灵感的源泉，这些夸张、幻想、幽默而又光怪陆离的涂鸦让足球生出想象的翅膀，成为一种独特的艺术。笔者曾经与巴西涂鸦创作大师蒂奥·塞纳进行过面对面的交谈。他就常年在巴西政府领着不菲的薪水，用自己的想象来扮靓城市。据塞纳介绍，因为巴西人没有什么战斗英雄，所以在绿茵场上走红的足球巨星就成了巴西的民族英雄，他们用涂鸦的方式赞美他们。和其他类型涂鸦不同的是，足球涂鸦一般比较写实，从主角的形象到画面的内容，都是正能量为主打。

大胆、新锐的奇思妙想使巴西近年涌现了不少享有国际声望的街头涂鸦艺术家，蒂奥去年就应邀去伦敦进行创作。伦敦可是世界上最著名的涂鸦艺术家班克斯的大本营，经他涂鸦的一幢房子马上可以升值数十倍。但蒂奥表示，伦敦的涂鸦往往带有强烈的反社会意识，不如巴西涂鸦的幽默生动。从涂鸦的存在和发展来看，巴西文化中的“宽容”特质得到了很好的体现——对于足球涂鸦，巴西普通公民都比较欢迎，那些像神笔马良一样在深夜出没的涂鸦者玩着玩着就成了艺术家。